Kiedyś wrócisz tu...
część II: By szukać swoich dróg i gwiazd

PODRĘCZNIK DO NAUKI JĘZYKA POLSKIEGO
DLA ZAAWANSOWANYCH

JĘZYK POLSKI DLA CUDZOZIEMCÓW

SERIA POD REDAKCJĄ
WŁADYSŁAWA MIODUNKI

KATEDRA JĘZYKA POLSKIEGO JAKO OBCEGO
UNIWERSYTETU JAGIELLOŃSKIEGO

PODRĘCZNIK DO NAUKI JĘZYKA POLSKIEGO
dla zaawansowanych

Ewa Lipińska
Elżbieta Grażyna Dąmbska

Kiedyś wrócisz tu...

poziom
zaawansowany

C1

część II:
By szukać swoich dróg i gwiazd

Kraków

ISBN 97883–242–1618–5
TAiWPN UNIVERSITAS

Recenzent
Elżbieta Sękowska
Profesor Uniwersytetu Warszawskiego

Redaktor
Wanda Lohman

Tłumaczenie na jęz. angielski
Andrzej Kurtyka

Ilustracje
Joanna Budyn-Kamykowska
s. 153, 158, 218, 224
Renata Agata Porębska
pozostałe

Projekt okładki
Ewa Gray

Przy nagrywaniu płyty CD swoich głosów użyczyli
*Marcin Huet, Andrzej Młynarczyk, Jolanta Pawnik,
Natalia Strzelecka, Marta Waldera*

Nagranie
Radio Kraków

Realizacja
Paweł Korbiel

www.universitas.com.pl

Spis treści

Table of Contents

WSTĘP

Kiedyś wrócisz tu... by szukać swoich dróg i gwiazd – to druga część podręcznika *Kiedyś wrócisz tu... gdzie nadwiślański brzeg* – część I, którego pierwsze wydanie ukazało się w 2003 roku.

Przypomnijmy, iż pierwsza wersja *Kiedyś wrócisz tu...* została wydana w roku 1997. Był to obszerny podręcznik, zawierający piętnaście lekcji. Po kilku latach pracy z nim autorki wspólnie z Wydawnictwem zdecydowały się na podzielenie go na dwie części.

Zgodnie z zamierzeniami, część pierwsza podręcznika przeznaczona jest dla studentów średnio zaawansowanych (B2), część druga natomiast – dla studentów zaawansowanych (Cl).

W pierwszej części z 2003 r. dokonano w stosunku do wersji pierwotnej z 1997 r. nieznacznych zmian, m.in. część komunikacyjna została w niej poszerzona o informacje na temat użycia odpowiednich form gramatycznych w niektórych zwrotach oraz o ćwiczenie polegające na wstawieniu podanych wyrazów lub zwrotów do odpowiednich zdań. Niektóre artykuły prasowe lub ich fragmenty zostały zastąpione innymi, bardziej aktualnymi, a tematy do ćwiczeń pisemnych i ustnych w kilku przypadkach zostały zmienione.

W *Kiedyś wrócisz tu... by szukać swoich dróg i gwiazd* – cz. II, zmiany powyższe są konsekwentnie stosowane, a układ lekcji został zachowany, czyli wszystkie składają się z trzech części: komunikacyjnej, tekstowej i gramatycznej, związanych ze sobą tematycznie.

I. Część komunikacyjna składa się z:
- fragmentów artykułów prasowych,
- zwrotów i wyrażeń komunikacyjnych,
- ćwiczeń.

II. Część tekstowa zawiera:
- tekst (fragment tekstu oryginalnego lub opracowany tekst prasowy bądź literacki),
- objaśnienia do tekstu,
- ćwiczenia,
- idiomy i ćwiczenia je wdrażające,

- tematy do ćwiczeń pisemnych lub ustnych,
- wiersz związany tematycznie z tekstem głównym.

III. Część gramatyczna(zasadnicza część – to zagadnienia składniowe) obejmuje:
- wiadomości gramatyczne,
- ćwiczenia.

Na końcu umieszczony jest klucz do ćwiczeń.

Początkowo planowany był „mechaniczny" podział *Kiedyś wrócisz tu...* na dwie części, zawierające odpowiednio osiem i siedem lekcji. W trakcie pracy nad obecnym podręcznikiem autorki zdecydowały się poszerzyć go o jedną lekcję, w wyniku czego zawartość obu części wyrównała się i każda z nich składa się z ośmiu lekcji. Lekcja dodatkowa (teraz pierwsza) poświęcona jest nowoczesnej technologii i zagrożeniom, które ze sobą niesie; temat części komunikacyjnej stanowi *Telefonowanie*, a zagadnienia gramatyczne – to: *osobliwości w odmianie rzeczowników* oraz *mianownik liczby mnogiej rzeczowników męskoosobowych*. Wprawdzie zakłada się, że studenci opanowali już całą deklinację, w tym oczywiście mianownik liczby mnogiej, a część rzeczowników o osobliwej odmianie omawianych w tej lekcji pochodzi z rejestru poziomu Bl i B2, jednak ze względu na stopień trudności tych zagadnień wydało się celowe ponowne ich przećwiczenie.

W podręczniku dodane zostały zagadnienia słowotwórcze: *przymiotniki złożone z liczebnikami* (l. 3), *rzeczowniki odliczebnikowe* (l. 5) *oraz przymiotniki odprzymiotnikowe* (l. 6). Nastąpiły również pewne przesunięcia, zwłaszcza zagadnień gramatycznych. Na przykład z dawnej lekcji 8. temat komunikacyjny *Perswazja* został przeniesiony do lekcji 6. niniejszego podręcznika, a *zdania bezpodmiotowe* i *wyrazy pochodzące od wyrażeń syntaktycznych* znajdują się w lekcji 2. Do obecnej lekcji 1. przeniesiono z byłej lekcji 10. *przysłówki odprzymiotnikowe i przysłówki typu „po polsku"*, a do lekcji 3. – *nazwy działacza* z dawnej lekcji 12. Pewnych zmian dokonano także w tekście o Warszawie.

Tytuł pierwszego podręcznika – *Kiedyś wrócisz tu...* z podtytułem *gdzie nadwiślański brzeg* dla części I oraz *by szukać swoich dróg i gwiazd* dla części II, został wzięty z piosenki Ireny Santor do słów J. Kondratowicza, adresowanej przede wszystkim do Polonii i emigrantów. Autorki widzą go jednak w dużo szerszym kontekście, ponieważ przy pomocy tego hasła–życzenia zwracają się do wszystkich, którzy kiedykolwiek uczyli się języka polskiego w naszym kraju, poznali jego kulturę i mieszkańców;

mają na myśli także i tych, którzy zgłębiają tajniki polszczyzny za granicą i wielu z nich z pewnością do Polski przyjedzie. *Kiedyś wrócisz tu* oznacza nie tylko życzenie powrotu do Polski, ale do polskości szeroko rozumianej i tego wszystkim użytkownikom naszego podręcznika serdecznie życzymy.

Teksty oznaczone 🎧 znajdują się na CD.

Ewa Lipińska i *Elżbieta Grażyna Dąmbska*

Wykonawca: *Irena Santor*
Muzyka: *Piotr Figiel*
Tekst: *Janusz Kondratowicz*

POWRÓCISZ TU

Gdy los cię rzuci gdzieś w daleki świat,
Gdy zgubisz szczęście swe i poznasz życia smak,
Zatęsknisz do rodzinnych stron
l wrócisz tu, wrócisz, gdzie twój dom.

Powrócisz tu, gdzie nadwiślański brzeg,
Powrócisz tu zza siedmiu gór i rzek,
Powrócisz tu, gdzie płonie słońcem wrzos i głóg,
Gdzie cienie brzóz, piach mazowieckich dróg.

Powrócisz tu, gdzie wierzby pośród pól,
Powrócisz tu, gdzie klucze białych chmur,
Powrócisz tu, by szukać swoich dróg i gwiazd,
By słuchać znów, jak wiosną śpiewa las, powrócisz tu!

Pod niebem wielkich miast swój zgubisz ślad,
Osiągniesz to, co chcesz, za rok, za parę lat.
Lecz gdy zdobędziesz wszystko już,
Z dalekich stron kiedyś wrócisz tu.

Powrócisz tu, gdzie nadwiślański brzeg,
Powrócisz tu zza siedmiu gór i rzek,
Powrócisz tu, gdzie płonie słońcem wrzos i głóg,
Gdzie cienie brzóz, piach mazowieckich dróg.

Powrócisz tu, gdzie wierzby pośród pól,
Powrócisz tu, gdzie klucze białych chmur,
Powrócisz tu, by szukać swoich dróg i gwiazd,
By słuchać znów, jak wiosną śpiewa las.
Powrócisz tu, powró - ó - cisz!

www.muzyka.jeja.pl

INTRODUCTION

Kiedyś wrócisz tu... *by szukać swoich dróg i gwiazd* is the second volume of the coursebook *Kiedyś wrócisz tu...* *gdzie nadwiślański brzeg* – Part 1 which was first published in 2003.

The first version of *Kiedyś wrócisz tu...* appeared in 1997. It was a large volume, which consisted of 15 lesson units. After several years of working with the book the authors and the publisher decided to divide it into two parts.

As was intended, the first part of the coursebook is aimed at intermediate students (level B2), the second part – at advanced students (level C1).

The first part (2003) was slightly changed in comparison with the original book, e.g. Communication was extended to include the sentence completion exercise and information on the use of grammatical forms in selected phrases. Some articles or their fragments were replaced by others, which are more up-to-date, and the topics in writing and speaking tasks were changed as well.

In *Kiedyś wrócisz tu...* *by szukać swoich dróg i gwiazd* – Part 2 those changes are consistently maintained, with the structure of the lesson unit also kept intact, which means that all lessons consist of three parts connected by topic:

I. Communication, which includes:

- excerpts from press articles,
- communicative phrases and expressions,
- exercises.

II. Reading, which comprises the following:

- text,
- explanatory notes to the text,
- exercises,
- idiomatic expressions and an exercise for practice,
- topics for oral or written work,
- a poem that is related to the topic of the main text.

III. Grammar (mainly referring to syntax), which consists of:

- grammatical explanations,
- exercises.

At the back of the book one can find the key to exercises.

Initially, a "mechanical" division of *Kiedyś wrócisz tu...* into eight and seven lessons respectively was planned. While working on this coursebook, the authors decided to add one more lesson, which makes the content of both volumes more balanced as each consists of eight lessons. The additional lesson (here: Lesson 1) is devoted to modern technology and the risks it involves; Communication is concerned with telephoning, and Grammar includes peculiarities of case inflection of nouns and the nominative plural of masculine personal nouns. Although it is assumed that students are familiar with all declension patterns, including the nominative plural, and some nouns with peculiar declension come from levels B1 and B2, due to the degree of difficulty it seemed appropriate to provide additional practice in those grammatical problems.

The coursebook introduces issues of word formation: compound adjectives with numerals (Lesson 3), nouns derived from numerals (Lesson 5), and adjectives derived from adjectives (Lesson 6). Some changes can also be seen in the sequence of grammatical problems. For example, the communication topic of persuasion was moved from former Lesson 8 to Lesson 6 in this book, whereas sentences without subject and words derived from syntactic expressions are to be found in Lesson 2. Adjectival adverbs and adverbs such as *po polsku* were moved from former Lesson 10 to Lesson 1, and names for the agent – from former Lesson 12 to Lesson 3. Some changes were also made in the passage about Warsaw.

The title of the coursebook *Kiedyś wrócisz tu...*, with the subtitles *gdzie nadwiślański brzeg* in Part 1 and *by szukać swoich dróg i gwiazd* in Part 2, has been taken from a song performed by Irena Santor and written by J. Kondratowicz, addressed first and foremost to the Polish diaspora and emigrants. The authors of the coursebook see a larger context for the title, because with these words they address everyone who at any time learned the Polish language in our country and became familiar with its culture and people; they also mean those who plumb the mysteries of the Polish language outside Poland and many of them will certainly visit Poland. *Kiedyś wrócisz tu...* means a wish to return not only to Poland, but also to a broadly understood Polishness, and all users of this coursebook are cordially invited to embrace it.

Texts marked with 🎧 are to be found on CD.

Ewa Lipińska and *Elżbieta Grażyna Dąmbska*

Telefonowanie

Halo, tu Internet

Rozmowy telefoniczne Warszawa–Nowy Jork kosztują już tylko 17 groszy za minutę, a w ciągu kilku najbliższych miesięcy potanieją do 8 groszy. Podróżujący po świecie Polak może w każdej chwili zadzwonić do domu, płacąc tyle, co za połączenie lokalne. Rewolucyjna technologia telefonowania przez Internet sprawia, że już wkrótce tradycyjny telefon stacjonarny i komórkę będzie można zobaczyć wyłącznie w muzeum. Rewolucyjny pomysł jest zaskakująco prosty: w Internecie głos to jeszcze jedna forma danych, które można przesyłać z komputera do komputera tak jak wiadomości poczty e-mail. Nowa technologia zwana VoIP (Voice over Internet Protocol) sprawia, że głos zostaje zamieniony na strumień zer i jedynek, a następnie wysłany w postaci pakietów danych. Te dane podróżują w sieci, wybierając najszybszą drogę, jaką mogą dotrzeć do adresata. A komputer lub modem odbiorcy z powrotem zamienia sygnał cyfrowy na dźwięki.

Gdy dzwonimy przez tradycyjny telefon stacjonarny lub komórkowy, zamiana cyfrowych danych na głos dokonuje się w centrali operatora telefonicznego, a to generuje dodatkowe koszty. Firmy telekomunikacyjne muszą kupować sprzęt, konserwować go, zatrudniać pracowników. Kiedy zaś rozmawiamy przez sieć, całą operację wykonuje komputer. Dlatego koszt rozmowy stanowi ułamek tego, co płacimy tradycyjnym operatorom.

Przez Internet możemy dzwonić na kilka sposobów. Dziś najbardziej rozpowszechniony jest ten, gdy korzystamy ze zwykłego telefonu i specjalnej karty. Najpierw dzwonimy pod numer telefoniczny podany na tej karcie (każde miasto ma swój lokalny), podajemy kod z karty i dopiero wtedy wykręcamy numer, pod który chcemy zadzwonić. Nasze połączenie od numeru dostępowego jest realizowane przez sieć i dlatego minuta rozmowy np. z USA może kosztować zaledwie kilkanaście groszy.

Ale prawdziwa rewolucja to dzwonienie z komputera. Wystarczy założyć słuchawki z mikrofonem podłączone do komputera, uruchomić program do prowadzenia rozmów i w odpowiednim okienku wpisać numer abonenta, z którym chce się uzyskać połączenie. Koszt, jaki ponosimy w tym wypadku, to stały miesięczny abonament za podłączenie komputera do Internetu, który nie zależy od dystansu i czasu rozmowy. Jeśli z komputera zadzwonimy pod numer tradycyjnego telefonu stacjonarnego w Tokio, dopłacimy tylko jak za japońskie połączenie lokalne – o 90 proc. mniej niż za rozmowę Warszawa–Tokio prowadzoną przez tradycyjne łącza. Ale jeśli już mamy podłączony Internet w domu i dzwonimy na inny komputer, którego właściciel ma odpowiedni sprzęt i oprogramowanie, nasz koszt wynosi – uwaga! dokładnie zero złotych.

Eksperci twierdzą też, że VoIP pozwoli wreszcie na połączenie w jednym aparacie rozmaitych funkcji oferowanych dotychczas w różnych urządzeniach elektronicznych. Nowoczesny telefon będzie więc narzędziem komunikacji, ale też stanie się przenośnym centrum rozrywki. Dzięki dostępowi do baz danych i internetowych łączy gwarantujących ogromną przepustowość pozwoli na odtwarzanie i przesyłanie plików muzycznych, obrazów, filmów, robienie zdjęć czy oglądanie telewizji. Wszystko w doskonałej jakości.

Rana Foroohar, Paweł Górecki
Newsweek 6.02.2005

Zmysłowa sieć

Zapach i dotyk przez Internet? Operatorzy telefonii stacjonarnej właśnie tak chcą przełamywać dominację sieci komórkowych

Wina z Burgundii to pasja i przekleństwo koneserów. Potrafią zniewolić swym bukietem albo zniechęcić ubóstwem aromatu. Do niedawna nikt nawet nie próbował sprzedawać trunku przez Internet. Ale kilka miesięcy temu sytuacja się zmieniła. Burgundzcy winiarze zaczęli oferować swym klientom możliwość wąchania win przez sieć. Wystarczy wgrać do komputera specjalny program i podłączyć go do urządzenia przypominającego drukarkę, by ze specjalnych tonerów odtworzyć aromat przesłany aż z Burgundii. Nowa usługa to jednak nie prezent France Telecom dla winiarzy, a dramatyczna próba szukania sposobu na odzyskanie rynkowej pozycji.

Zapach, jak udowodnili naukowcy, jest jednym z najistotniejszych czynników wpływających na szybkość zapamiętywania oraz jednym z najważniejszych bodźców przy podejmowaniu decyzji o zakupie produktów. To dlatego w wielu sklepach, aby zwiększyć sprzedaż, rozpyla się wonie podkreślające zapach produktów lub takie, które skłaniają do zakupów. A co, gdyby to samo – zapach – podsunąć klientom w sieci?

Wyobraźmy sobie witrynę włoskiej restauracji, na którą natrafiliśmy przypadkiem, poszukując przez Internet nowego miejsca na obiad. Jeśli w trakcie oglądania fotografii apetycznej porcji pasty czy vitello tonnato dodatkowo pojawi się przyjemna woń oliwy, czosnku i bazylii, niewielu miłośników włoskiej kuchni zdoła wysiedzieć długo przed komputerem. A domatorzy, jeśli będzie taka możliwość, na pewno zamówią danie przez telefon lub e-mail.

Przekazywanie zapachu przez Internet, wbrew pozorom, wcale nie jest trudne – w uproszczeniu przypomina drukowanie złożonych kolorów na bazie podstawowej palety barw. Potrzeba do tego jedynie urządzenia wyposażonego w zbiorniczki z określonym zestawem substancji zapachowych. Komputer pobiera z odwiedzanej strony wskazówki, w jakich proporcjach je połączyć, by stworzyć w domu internauty zapachową iluzję.

Znacznie trudniej przewidzieć, czy miliony dolarów wydane na opracowanie tej nowej technologii zwrócą się dzięki zainteresowaniu klientów. – Dotychczasowe doświadczenia z wideotelefonią nakazują ostrożność – zauważa Tomasz Kulisiewicz, ekspert Polskiej Izby Informatyki i Telekomunikacji. – Im głębiej nowe formy telekomunikacji ingerują w naszą prywatność, tym większy budzą opór wśród potencjalnych użytkowników.

Ale naukowcy nie zamierzają poprzestać na zapachu i próbują upchać w Internecie nawet dotyk. „Cyfrowa rękawica" – tak nazywa się projekt amerykańskiego operatora AT&T – wygląda jak zwykła rękawiczka. Urządzenie to przekłada ruch dłoni na komendy dla komputera lub innego cyfrowego urządzenia. Być może już niebawem uda się odwrócić kierunek transmisji, a wtedy siedząc przy komputerze we Wrocławiu, będziemy mogli poczuć uścisk dłoni sympatycznej mieszkanki Toronto, właśnie poznanej na czacie.

I tylko nie wiadomo, czy cieszyć się z tego, czy smucić. Telefony komórkowe otworzyły przed nami ogromne możliwości, ale stały się też rodzajem elektronicznej smyczy. Jeśli w przyszłości przez telefon będzie można nas powąchać, to jak przekonamy szefa, że chorujemy na anginę, jeśli w rzeczywistości poprzedniego wieczoru nadużyliśmy burgunda?

Marek Rabij
Newsweek 6.02.2005

Czas Apokalipsy

Co by się stało z Internetem, gdyby hakerzy zaatakowali nie z powodu samotności czy chciwości, ale z czystej chęci czynienia zła?

Sieć energetyczna nadzorowana przez Internet przestanie działać. Drobna awaria może sprawić, że całe miasto utonie w ciemnościach.

Sklepy nie będą przyjmować kart kredytowych. Awaria Internetu spowoduje też problemy z zamawianiem towarów.

Bank. Aby uzyskać dostęp do swojego konta, trzeba będzie iść do oddziału, zamiast korzystać z wygodnej bankowości internetowej.

Sygnalizacja świetlna. Nawet jeśli będzie prąd, kolejne skrzyżowania utracą synchronizację, co spowoduje gigantyczne korki.

Restauracje stracą całe zapasy przechowywane w lodówkach, jeśli przez awarię Internetu zabraknie prądu.

Telefony. Gdy przestanie działać Internet, wielu ludzi chwyci za telefony. Większy ruch sprawi, że nie będzie się można nigdzie dodzwonić.

Kino. Wprawdzie filmy będą wyświetlane, ale wszyscy widzowie będą musieli stać w kolejce do kasy, zamiast zamówić bilet przez sieć.

Pociągi staną, bo zarządzanie ruchem odbywa się za pomocą łączy internetowych.

Gdyby ktoś chciał napisać thriller science fiction o dniu, w którym przestaje działać Internet, powinien zacząć od wprowadzenia postaci komputerowego szaleńca. Nasz bohater uzbrojony jedynie w laptop i szybkie łącze wypuszcza do sieci szybko mnożącego się wirusa, który w ciągu kilku minut daje mu kontrolę nad tysiącami, a może nawet milionami serwerów i komputerów osobistych na całym świecie. Ta posłuszna armia robotów bezustannie przypuszcza ataki na komputery odpowiadające za przesyłanie miliardów pakietów danych, dzięki którym działa poczta elektroniczna, sieć www i inne internetowe usługi.

Początkowo atak wygląda na uciążliwe, ale niegroźne utrudnienie – przestaje działać poczta elektroniczna, nie da się przeglądać stron www. Ostatecznie jednak problemy dotykają też usług tylko pośrednio związanych z Internetem – przestają działać bankomaty, telefony na numery alarmowe nie są przekierowywane do najbliższego posterunku i stacji pogotowia, nie funkcjonują systemy rezerwacji biletów kolejowych i lotniczych. Kilka godzin później spowolnienie sieci odbija się na kluczowych systemach – komputerach sterujących sieciami energetycznymi, ruchem lotniczym i sieciami telefonicznymi. Dochodzi do paraliżu, jaki zdarza się niekiedy lokalnie podczas burz czy braków prądu – ale jeszcze nigdy nie dotyczył całego świata.

Konsekwencje takich ataków byłyby znacznie poważniejsze niż tylko problemy z pocztą czy stronami www. Kiedy inżynierowie naprawialiby szkody, firmy, rządy i organizacje, które na co dzień używają sieci jako podstawowego narzędzia, musiałyby powrócić do tradycyjnych metod zapisywania informacji, czyli długopisu i kartki papieru. Z kolei światowa gospodarka stanęłaby na skraju przepaści. Każdego roku społeczeństwo coraz bardziej uzależnia się od Internetu. – Kiedy zbyt długo się nad tym zastanawiam, jestem przerażony – mówi Paul Vixie, prezes Internet Software Consortium, organizacji nonprofit, która pomaga w konserwacji Internetu. – Tu nie chodzi o to, że zagroziłoby to bezpieczeństwu narodowemu, ale zachwiałoby całą naszą cywilizacją.

Aby zapobiec dramatycznej katastrofie, potrzebna jest skomplikowana i kosztowna zmiana protokołów internetowych oraz upowszechnienie szyfrowania, nawet zwykłych e-maili. Część ekspertów proponuje wręcz zbudowanie równoległej sieci, którą przesyłano by informacje wymagające szczególnej ochrony.

Takie modyfikacje zmieniłyby Internet nie do poznania. Wyobraźcie sobie, że musicie płacić za wysłanie e-maila. Albo że rządy całego świata umawiają się, by wprowadzić regulację w sieci. A przecież Internet podbił świat właśnie dlatego, że był niescentralizowany oraz otwarty na wszelkich nowych użytkowników. Trudno sobie wyobrazić, by istniała wola polityczna do przeprowadzenia projektu zmieniającego te zasady. Chyba że wydarzy się katastrofa, która takie zmiany wymusi.

Jonathan Adams, Fred Guterl
Współpraca: Sarah Sennott, Kay Itoi,
Mike Kepp, B.J. Lee, Marcin Bójko
Newsweek 30.11.2003

Zarzuć sieć

Rosną obroty wirtualnego handlu. W sieci oszczędzamy nie tylko czas, ale i pieniądze

Największym powodzeniem wśród klientów internetowych sklepów cieszą się książki, płyty z muzyką, kasety wideo i płyty DVD z filmami. Ten rodzaj towarów wydaje się wprost stworzony do sprzedawania w sieci. Łatwo je skatalogować i opisać oraz dodać informację wizualną w postaci okładki, a w przypadku płyt dołączyć próbki muzyki. Co więcej, w sieciowych księgarniach czy płytotekach towary są średnio 10–20 proc. tańsze niż w tradycyjnym sklepie. Częściej trafimy tu również na rozmaite promocje i wyprzedaże, polegające nie tylko na obniżce ceny, ale również na darmowej przesyłce.

Bez obaw warto kupować w sieci także sprzęt komputerowy, audio i wideo czy artykuły gospodarstwa domowego. Ich ceny również są niższe niż w sklepach tradycyjnych (o ok. 10 proc.), a do tego większość sprzedawców pozwala się dodatkowo targować. Generalnie zasada jest prosta: w sieci warto kupować wszystkie rzeczy, których właściwości możemy być pewni. Na przykład gdy kupujemy odkurzacz, otrzymamy informację o jego wymiarach, mocy i wyposażeniu. Trudno tu o nieporozumienie. Jeśli jednak chcemy kupić marynarkę, to nawet wybierając dokładnie rozmiar, nie mamy pewności, że będzie dobrze leżała. Ale i na to jest sposób.

Zgodnie z niedawno uchwaloną Ustawą o ochronie niektórych praw konsumentów, wszystko, co kupujemy na odległość, czyli na przykład w sklepie internetowym, możemy zwrócić w ciągu 10 dni. I to bez uzasadnienia. Sklep natomiast ma obowiązek zwrotu zapłaconej sumy. My za to poniesiemy koszty przesyłki w obie strony.

Zainteresowanie zakupami w Internecie wzrasta również dlatego, że coraz więcej Polaków posługuje się kartami płatniczymi, a to najwygodniejszy sposób zapłaty w sieci. I całkowicie bezpieczny. Dane naszej karty nie trafiają do sklepu (ten otrzymuje tylko informację, że zapłaciliśmy), lecz do centrum autoryzacji, np. eCard. Po wybraniu opcji zapłaty kartą zostajemy automatycznie przeniesieni ze sklepu na stronę firmy autoryzującej transakcję. Połączenie jest szyfrowane, a dane naszej karty są praktycznie niemożliwe do przechwycenia.

Sieciowe zakupy mają też wady. Na towar musimy poczekać – średnio kilka dni. Warto też zwrócić uwagę na koszt wysyłki. Przy zakupie pojedynczego, niedrogiego przedmiotu (np. książki za 20 zł) koszt wysyłki czyni go mocno nieopłacalnym. Kupując w Polsce, za wysyłkę zapłacimy średnio od 7 zł (poczta) do 15 zł (kurier). Za przesyłkę kurierską z USA trzeba zapłacić minimum 20 dol.

Test wiarygodności

Nim klikniesz w koszyk, żeby kupić towar, odpowiedz sobie na poniższe pytania.
• Czy wiem, gdzie jest siedziba sklepu?
• Czy wiem, jak skontaktować się ze sprzedawcą?
• Czy wiem dokładnie, co kupuję i czy znam wszystkie parametry nabywanego produktu?
• Czy znam całkowity koszt zakupu, łącznie z podatkiem, cłem i transportem?
• Jeśli kupuję za granicą, czy wiem, w jakiej walucie podana jest cena?
• Czy znam termin dostawy produktu i czy mi on odpowiada?

• Czy jestem pewny, że sklep gwarantuje bezpieczny sposób zapłaty?
• Czy sklep informuje, jak mogę zwrócić produkt?

Jeśli na chociaż jedno pytanie odpowiedziałeś „nie", zastanów się jeszcze raz, czy na pewno chcesz skorzystać z tego e-sklepu. Masz bowiem dużą szansę, że trafiłeś na zwykłego oszusta bądź też na niesolidnego sprzedawcę, który może w nieskończoność przeciągać dostawę towaru, obciążać cię niespodziewanymi kosztami lub czynić problemy ze zwrotem kupionego towaru.

Newsweek 07.12.2003

Komputer jak narkotyk

Postępująca informatyzacja oprócz wielkich korzyści przyniosła nowe zagrożenia – rośnie bowiem stale liczba osób uzależnionych od internetu i gier komputerowych.

W 1994 roku, według badań OBOP, w co dziesiątym mieszkaniu w Polsce znajdował się komputer osobisty. Posiadali go głównie mieszkańcy wielkich miast, przedsiębiorcy i osoby z wyższym wykształceniem. Dzieci miały raczej ograniczony dostęp do nowego medium. Wprawdzie znaczna liczba szkół była wyposażona w komputer, ale korzystanie z niego było kontrolowane i limitowane przez nauczyciela. W ciągu ośmiu lat wiele się zmieniło. Coraz więcej osób dysponuje prywatnym komputerem w domu, także na wsi. Kawiarnie internetowe masowo pojawiają się nawet w małych miasteczkach. W szkołach, w związku z obowiązkową nauką informatyki, powstały pracownie informatyczne, a komputer stał się zwykłym, dobrze znanym narzędziem. Rodzice, niekiedy kosztem wielu wyrzeczeń, starają się ułatwić dziecku ćwiczenie nowych umiejętności. Komputer stał się też pożądanym prezentem z okazji urodzin, ukończenia szkoły lub uroczystości religijnych. Wyraźnie wzrosła więc dostępność, a wraz z nią zaczęły pojawiać się problemy dobrze znane w krajach znacznie wcześniej skomputeryzowanych.

Szansa edukacyjna i zagrożenie

Entuzjazm towarzyszący pojawieniu się komputerów osobistych i rozbudowie sieci, z punktu widzenia czasu, okazał się przesadny. Zakładano bowiem, że użytkownicy będą wykorzystywali nowe narzędzie przede wszystkim dla własnego wszechstronnego rozwoju. Jednak medium informatyczne zostało bardzo szybko „zaśmiecone" pornografią i zagarnięte przez producentów różnego typu programów rozrywkowych. W badaniach amerykańskich stwierdzono, że tylko część użytkowników traktuje je jako użyteczne narzędzie w pracy zawodowej. Zdecydowana większość poszukuje raczej sensacji i rozrywki, co można było przewidzieć po latach doświadczeń z telewizją, w której programy edukacyjne nie cieszą się największą oglądalnością. Postępująca informatyzacja oprócz wielkich korzyści przyniosła nowe zagrożenia – rośnie bowiem stale liczba osób uzależnionych od internetu i gier komputerowych.

Wielu psychologów zauważa, iż doświadczenia przeżywane w wirtualnej rzeczywistości, przypominają niekiedy stany „odlotu" po zażyciu środków halucynogennych.

Efektem częstych zabaw z komputerem może być zupełna utrata kontaktu z rzeczywistością i wystąpienie zaburzeń nawet o charakterze psychotycznym. U dzieci w młodszym wieku szkolnym najczęściej można zaobserwować zaburzenia koncentracji uwagi, niepokój i stany lękowe, ekstremalne reakcje emocjonalne, często nieadekwatne do wywołującego je bodźca, fantazjowanie i kłamstwa; zanik wrażliwości na uczucia innych ludzi, utrata dotychczasowych przyjaciół, odrzucenie przez grupę z powodu nieprzyjemnych zachowań dziecka, brak zainteresowania nauką, niesłuchanie dorosłych. Media elektroniczne wprost „ociekają" agresją i przemocą, co powoduje zaburzenie procesu socjalizacji i znaczące podniesienie się poziomu agresji u młodych odbiorców. W wielu grach celem jest unicestwienie przeciwników, nieraz bardzo wyrafinowanymi metodami.

W ciągu kilku ostatnich miesięcy, nauczyciele i psychologowie poradni oświatowych sygnalizują występowanie opisanych objawów i niepokojących zaburzeń zachowania u niektórych dzieci z młodszych klas szkoły podstawowej. Według pedagogów dzieci te zachowują się dziwnie, bardziej jak roboty lub UFO-ludki niż zwykli ludzie. Wykonują jakieś automatyczne czynności, bywają zupełnie wyłączone lub nadmiernie pobudzone. Nie reagują na polecenia i trudno z nimi nawiązać kontakt. Często konfabulują, opowiadając zupełnie nieprawdopodobne historie, reagują agresją fizyczną wobec kolegów i nauczycieli. Z powodu swoich zachowań są odrzucane przez grupę, co potęguje nieprawidłowe reakcje.

Autorka jest psychologiem klinicznym, kierownikiem Pracowni Profilaktyki i Zagrożeń w Centrum Metodycznym Pomocy Psychologiczno-Pedagogicznej w Warszawie.

Joanna Szymańska
Artykuł opublikowano w miesięczniku „Remedium"
www.psychologia.edu.p

TELEFONOWANIE – zwroty i wyrażenia

- Telefonować = dzwonić do (+ *dopełniacz*)
- Odebrać telefon
- Podnieść słuchawkę ≠ odłożyć słuchawkę

Prywatnie

- Halo! (Halo, słucham!)
- Słucham! (Tak, słucham!)
- Proszę! (Tak, proszę!)

Służbowo

- *(nazwisko lub imię i nazwisko odbierającego)*

Karpiński, słucham!
Krystyna Firlej przy telefonie!

- *(nazwa instytucji)*

Sekretariat, słucham

Osoba dzwoniąca *prywatnie*:

- Dzień dobry (dobry wieczór), | tu (mówi) (+ *imię* lub *imię i nazwisko*)...
  | moje nazwisko (+ *nazwisko*)...

- Czy mogę | prosić (+ *biernik*)...?
  | rozmawiać z (+ *narzędnik*)...?

Dobry wieczór, mówi Jolanta Biecz, czy mogę rozmawiać z Piotrem?
Dzień dobry, moje nazwisko Pieczyński, czy zastałem pana Janusza?

- Czy jest (+ *mianownik*)...?

Czy jest pani profesor Zofia Bednarska?

- Czy zastałem(am) (+ *biernik*)...?

Czy zastałem pana dyrektora?

Osoba dzwoniąca *służbowo***:**

- Dzień dobry, | (po)proszę (numer) 220!
  czy może mnie pan/i połączyć | z (+ *narzędnik*)?
  proszę mnie połączyć
  dzwonię | w sprawie (+ *dopełniacz*)...
  | w związku z (+ *narzędnik*) ...
  czy mogłabym (mógłbym) rozmawiać z (+ *narzędnik*)?
  chciałabym (chciałbym) rozmawiać z (+ *narzędnik*)
  osobą odpowiedzialną za (+ *biernik*)...
  chciał(a)bym się dowiedzieć...
  czy może (mogłaby) pani mnie poinformować...?

Dzień dobry, czy może mnie pani połączyć z działem finansowym?
Dzwonię w sprawie ostatniego zamówienia.
Dzwonię w związku z pismem, które otrzymałem.
Chciałbym rozmawiać z osobą odpowiedzialną za reklamę.
Chciałabym się dowiedzieć, jakie warunki trzeba spełnić...
Czy może mnie pan poinformować, kiedy odbędzie się następne zebranie?

- Dziękuję za | (+ *biernik*)....
Dziękuję za informacje.

Zgłoszenie sekretarki automatycznej (*prywatnie***):**

- Tu numer ..., | w tej chwili nie ma nas w domu, proszę zostawić
  wiadomość (po sygnale)
  nie mogę teraz odebrać telefonu

Zgłoszenie sekretarki automatycznej (*służbowo***):**

- Dzień dobry, tu wydawnictwo „Pióro", proszę czekać (na zgłoszenie się sekretariatu)

Odpowiedź osoby odbierającej *prywatnie***:**

- Dzień dobry (dobry wieczór, cześć), już proszę!
- Tak, proszę!
- Proszę (chwilę) poczekać! (zaczekaj chwilę!)
- Już ją (go) wołam!

23

- Niestety, | nie ma go (jej). Czy coś | przekazać?
                                      | powtórzyć?
                                      | Proszę zadzwonić (zadzwoń)
            | w tej chwili nie może   później.
            | podejść do telefonu. | Oddzwoni do ciebie (pana)
                                      | później.

Odpowiedź osoby odbierającej *służbowo*:

- Dzień dobry, już proszę!
- Tak, proszę!
- Proszę (chwilę) poczekać!
- Chwileczkę, | zobaczę, | czy jest.
              | sprawdzę, |
- Już łączę!
- (Niestety), w tej chwili jest (bardzo) zajęty(a). Proszę zadzwonić później.
- Dyrektora nie ma, będzie po 13.00.
- Dyrektor wyjechał, będzie dopiero za tydzień.
- Czy to coś | ważnego?
             | pilnego?

Jeśli osoba dzwoniąca nie zastaje tej, z którą chciała rozmawiać, mówi

prywatnie:

- Proszę mu (jej) | że...
  powiedzieć, | żeby do mnie zadzwonił(a) | wieczorem (jutro).
                                             | na komórkę.

- Czy mogę zostawić | mój numer telefonu (komórkowego)?
                    | numer mojej komórki?

- Proszę mu (jej) przekazać, że... |
                                   | dzwoniłam, dobrze?

służbowo:

- Proszę przekazać, że....
- Pozwolę sobie zostawić mój numer telefonu (komórkowego) na wy-

padek, gdyby pan X chciał się ze mną skontaktować w dogodnym dla siebie czasie.
- Może ja podam numer mojej komórki, bo sprawa jest pilna.

Pomyłki

- Czy to numer ....? | Nie, to pomyłka.
- Czy to mieszkanie...?
- Paweł?
- Cześć, Jurek! Chyba pomylił/a pan/i numer....
- Czy to kino Muza? Nie, mieszkanie prywatne.
- Przepraszam.

Czy to mieszkanie państwa Zielińskich (państwa Nowaków)?

Kłopoty ze słyszalnością i rozumieniem:

- Przepraszam, | słabo | słyszę (słychać)!
  źle |
  nie dosłyszałem(am)!
  coś przerywa ...

- Czy mógłby pan (mógłbyś) | powtórzyć?
  mówić głośniej (wolniej)?
  przeliterować ten adres (nazwisko)?
- (Nic) nie rozumiem!
- Proszę | powtórzyć!
  mówić głośniej (wolniej)!
- (Powtórz) jeszcze raz – gdzie (kiedy, kto, co)?

Telefony komórkowe

- Włączyć ≠ wyłączyć komórkę
- Brak zasięgu (słaby zasięg)
- Komórka się rozładowała (jest rozładowana)
- Trzeba naładować baterię (komórkę)
- Wysyłać (pisać) | smsy
- Dostawać (odbierać)

- Zostawić wiadomość na poczcie głosowej
- Otworzyć skrzynkę odbiorczą (aby przeczytać wiadomość)
- „Puścić sygnał"

Automatyczna sekretarka:

- Abonent jest czasowo niedostępny, proszę zostawić wiadomość po sygnale.

Ćwiczenia

I. Proszę napisać w odpowiedniej formie:

Przykład: Czy mogę prosić *pana Jana Dąbrowskiego* (pan Jan Dąbrowski)?

1. Czy zastałem . . . . (pan Jerzy Konopka)?
2. Czy mogę rozmawiać z . . . . (pani doktor Jolanta Królak)?
3. Czy może mnie pani połączyć z . . . . (sekretariat) dyrektora?
4. Dzień dobry, dzwonię w sprawie . . . . (zmiana) rezerwacji.
5. Dzwonię w związku z . . . . (propozycja), którą od państwa dostałem.
6. Chciałbym rozmawiać z osobą odpowiedzialną za . . . . (zaopatrzenie).
7. Czy to mieszkanie . . . . (pan dyrektor Atanazy Kalina)?
8. Proszę . . . . . . (on) powiedzieć, żeby do mnie jutro . . . . (zadzwonić).
9. Zostawiłem wiadomość na . . . . (poczta głosowa).
10. – Czy jest Jurek? Tak, już . . . . . . (on) wołam!

II. Proszę połączyć w logiczne pary:

1. Czy to numer 3333333?	a. połączyć z Działem Transportu?
2. Proszę jej przekazać,	b. niedostępny
3. Tu jest bardzo słaby	c. czy pani Maria jeszcze jest
4. Czy może pan	d. smsa?
5. W tej chwili kierownik jest zajęty,	e. proszę zostawić wiadomość
6. Abonent jest czasowo	f. że dzwoniłam
7. Proszę poczekać	g. zasięg
8. Ada teraz kąpie dziecko –	h. czy to coś pilnego?
9. Dostałaś mojego	*i. Nie, to pomyłka!*
10. Chwileczkę, sprawdzę,	j. oddzwoni do ciebie później, dobrze?
11. Dzień dobry, czy może mnie pan	k. na zgłoszenie się operatora sieci
12. Nie mogę teraz odebrać telefonu –	l. przeliterować swoje nazwisko?

III. Proszę dokończyć używając zwrotów podanych w ramce.

> mieszkanie prywatne – Czy to coś ważnego – osobą odpowiedzialną – czy u państwa można zamówić prenumeratę – mojej komórki – w związku – Czy może mnie pan poinformować – w sprawie – proszę powtórzyć – rozładowała mi się komórka

1. Przepraszam, nie dosłyszałem, ... !
2. Czy to szpital? – Nie, to . . . .
3. Czy może mnie pani połączyć z . . . . za dekorację sali?
4. Nie mogłam do ciebie zadzwonić , bo . . . .
5. Dzwonię . . . . z ogłoszeniem, które ukazało się w ostatnim numerze.
6. Dyrektor jest bardzo zajęty. . . . . ?
7. Sprawa jest bardzo pilna. Zostawię pani numer . . . .
8. . . . ., o której godzinie przylatuje samolot z Kairu?
9. Dzwonię . . . . konkursu na projekt kina.
10. Chciałbym się dowiedzieć, ...

Nowa gałąź sztuki?

część II

Gry komputerowe – to rozrywka, o której nie śniło się starszym pokoleniom, a która dla współczesnych dzieci i nastolatków jest czymś równie naturalnym, jak dawniej książka czy film. Niektórzy wręcz nie są w stanie się bez niej obejść. Dla jednych gry komputerowe to dziedzina sztuki, mająca przyszłość, dla innych to poważne zagrożenie, którego skutków nie jest się w stanie przewidzieć.

Nie sądźmy jednak, że grami interesują się tylko najmłodsi. Zygmunt Miłoszewski w swoim artykule pisze: „Należę do pokolenia dzisiejszych trzydziestolatków, pierwszego, które doświadczyło wirtualnej rozrywki, zaczynając od telewizyjnego ping-ponga. Grywam regularnie, a kupno gry jest dla mnie równie naturalne jak kupno powieści."

Do rozwoju dzisiejszych gier przyczyniły się automaty wrzutowe z grami elektronicznymi. Miały wielu amatorów, w związku z tym szybko się rozprzestrzeniały. Nie ustalono, którą z gier należy uznać za pierwszą – zdania w tej kwestii są podzielone. Jedni twierdzą, że ten zaszczytny tytuł można przyznać grze *Kółko i krzyżyk* napisanej przez A. S. Douglasa w 1952 roku. Inni utrzymują, że pierwszą była gra *Spacewar*, która ujrzała światło dzienne w 1962 roku. Miała ona jednak ograniczony zasięg, gdyż mogły się z nią zapoznać tylko osoby związane bezpośrednio z instytucjami posiadającymi komputery. W 1972 roku Nolan Bushnell, założyciel firmy Atari, stworzył grę pod tytułem *Pong* polegającą na odbijaniu ekranowej piłeczki. To właśnie on jest uważany przez wielu ludzi za twórcę pierwszej gry komputerowej

W latach siedemdziesiątych i osiemdziesiątych nastąpił dynamiczny rozwój techniki, wzrosła liczba komputerów, a także ich użytkowników. Zmusiło to autorów elektronicznej rozrywki do tworzenia dzieł coraz bardziej wyszukanych i skomplikowanych. Rosnące wymagania odbiorców zaczęły powodować również nieustanne zmiany i udoskonalenia

nie tylko w fabule, ale także w opracowaniu graficznym i muzycznym. Mnożą się też gatunki gier. Najbardziej popularne rodzaje to „bijatyki" – walka jeden na jednego, wyścigi, w których gracz znajduje się na miejscu kierowcy, rozgrywki strategiczne, symulacyjne, sportowe, logiczne, a także muzyczne i edukacyjne. Swoich komputerowych adaptacji doczekały się szachy, warcaby, pasjanse oraz automatyczne bilardy. Powstają gry przenoszące uczestników w realistyczne, perfekcyjne światy z odwzorowanymi wiernie szczegółami, a gracz podlega w nich coraz mniejszym ograniczeniom. Czytelnicy książek czy widzowie filmu są jedynie odbiorcami fabuły, niemającymi wpływu na rozwój akcji, a gracz jest zarówno uczestnikiem, jak sprawcą wydarzeń; chce móc także decydować o wyglądzie i ubiorze bohatera. Musi też posiadać odpowiednie umiejętności, ponieważ od tego często zależy rozwój fabuły – przy czym przejście do następnego etapu jest możliwe dopiero po ukończeniu poprzedniego. Interakcja pomiędzy graczem a fikcją na ekranie stanowi dodatkowy atut atrakcyjności. Coraz więcej zwolenników zyskują gry, umożliwiające jednoczesny dostęp do fantastycznego świata osób, które mogą dzielić setki kilometrów. Wspólne uczestnictwo w sieci jest dla wielu odbiorców bardzo atrakcyjne. Niektóre gry posłużyły za kanwę scenariuszy do filmów pełnometrażowych i seriali telewizyjnych, filmów rysunkowych, animowanych lub z udziałem aktorów, niejednokrotnie bardzo znanych. Popularność tych obrazów jest bardzo duża.

Dobra passa gier wciąż trwa i nasila się. Ich sprzedaż przynosi kolosalne zyski, więc producenci dostarczają coraz to nowe, doskonalsze produkty, aby zadowolić najbardziej wybrednych klientów. Nad współczesnymi grami pracują zespoły podobne do tych, które tworzą filmy, a koszty produkcji porównywalne są do budżetów ekip filmowych. „Dziś świat gier komplikuje się, nabiera plastyczności, a jego mieszkańcy (...) zyskują cechy filmowych bohaterów. To już artystyczna kreacja" – pisze Z. Miłoszewski. Gry komputerowe uważane są przez niektórych za nową gałąź sztuki.

Gry komputerowe mogą być wspaniałą rozrywką. Są jednak również poważnym zagrożeniem, szczególnie dla dzieci i młodzieży, która zatraca system wartości, powodując niejednokrotnie własne wyobcowanie ze środowiska i utratę więzi z rodziną. Wywołują niekiedy agresywne zachowania, utratę poczucia rzeczywistości, zachwianie umiejętności odróżnienia zjawisk świata rzeczywistego od wirtualnego. Spotyka się również prawdziwe uzależnienia od gier komputerowych, co staje się poważnym problemem społecznym, z którym mają do czynienia psychologowie, nauczyciele, rodzice. Poza tym miłośnicy gier coraz rzadziej sięgają po książkę...

Jaka jest przyszłość gier komputerowych? Czy najbliższe lata przyniosą nam odpowiedź na to pytanie?

(wg: Zygmunt Miłoszewski, *Gry między książkami,*
Newsweek 3.10.2004.
Artur Dubis, *Historia gier,* www.staregry.bajo.pl
Lista gatunków gier komputerowych i wideo, Wikipedia)

Objaśnienia do tekstu

obejść się – tu: poradzić sobie bez kogoś lub czegoś

urządzenie – rodzaj mechanizmu lub zespół elementów, przyrządów służący do wykonania określonej czynności, ułatwiający pracę

rozprzestrzenić się – zająć jakąś przestrzeń, wystąpić na dużym obszarze; rozszerzyć się

ujrzeć światło dzienne – przyjść na świat, pojawić się, powstać

dostępny – taki, do którego można dojść, wejść; osiągalny

uczelnia – szkoła wyższa (np. uniwersytet)

sprzęt – przedmiot użytkowy jak mebel, narzędzie, naczynie itp.

wyszukany – rzadki, niezwykły, wymyślny, wykwintny, wytworny

mnożyć się – występować w większej, niż poprzednio, liczbie; powiększać się, wzrastać

bijatyka – bicie się wielu osób, bójka

zyskać – skorzystać

odwzorować – odtworzyć według wzoru, ukształtować na wzór czegoś, skopiować

interakcja – wzajemne oddziaływanie na siebie osób, przedmiotów, zjawisk

fikcja – wymysł, fantazja

atut – szansa; tu: plus, pozytywny element

fabuła – zespół wszystkich wątków (motywów) filmu lub utworu literackiego

sprawca – ten, kto coś spowodował, sprawił; inspirator, inicjator

dobra passa – rozkwit, popularność, rozwój, wzięcie

wybredny – taki, któremu trudno dogodzić, grymaśny, kapryśny

zagrożenie – niebezpieczeństwo, groźba

zachwiać – tu: naruszyć stały, ustalony porządek, nadwyrężyć, osłabić

wirtualny – tworzony sztucznie za pomocą techniki komputerowej

uzależnienie – nałóg, nawyk

wyobcowanie – wyłączenie ze środowiska, odosobnienie, odizolowanie

Uwaga na słowa!

 gałąź — pęd wyrastający z pnia drzewa, konar, odrośl
dział gospodarki narodowej, nauki, administracji
boczna linia plemienia

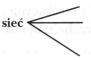 sieć — rodzaj plecionki wykonanej z nici lub sznurka
rozgałęzienie przewodów, zwłaszcza elektrycznych, dróg,
linii komunikacyjnych,
połączenia internetowe

 kanwa — sztywna tkanina siatkowa
tło, podstawa

Ćwiczenia

I. Proszę uzupełnić skrócony i nieco zmodyfikowany tekst „Nowa gałąź sztuki?" słowami z pierwowzoru albo mającymi podobne znaczenie.

Gry komputerowe stanowią rodzaj *rozrywki*, o której nie . . . .
. . . . . . starszym pokoleniom, a która teraz jest czymś równie naturalnym, jak dawniej . . . . czy . . . . Dla jednych gry
komputerowe to dziedzina . . . ., mająca przyszłość, dla innych
to poważne zagrożenie.
Zygmunt Miłoszewski w swoim artykule pisze: „Należę do pokolenia
dzisiejszych trzydziestolatków, pierwszego, które doświadczyło . . . .
rozrywki, zaczynając od telewizyjnego ping-ponga. . . . .
regularnie, a kupno gry jest dla mnie równie naturalne jak kupno powieści."
Niektórzy twierdzą, że pierwszą grą komputerową było *Kółko i krzyżyk*
napisane przez A.S. Douglasa w 1952 roku, inni utrzymują, że *Spacewar*,
która ujrzała światło dzienne w 1962 roku. W 1972 roku Nolan Bushnell, założyciel firmy Atari, stworzył grę pod tytułem *Pong* polegającą na
. . . . ekranowej piłeczki.

W latach siedemdziesiątych i osiemdziesiątych nastąpił dynamiczny rozwój techniki komputerowej, co . . . . autorów elektronicznej rozrywki do tworzenia dzieł coraz bardziej . . . .
i skomplikowanych. Mnożą się też gatunki gier. Najbardziej popularne
rodzaje to „bijatyki" – walka jeden na jednego, ...,
w których gracz znajduje się na miejscu kierowcy, rozgrywki strategiczne, symulacyjne, sportowe, logiczne, a także muzyczne i edukacyjne.
Swoich komputerowych adaptacji doczekały się szachy, warcaby, pasjanse
oraz . . . . bilardy. Powstają gry . . . .
uczestników w realistyczne, perfekcyjne światy z odwzorowanymi wier-
nie szczegółami, a gracz podlega w nich coraz mniejszym ograniczeniom. Gracz musi też posiadać odpowiednie . . . .,
ponieważ od tego często zależy rozwój fabuły – przy czym przejście do
następnego etapu jest możliwe dopiero po . . . .
poprzedniego. Interakcja pomiędzy graczem a fikcją na ekranie stanowi
. . . . atut atrakcyjności. Niektóre gry posłużyły za kanwę
. . . . do filmów pełnometrażowych i seriali telewizyjnych, filmów rysunkowych, animowanych lub z udziałem aktorów, niejednokrotnie bardzo znanych.

 Nad współczesnymi grami pracują . . . . podobne do
tych, które tworzą filmy, a koszty produkcji porównywalne są do budżetów ekip filmowych. „Dziś świat gier komplikuje się, nabiera plastyczności, a jego mieszkańcy (...) zyskują cechy filmowych bohaterów. To już
artystyczna kreacja" – pisze Z. Miłoszewski. Gry komputerowe uważane
są przez niektórych za nową . . . . sztuki.
Gry komputerowe wywołują niekiedy agresywne zachowania, utratę
poczucia . . . ., zachwianie umiejętności odróżnienia
zjawisk świata rzeczywistego od wirtualnego. Spotyka się również prawdziwe uzależnienia od gier komputerowych, co staje się poważnym problemem . . . ., z którym mają do czynienia psychologowie, nauczyciele, rodzice. Poza tym miłośnicy gier coraz rzadziej sięgają
po książkę...
Jaka jest przyszłość gier komputerowych? Czy najbliższe lata przyniosą
nam odpowiedź na to pytanie?

II. Proszę połączyć wyrażenia z obu kolumn w pary, odszukać i zaznaczyć je w tekście.

A	B
d 1. *starsze*	a. etap
__ 2. poważne	b. zachowanie
__ 3. wirtualna	c. rozwój
__ 4. automaty	**d. *pokolenie***
__ 5. gry	e. dostęp
__ 6. światło	f. wrzutowe
__ 7. dynamiczny	g. adaptacje
__ 8. opracowanie	h. dzienne
__ 9. komputerowe	i. zyski
__10. następny	j. zagrożenie
__11. jednoczesny	k. graficzne
__12. kolosalne	l. rozrywka
__13. agresywne	m. elektroniczne

III. Co oznaczają podane wyrażenia? Proszę zaznaczyć jedną odpowiedź.

1. *nie są w stanie się* (bez niej) *obejść*
   a. nie mogą odejść
   b. nie mogą dojść
   c. nie mogą wytrzymać bez...

2. *jeden na jednego*
   a. jeden na drugim
   b. parami
   c. jeden przeciwko drugiemu

3. *odwzorowane wiernie* szczegóły
   a. odtworzone dokładnie według wzoru
   b. niepodobne do oryginału
   c. skopiowane identycznie

4. *zyskują cechy filmowych bohaterów*
   a. stają się bohaterami filmów
   b. stają się podobni do bohaterów filmów
   c. zarabiają tyle, ile aktorzy

5. *ujrzeć światło dzienne*
   a. wstać wcześnie rano
   b. powstać, narodzić się
   c. obudzić się w środku dnia

6. *dobra passa* ... trwa
   a. kontynuacja
   b. rozkwit
   c. wiarygodność

Wyrażenia idiomatyczne

DZIECKO

- cudowne *dziecko* – dziecko odznaczające się niezwykłymi na jego wiek zdolnościami
- wyrodne *dziecko* – syn/córka postępujący karygodnie (wbrew normom i przyjętym zasadom) wobec rodziców
- *dziecko* szczęścia – człowiek cieszący się powodzeniem, bogactwem
- *dziecko* ulicy – dziecko pozbawione opieki domu rodzicielskiego, pozostawione samemu sobie, opuszczone
- od *dziecka* – od bardzo dawna, od kiedy było się dzieckiem
- nieletnie *dziecko* – niemające 18 lat
- jak *dziecko* = po dziecinnemu – naiwnie, beztrosko, spontanicznie

KRZYŻYK

- znaczyć *krzyżyk* – ruch ręki (w intencji błogosławieństwa)
- *krzyżyk* na drogę – zadowolenie z czyjegoś wyjazdu
- postawić na czymś *krzyżyk* – zrezygnować z czegoś, uznać za stracone, nie wierzyć w powodzenie
- podpisać się *krzyżykami* – zamiast literami (gdy się nie umie pisać)
- wyszywać *krzyżykami* – haftować ściegiem składającym się z krzyżujących się nitek
- *krzyżyk* – dziesiątek lat (np. piąty krzyżyk = między 50 a 60 lat)
- *krzyżyk* – znak muzyczny podwyższający nutę o pół tonu
- kółko i *krzyżyk* – rodzaj gry; grać w kółko i krzyżyk

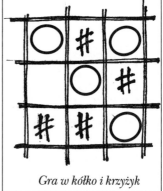

Gra w kółko i krzyżyk

Ćwiczenie

Wyrażenia z ramki proszę wstawić w wykropkowane miejsca:

> **cudownym dzieckiem**, wyrodnym dzieckiem, krzyżyk na drogę, od dziecka, krzyżyk, dziecko, krzyżykami, krzyżykiem, nieletnich dzieci, postawiliśmy ... krzyżyk, dzieckiem szczęścia

1. Karol był .cudownym dzieckiem. . – w wieku 5 lat grał wspaniale na skrzypcach, komponował i występował publicznie, chodził do drugiej klasy i przewyższał inteligencją 10-latków. 2. Nie umiem pisać, więc mogę się podpisać . . . . 3. . . . . interesowałam się motylami. 4. Ile pani ma lat? Już siódmy . . . . na karku! 5. Wanda okazała się . . . . – opuściła starych i chorych rodziców, nie interesując się wcale ich losem. 6. Tadek ma dobrą żonę, udane dzieci, ciekawą, dobrze płatną pracę – jest . . . . 7. Naucz mnie haftować . . . . – chciałabym zrobić mamie niespodziankę i wyszyć jej serwetkę na urodziny. 8. Teresa wylosowała wycieczkę do Finlandii i cieszy się jak . . . . 9. Janek wreszcie oddał pieniądze, a już . . . . na nich . . . .! 10. Maria ma na utrzymaniu chorą matkę i troje . . . . 11. Helena wyjechała? . . . .!

Tematy do ćwiczeń pisemnych i ustnych

1. Proszę odpowiedzieć na pytanie postawione na końcu tekstu: „Jaka jest przyszłość gier komputerowych?"
2. Czy gry komputerowe to rzeczywiście „nowa gałąź sztuki"? Proszę uzasadnić odpowiedź.
3. Dlaczego nie możemy się dziś obejść bez komputerów i telefonów komórkowych?

4. Proszę wymyślić scenariusz filmu (fabułę książki) nie-fantastyczno-naukowego, ale całkiem możliwego za 10 lat: *Samotność człowieka w skomputeryzowanym świecie.*
5. Czy rozmowy przez telefony komórkowe i kontaktowanie się przy pomocy sms-ów rzeczywiście pogłębiają więź międzyludzką?
6. Jaka jest Pana/Pani opinia o korespondencji e-mailowej i sms-owej?

Józef Baran

BALLADA TELEFONICZNA

W tej rozległej przestrzeni
Co nas łączy i dzieli
Jesteś tak mała
Że mieścisz mi się w uchu
Jestem tak mały
Że mieszczę się w twym uchu

Między nami wielka woda
Na dnie której biegniemy
Do siebie
Bez tchu
Po nitce
Do kłębka słuchawki
Z dwu przeciwnych stron

Przez wpółotwarte okno
Cisną się obłoki
I długo jeszcze widzę twój głos
Wibrujący kręgami
W przestrzeniach nieba
Choć telefon
Ten wąż kusiciel
Dawno już zwinął się w kłębek
I skamieniał

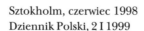

Sztokholm, czerwiec 1998
Dziennik Polski, 2 I 1999

Przysłówki odprzymiotnikowe
(ćwiczenia I–V)

część III

Przysłówki tworzy się od przymiotników za pomocą przyrostków *-o* i *-e*

1. Za pomocą przyrostka *-o* tworzy się przysłówki od:

a. przymiotników miękkotematowych (także zakończonych na spółgłoskę funkcjonalnie miękką)

Np.
    tani – tanio
    głupi – głupio
    gorący – gorąco
    duży – dużo

b. przymiotników o tematach zakończonych na *k, g, ch*

Np.
    krótki – krótko
    długi – długo
    cichy – cicho

c. przymiotników niepodzielnych, bezsufiksalnych

Np.
    miły – miło
    mały – mało
    prosty – prosto
    przykry – przykro

d. przymiotników zakończonych na *-ski, -aty, -owaty, -asty, -owy*

Np.
    wąski – wąsko
    garbaty – garbato
    głupkowaty – głupkowato
    kraciasty – kraciasto
    tęczowy – tęczowo
    zbiorowy – zbiorowo

2. Za pomocą przyrostka -*e* tworzy się przysłówki przede wszystkim od przymiotników z przyrostkiem: -*ny*, -*iczny*, -*alny*, -*owny*, -*ły*, -*liwy*

Np.

    ładny – ładnie
    specyficzny – specyficznie
    fatalny – fatalnie
    efektowny – efektownie
    rytmiczny – rytmicznie
    doskonały – doskonale
    przeraźliwy – przeraźliwie

Wahania w wyborze przyrostka mogą wystąpić przy przymiotnikach zakończonych na -*isty* lub -*ny*

Np.

    mglisty – mglisto lub mgliście
    pochmurny – pochmurno lub pochmurnie
    nudny – nudno lub nudnie
    smutny – smutno lub smutnie
    tęskny – tęskno lub tęsknie

Przysłówki typu *po polsku*
(ćwiczenia VI–VII)

Oprócz przysłówków tworzonych od przymiotników za pomocą sufiksów -*o*, -*e* istnieją przysłówki odprzymiotnikowe o charakterze bardziej okolicznikowym. Tworzy się je za pomocą prefiksu i sufiksu jednocześnie. Nazywane są przysłówkami prefiksalno-sufiksalnymi lub wyrażeniami przysłówkowymi.

I. Typ: *po polsku* (prefiks *po*, sufiks -*u*)

Tworzy się je tylko od przymiotników odrzeczownikowych zakończonych na -*ski* (-*cki*, -*dzki*)

aktorski – po aktorsku
amatorski – po amatorsku
polski – po polsku
domowy – po domowemu

– Nawet w życiu codziennym zachowywał się *po aktorsku*. (jak aktor, jak na scenie)
– Ubrana była *po domowemu*. (tak, jak ubiera się w domu)
– Mówią dobrze *po polsku*.
– Spędzamy Święta *po polsku*. (na sposób polski, tak jak w Polsce)

Od innych przymiotników można tworzyć tego typu przysłówki za pomocą końcówki celownika -*emu* jako sufiksu.

ubrany *po cywilnemu* – jak cywil
po kobiecemu – jak kobieta
ubrany *po szkolnemu* – jak w szkole

II. Typ: *na gorąco* (prefiks *na*, sufiks -*o*)

gorący – na gorąco	czarny – na czarno
miękki – na miękko	brudny – na brudno
długi – na długo	lewy – na lewo

– Tak przyrządzoną rybę można jeść *na gorąco* lub *na zimno*. (w stanie gorącym lub zimnym)
– Ugotuj mu jajko *na miękko*. (jajko miękkie w środku)
– *Na długo* wychodzisz?

III. Typ: *do sucha* (prefiks *do*, sufiks -*a*)

suchy – do sucha	późny – do późna
nagi – do naga	czysty – do czysta

Ekran trzeba wytrzeć *do sucha*. (żeby był suchy)

IV. Typ: *z cicha* (prefiks *z*, sufiks -*a*)

cichy – z cicha	daleki – z daleka
rzadki – z rzadka	

– Nie odchodź – powiedział *z cicha*. (cicho)

Przysłówki typu *z cicha* są dość rzadko używane, mają charakter nieco archaiczny.

Osobliwości w odmianie rzeczowników
(ćwiczenia VIII–X)

Niektóre rzeczowniki mają szczególną odmianę.

UWAGA! *Część rzeczowników zamieszczonych w tej lekcji pochodzi z rejestru poziomu B1 i B2. Jednak ze względu na stopień trudności i częstość użycia wskazane jest ponowne ich przećwiczenie.*

Oto przykłady:

Rzeczowniki rodzaju męskiego

Różnice w postaciach tematów mianownika liczby pojedynczej i przypadków zależnych.

Przykłady

OJCIEC, ORZEŁ, KWIECIEŃ

Liczba pojedyncza

M.	ojciec	orzeł	kwiecień
D.	ojca	orła	kwietnia
C.	ojcu	orłowi	kwietniowi
B.	ojca	orła	kwiecień
N.	ojcem	orłem	kwietniem
Mc.	(o) ojcu	(o) orle	(o) kwietniu
W.	ojcze!	orle!	kwietniu!

Liczba mnoga

M.	ojcowie	orły	kwietnie
D.	ojców	orłów	kwietniów
C.	ojcom	orłom	kwietniom
B.	ojców	orły	kwietnie
N.	ojcami	orłami	kwietniami
Mc.	(o) ojcach	(o) orłach	(o) kwietniach
W.	ojcowie!	orły!	kwietnie!

Nieregularne formy liczby mnogiej mają rzeczowniki: BRAT, KSIĄDZ

	Liczba pojedyncza		Liczba mnoga	
M.	brat	ksiądz	bracia	księża
D.	brata	księdza	braci	księży
C.	bratu	księdzu	braciom	księżom
B.	brata	księdza	braci	księży
N.	bratem	księdzem	braćmi	księżmi
Mc.	(o) bracie	(o) księdzu	(o) braciach	(o) księżach
W.	bracie!	księże!	bracia!	księża!

Nieregularne formy liczby mnogiej ma również rzeczownik KSIĄŻĘ

	Liczba pojedyncza	Liczba mnoga
M.	książę	książęta
D.	księcia	książąt
C.	księciu	książętom
B.	księcia	książąt
N.	księciem	książętami
Mc.	(o) księciu	(o) książętach
W.	książę!	książęta!

Nieregularności w postaciach tematów rzeczownika PRZYJACIEL

	Liczba pojedyncza	Liczba mnoga
M.	przyjaciel	przyjaciele
D.	przyjaciela	przyjaciół
C.	przyjacielowi	przyjaciołom
B.	przyjaciela	przyjaciół
N.	przyjacielem	przyjaciółmi
Mc.	(o) przyjacielu	(o) przyjaciołach
W.	przyjacielu!	przyjaciele!

41

Nieregularności w postaciach tematów rzeczownika CHRZEST

	Liczba pojedyncza	Liczba mnoga
M.	chrzest	chrzty
D.	chrztu	chrztów
C.	chrztowi	chrztom
B.	chrzest	chrzty
N.	chrztem	chrztami
Mc.	(o) chrzcie	(o) chrztach
W.	chrzcie!	chrzty!

Różnice między tematem liczby pojedynczej a tematem liczby mnogiej w odmianie rzeczowników zakończonych sufiksem *-anin.*

CHRZEŚCIJANIN, AMERYKANIN

Liczba pojedyncza

M.	chrześcijanin	Amerykanin
D.	chrześcijanina	Amerykanina
C.	chrześcijaninowi	Amerykaninowi
B.	chrześcijanina	Amerykanina
N.	chrześcijaninem	Amerykaninem
Mc.	(o) chrześcijaninie	(o) Amerykaninie
W.	chrześcijaninie!	Amerykaninie!

Liczba mnoga

M.	chrześcijanie	Amerykanie
D.	chrześcijan	Amerykanów
C.	chrześcijanom	Amerykanom
B.	chrześcijan	Amerykanów
N.	chrześcijanami	Amerykanami
Mc.	(o) chrześcijanach	(o) Amerykanach
W.	chrześcijanie!	Amerykanie!

Rzeczowniki *Cygan, Hiszpan* mają taką odmianę, jak rzeczownik *Amerykanin.*

Rzeczowniki ROK, CZŁOWIEK tworzą liczbę mnogą od innego rdzenia:

	Liczba pojedyncza		Liczba mnoga	
M.	rok	człowiek	lata	ludzie
D.	roku	człowieka	lat	ludzi
C.	rokowi	człowiekowi	latom	ludziom
B.	rok	człowieka	lata	ludzi
N.	rokiem	człowiekiem	latami	ludźmi
Mc.	(o) roku	(o) człowieku	(o) latach	(o) ludziach
W.	roku!	człowieku!	lata!	ludzie!

Rzeczowniki rodzaju żeńskiego

Nieregularne formy odmiany ma rzeczownik RĘKA:

	Liczba pojedyncza	Liczba mnoga
M.	ręka	ręce
D.	ręki	rąk
C.	ręce	rękom
B.	rękę	ręce
N.	ręką	rękami (rękoma)
Mc.	(o) ręce	(o) rękach
W.	ręko!	ręce!

Rzeczowniki rodzaju nijakiego

Rzeczowniki rodzaju nijakiego zakończone na -ę mają w przypadkach zależnych rozszerzony temat i odmieniają się według następujących wzorów:

IMIĘ, RAMIĘ

I.

	Liczba pojedyncza		Liczba mnoga	
M.	imię	ramię	imiona	ramiona
D.	imienia	ramienia	imion	ramion
C.	imieniu	ramieniu	imionom	ramionom
B.	imię	ramię	imiona	ramiona
N.	imieniem	ramieniem	imionami	ramionami
Mc.	(o) imieniu	(o) ramieniu	(o) imionach	(o) ramionach
W.	imię!	ramię!	imiona!	ramiona!

Według tego wzoru odmieniają się między innymi rzeczowniki: ZNAMIĘ, CIEMIĘ, BRZEMIĘ, PLEMIĘ.

II.

	Liczba pojedyncza		Liczba mnoga	
M.	zwierzę	cielę	zwierzęta	cielęta
D.	zwierzęcia	cielęcia	zwierząt	cieląt
C.	zwierzęciu	cielęciu	zwierzętom	cielętom
B.	zwierzę	cielę	zwierzęta	cielęta
N.	zwierzęciem	cielęciem	zwierzętami	cielętami
Mc.	(o)zwierzęciu	(o)cielęciu	(o)zwierzętach	(o)cielętach
W.	zwierzę!	cielę!	szwierzęta!	cielęta!

Według tego wzoru odmieniają się między innymi rzeczowniki: SZCZENIĘ, KURCZĘ, ŹREBIĘ, JAGNIĘ.

Nieregularną odmianę mają rzeczowniki OKO, UCHO.

	Liczba pojedyncza		Liczba mnoga	
M.	oko	ucho	oczy	uszy
D.	oka	ucha	oczu	uszu
C.	oku	uchu	oczom	uszom
B.	oko	ucho	oczy	uszy
N.	okiem	uchem	oczami / oczyma	uszami
Mc.	(o)oku	(o)uchu	(o)oczach	(o)uszach
W.	oko!	ucho!	oczy!	uszy!

Rzeczowniki OKO, UCHO, mające inne znaczenie (np. OKO W SIECI, UCHO DZBANKA) mają odmianę regularną:

	Liczba pojedyncza		Liczba mnoga	
M.	oko	ucho	oka	ucha
D.	oka	ucha	ok	uch
C.	oku	uchu	okom	uchom
B.	oko	ucho	oka	ucha
N.	okiem	uchem	okami	uchami
Mc.	(o)oku	(o)uchu	(o)okach	(o)uchach
W.	oko!	ucho!	oka!	ucha!

Mianownik liczby mnogiej rzeczowników
(ćwiczenia XI–XIII)

W mianowniku liczby mnogiej rzeczowników męskich osobowych występują cztery końcówki:

- **i** – po spółgłoskach twardych (z wymianami spółgłosek)
- **y** – po spółgłoskach *k, g, r* (z wymianami spółgłosek *k <c; g <dz; r <rz*)
  – w rzeczownikach z sufiksem *-ec, -ca*
- **e** – po spółgłoskach miękkich i funkcjonalnie miękkich (stwardniałych)
- **owie** – w rzeczownikach stanowiących:

  a) nazwy stopni pokrewieństwa, np. syn – synowie, ojciec – ojcowie, dziadek – dziadkowie; ale: brat – bracia, siostrzeniec – siostrzeńcy; kuzyn – kuzyni albo kuzynowie;

  b) nazwiska, np. (Nowak – Nowakowie, Czechowicz – Czechowiczowie, Wajda – Wajdowie, Kościuszko – Kościuszkowie;

  c) imiona np. Tadeusz – Tadeuszowie, Jan – Janowie;

  d) nazwy niektórych narodowości, np. Belg – Belgowie, Serb – Serbowie; ale: Hiszpan – Hiszpanie;

  e) nazwy stanowisk, godności, zawodów, np. minister – ministrowie, profesor – profesorowie, król – królowie, pan – panowie, generał – generałowie; ale: prezydent – prezydenci, pułkownik – pułkownicy;

  oraz

  w niektórych innych rzeczownikach, np. uczeń – uczniowie, więzień – więźniowie, świadek – świadkowie.

Przymiotniki towarzyszące rzeczownikom męskim osobowym mają w mianowniku liczby mnogiej końcówki:

- **i** – po spółgłoskach twardych; po spółgłoskach *sz, ż* (z wymianami spółgłosek), po spółgłoskach miękkich;
- **y** – po spółgłoskach *k, g, r* (z wymianami *k <c; g <dz; r <rz*) oraz po *c, dz, cz*

Przykłady *(rzeczowniki z przymiotnikami)*

skąpy chłop	– skąpi chłopi	$p < pi$
gruby snob	– grubi snobi	$b < bi$
łysy Papuas	– łysi Papuasi	$s < si$
znany Francuz	– znani Francuzi	$n < ni;\ z < zi$
znajomy mężczyzna	– znajomi mężczyźni	$m < mi;\ zn < źni$
zdrowy sąsiad	– zdrowi sąsiedzi	$w < wi;\ d < dzi$
młody student	– młodzi studenci	$d < dzi;\ t < ci$
głuchy Włoch	– głusi Włosi	$ch < si$
miły pan	– mili panowie	$ł < li$
wysoki Polak	– wysocy Polacy	$k < cy$
drogi kolega	– drodzy koledzy	$g < dzy$
mądry reporter	– mądrzy reporterzy	$r < rzy$
obcy żołnierz	– obcy żołnierze	
głupi człowiek	– głupi ludzie	
pierwszy piłkarz	– pierwsi piłkarze	$sz < si$
nasz gość	– nasi goście	$sz < si$
duży chłopiec	– duzi chłopcy	$ż < zi$
wspaniały wykładowca	– wspaniali wykładowcy	$ły < li$

UWAGA!

ten Amerykanin	– ci Amerykanie
który uczeń	– którzy uczniowie
jaki aktor	– jacy aktorzy

W niektórych przymiotnikach (oraz imiesłowach przymiotnikowych) mogą wystąpić wymiany samogłosek:

wesoły	– weseli
zmęczony	– zmęczeni
wykształcony	– wykształceni
urodzony	– urodzeni

Zaimki *mój, twój* stojące przy rzeczownikach męskich osobowych mają formy *moi, twoi*.

Ćwiczenia

I. Od jakich przymiotników zostały utworzone następujące przysłówki?

Przykład: miło od: *miły*

dobrze	daleko	pięknie
źle	mądrze	fizycznie
nerwowo	zielono	kolorowo
nudnie	ironicznie	obco
głęboko	młodo	chętnie

II. Do podanych zdań proszę wstawić przysłówki utworzone od przymiotników znajdujących się w nawiasach.

Przykład: Jak ona *ładnie* (ładny) wygląda!

1. Mieszkam dosyć . . . . (daleki) od centrum. 2. Janek bardzo . . . . (długi) czekał na autobus. 3. Schronisko jest . . . . (wysoki) w górach. 4. Otwórz okno, jest bardzo . . . . (gorący). 5. Szkoda, że nie poszedłeś z nami do Krysi. Było bardzo . . . . (przyjemny). 6. Zachowałeś się . . . . (niegrzeczny). 7. Ona jest zawsze bardzo . . . . (modny) ubrana. 8. Lubię go słuchać. On bardzo . . . . (ciekawy) mówi. 9. Moja ciocia . . . . (wspaniały) gotuje. 10. Powiedz mi . . . . (szczery), o co ci chodzi. 11. Nasi sąsiedzi zachowują się . . . . (hałaśliwy). 12. Penelopa . . . . (wierny) czekała na Odyseusza. 13. Ona bardzo . . . . (brzydki) pisze. 14. W tym pokoju jest dosyć . . . . . . (jasny). 15. Tamten lekarz wygląda . . . . (sympatyczny).

III. Proszę wybrać odpowiednie wyrazy i wstawić je do podanych niżej zdań. (Uwaga na końcówki przymiotników.)

> interesujący, interesująco; prosty, prosto; mały, mało; ładny, ładnie; niski, nisko; smutny, smutno; fatalny, fatalnie

1. Ta ulica jest . . . . i długa. 2. Podoba mi się twoja siostra – jest bardzo . . . . 3. Czytam niezwykle . . . . książkę. 4. Proszę iść . . . . 5. To był . . . . dzień: rozbił mi się

kryształowy wazon, przypaliłam kotlety, przecięłam sobie palec nożem, a do tego zapomniałam zapłacić rachunek za telefon. 6. Nasz profesor . . . . wykłada. 7. Dlaczego ta lampa tak . . . . wisi? 8. Franek jest chory i . . . . się czuje. 9. Twój synek bardzo . . . . pisze. 10. Pani Julia płacze, bo dostała . . . . wiadomość. 11. Fiat 126 to . . . . samochód. 12. Mieszkam w tym . . . ., jednopiętrowym domu. 13. Po jego wyjeździe zrobiło się . . . . 14. Nie mogę tego kupić – mam za . . . . pieniędzy.

IV. Proszę utworzyć przysłówki od podanych przymiotników.

Przykład: dyplomatyczny – *dyplomatycznie*

wesoły	krzywy	cienki
dokładny	wyraźny	szczęśliwy
cierpliwy	niechętny	leniwy
zimny	ciężki	pracowity
nerwowy	lekki	ciemny

V. Przymiotniki z ćwiczenia IV i utworzone od nich przysłówki proszę zastosować w następujących zdaniach.

Przykład: Ambasador wystosował notę *dyplomatyczną.*
     Dowiedz się *dyplomatycznie,* dlaczego się rozwodzą.

1. Uczniowie śpiewali . . . . Uczniowie śpiewali . . . . piosenkę. 2. Proszę podać . . . . datę urodzin Fryderyka Chopina. Umyj się . . . . 3. Leszek . . . . tłumaczył bratu lekcję. Leszek jest bardzo . . . . 4. Jakie masz . . . . ręce! Czy jest ci . . . .? 5. Chłopczyk kręcił się . . . . Muszę się dowiedzieć, dlaczego ten chłopczyk jest taki . . . . 6. Piszesz . . . . Narysuj linię . . . . 7. Dzisiaj bardzo . . . . widać góry. U chorego nastąpiła . . . . poprawa. 8. . . . . powiedział prawdę. On jest bardzo . . . . do pracy. 9. Mam dość . . . . walizkę. . . . . oddychał. 10. Ona tańczy . . . . jak motyl! Ta paczka jest . . . . 11. Moje pióro . . . . pisze. Potrzebny mi . . . . materiał na bluzkę. 12. . . . . podróży! Zdał . . . . wszystkie egzaminy. 13. Ta studentka jest zdolna, ale . . . . Kot . . . . wygrzewał się na słońcu. 14. . . . . spędziliśmy dzień. Twój dziadek jest bardzo . . . . 15. Było już . . . ., gdy wróciliśmy do domu. Te meble są za . . . .

VI. Od podanych wyrazów proszę utworzyć przysłówki prefiksalno-su-fiksalne.

Przykład: polski – *po polsku*

amerykański, kobiecy, chamski, aktorski, królewski, dziennikarski, dziecięcy, ojcowski, twardy, długi, krótki, europejski, nagi, cichy (2 możliwości), czysty (2 możliwości)

VII. Podane w nawiasach wyrazy proszę przekształcić w przysłówki typu *po polsku.*

Przykład: Oni dobrze mówią *po polsku* (polski).

1. Młody pianista zagrał koncert . . . . (mistrzowski).
2. Może weźmiemy na wycieczkę jajka . . . . (twardy)? 3. Jeżeli chcesz, zrób to . . . . (swój), ale nie wiem, czy rezultat będzie taki sam. 4. Co u was słychać? – Wszystko . . . . (stary). 5. Helena zwykle parzy herbatę . . . . (angielski). 6. Porozmawiaj z nim . . . . (ojcowski). 7. Tego swetra nie można prać, trzeba go czyścić . . . . (suchy). 8. Potraktowała tę sprawę typowo . . . . (kobiecy). 9. Czy w tej kawiarni podają kawę . . . . (turecki)? 10. Potrawę tę podaje się . . . . (gorący), z ziemniakami. 11. Zostaliśmy przyjęci . . . . (królewski). 12. Proszę rozebrać dziecko . . . . (nago), trzeba je dokładnie zbadać. 13. Byliśmy rozczarowani, że w tym egzotycznym kraju posiłki były podawane . . . . (europejski). 14. Czy śledź . . . . (japoński) to potrawa rodem z Japonii? 15. Tomek przygotowuje się do egzaminów i nie można się z nim . . . . (ludzki) porozumieć.

VIII. Podane w nawiasach rzeczowniki proszę wstawić do zdań w odpowiedniej formie:

Przykład: Jurek ma wielu *przyjaciół* (przyjaciel).

1. Zapytaj . . . . (ojciec), co o tym myśli.
2. Legenda mówi, że na szczycie tej góry jest gniazdo . . . . orzeł – l. mn.).
3. Spotkanie absolwentów liceum odbędzie się w . . . . (kwiecień).
4. Młode . . . . (cielę – l. mn.) są bardzo zabawne.
5. W każdą pierwszą niedzielę miesiąca w tym kościele odbywają się . . . . (chrzest – l. mn.)

49

6. Młody badacz opisał obyczaje kilku . . . . (plemię – l. mn.) żyjących nad Amazonką.

7. Dzieci z zaciekawieniem przyglądały się nieznanemu . . . . (zwierzę).

8. Na ślub następcy tronu przyjechali królowie i . . . . (książę – l. mn.) z całej Europy.

9. Nie wierzę własnym . . . . (oko – l. mn.)!

10. Nie mów tak głośno! Znasz chyba powiedzenie, że ściany mają . . . . (ucho – l. mn.).

IX. Podane w nawiasach rzeczowniki proszę wstawić do zdań w odpowiedniej formie.

Przykład: Szumi mi w *uszach* (uszy).

1. Żaden teatr w Krakowie nie został nazwany . . . . (imię) Wyspiańskiego.

2. Ona nosi w . . . . (uszy) ogromne kolczyki.

3. Żaden muzyk nie lubi narażać . . . . (ręce).

4. Sześcioro . . . . (oczy) w napięciu wpatrywało się w policjanta.

5. Co trzymasz w . . . . (ręka)?

6. Dziecko włożyło sobie do . . . . (uszy) pestki z wiśni.

7. Przyglądała się natarczywie jego silnym . . . . (ramiona).

8. Naszym . . . . (oczy) ukazał się przepiękny widok.

9. Na obu . . . . (ręce) miał dziwne tatuaże.

10. Pan o . . . . (imiona) Donat Dionizy wygrał telewizor!

X. Podane w nawiasach rzeczowniki proszę wstawić do zdań w odpowiedniej formie.

1. Moi dwaj . . . . (brat) są . . . . (ksiądz).

2. Byliśmy na pięknej wycieczce z naszymi . . . . (przyjaciel).

3. Na placu gromadziło się coraz więcej . . . . (człowiek – l. mn.)

4. Karolina marzy o . . . . (książę) z bajki.

5. Jeżeli nie masz nic przeciwko temu, przyjdę do kina z moimi młodszymi . . . . (brat).

6. (Ksiądz) . . . . Janie! Proszę tu podejść!

7. Mam pod . . . . (ramię) dużą bliznę.

8. W czyim . . . . (imię) mówisz?

9. Nie złowimy żadnej ryby! W tej sieci są za duże . . . . (oko)!

10. Marzył o tej wycieczce całymi . . . . (lata).

XI. Podane w nawiasach wyrazy proszę napisać w liczbie mnogiej.

Przykład: Jacyś panowie (jakiś pan) pytali o pana dyrektora.

1. Czy pamiętasz film „. . . . . (ten wspaniały mężczyzna) w swych latających maszynach"?
2. Bingo i Bongo to . . . . (najlepszy komik), jakich ostatnio widziałem.
3. Jak myślisz, czy . . . . (polski piłkarz) wygrają ten mecz?
4. . . . . (Twój syn) to już . . . . (duży chłopiec).
5. W tym filmie grają . . . . (francuski i szwedzki aktor).
6. Do udziału w programie telewizyjnym zostali . . . . (zaproszony) . . . . (młody obiecujący pisarz).
7. Niech żyją . . . . (nasz drogi przyjaciel)!
8. . . . . (ten nowy więzień) są bardzo . . . . (niebezpieczny).
9. . . . . (dorosły mieszkaniec) wsi są . . . . (proszony) o pomoc w usuwaniu skutków powodzi.
10. Niestety . . . . (mój miły sąsiad) niedługo wyprowadzają się do innego miasta.
11. . . . . (nasz ojciec) co tydzień grają w tenisa.
12. . . . . (ten Włoch) są bardzo . . . . (przystojny).
13. Wszyscy . . . . (student) z naszej grupy zdali egzamin.
14. W konkursie wzięli udział . . . . (najsławniejszy kucharz) Europy.
15. . . . . (młody tenisista) trenują przed ważnym spotkaniem.

XII. Proszę napisać w liczbie mnogiej.

Przykład: Ten kot był chory.   Ten student był chory.
   Te koty były chore.   *Ci studenci byli chorzy.*

1. Duży piec stał w pokoju. Duży chłopiec stał przy wyjściu.
2. Wykład z filozofii był w tym tygodniu nudny. W gabinecie profesora był znany logopeda.
3. Nowy hotel został otwarty w mieście. Nowy nauczyciel został przyjęty przez dyrektora.

4. Ten obcy język jest trudny. Ten obcy człowiek jest dziwny.

5. Startujący samolot przyciągał uwagę dzieci. Początkujący artysta prezentował swoje prace.

6. Na wystawie stał stary kałamarz. Stary żołnierz przyjechał na spotkanie.

7. Mały miś czuł się w ZOO dobrze. Nasz miły gość czuł się u nas dobrze.

8. Na wystawie pojawił się nowoczesny rower. Na festiwal przyjechał znany aktor.

9. Ogromny statek wpłynął do portu. Nierozsądny pływak wypłynął daleko w morze.

10. Pierwszy samochód przyjechał na metę. Pierwszy zawodnik przybiegł na metę.

XIII. Proszę zamienić na rodzaj męski, a następnie napisać w liczbie mnogiej.

Przykład: ta pani – *ten pan, ci panowie*

1. kapryśna tancerka – . . . .
2. młoda kobieta – . . . .
3. znana pianistka – . . . .
4. dobra gospodyni – . . . .
5. miła sekretarka – . . . .
6. uprzejma sprzedawczyni – . . . .
7. energiczna kierowniczka – . . . .
8. zdolna skrzypaczka – . . . .
9. grecka bogini – . . . .
10. wierna przyjaciółka – . . . .
11. despotyczna królowa – . . . .
12. sympatyczna cudzoziemka – . . . .
13. prawdziwa mistrzyni – . . . .
14. solidna dozorczyni – . . . .
15. sprawiedliwa sędzina – . . . .

Notatki

. . . .

. . . .

. . . .

. . . .

. . . .

. . . .

. . . .

. . . .

. . . .

. . . .

. . . .

. . . .

. . . .

. . . .

. . . .

. . . .

....
....
....
....
....
....
....
....
....
....
....
....
....
....
....
....
....
....

Dyskusja

Czy Warszawa da się lubić? –
odpowiadają korespondenci zagraniczni

Brak mi uśmiechu w Warszawie – *mówi Mirosław Karas z Czeskiego Radia.*

Kiedy jechałem do Warszawy, koledzy mi mówili: uważaj na wódkę, bo jest mocna i na kobiety, ponieważ są ładne. Nie uważałem i ożeniłem się z ładną Polką. Mam żonę i córeczkę, której na imię Michaela, po waszemu Michalina. Zdecydowaliśmy, że córka będzie Czeszką.

Jak się w Warszawie pracuje? Dobrze. Ciągle coś się dzieje. Miasto, jak na mój gust, jest drogie. Mieszkania droższe aniżeli w wielu innych stolicach na świecie. Ceny są nieumiarkowane, także w odniesieniu do żywności. Nie mogę tego zrozumieć. W rolnictwie polskim zatrudnione jest dwadzieścia kilka procent ludności, a w sklepie oferują mi ziemniaki holenderskie lub duńskie. Jabłka polskie są renomowanej jakości, a sprowadzacie zagraniczne.

Czy lubię Warszawę? Owszem, ale nie na tyle, żeby się w tym mieście zakochać. Wolę Kraków. Warszawa jest szara, ludzie nie żyją tu nad rzeką. Ja byłem wychowany na wodach Wełtawy, ludzie zawsze garnęli się do wody, bo ona przynosi życie. Nie lubię korków z waszymi kierowcami. Są zazwyczaj sfrustrowani, aroganccy, pokazują nieprzyzwoite gesty. Brak mi uśmiechu w Warszawie. Czemu w Warszawie ludzie się tak spieszą? Dokąd właściwie?

Wygaduję na waszą stolicę. Kiedy jednak jestem w Pradze, cieszę się, że wracam do Warszawy. Nie, żeby to była moja druga ojczyzna, ale miasto, w którym chętnie żyję i pracuję. To dużo.

– Atrakcyjne imprezy kulturalne to szansa dla Warszawy – *mówi Krzysztof Bobiński z Financial Times.*

Nie sądzę, żeby Warszawa była miastem pięknym. Istnieje problem Pałacu Kultury, moloch niby wrośnięty w pejzaż, ale jest to obce ciało, nie pozwala na estetyczną zabudowę tej części miasta. Trochę kłopotów dostarcza mi komunikacja, niesprawna w godzinach szczytu. Potrzebny jest koniecznie jeszcze jeden most. Warszawa podzieliła się na dwie części, rozrasta się w dwóch kierunkach, ponieważ nie ma sprawnej komunikacji, która by stworzyła z tego miasta całość.

Gdyby w urbanistyce zapanował jakiś ład, a także w dziedzinie bezpieczeństwa, Warszawa miałaby szansę awansować na ośrodek regionalny tej części świata. Mogłaby rywalizować z Wiedniem, Pragą, Budapesztem. Jej wielkość, miejsce w Europie, predestynuje miasto do takiej roli. W tym celu należałoby zaktywizować atmosferę kulturalną, kreować atrakcyjne imprezy, festiwale.

– Pospacerować da się, ale gdzie tu usiąść? – *pyta Michel Viatteau z Agence France Presse.*

Jeden z moich kolegów twierdzi, że to nie jest miasto, tylko teren zabudowany domami. Oczywiście przesadza, ale wydaje mi się, że Warszawa miała szansę budowy miasta od nowa i jakoś tę możliwość zmarnowała. W innych stolicach tętni życie na placach, skwerach, w Warszawie wieczorami robi się pusto. Ciąg królewski ma swój wdzięk, lubię tam spacerować, ale gdzie przysiąść? Brak jest ławek, małych kawiarenek. Na szczęście jest w stolicy trochę zieleni i wieje – nie tak jak w Krakowie. Lubię wiatr, jestem żeglarzem. Jest tu czyściej aniżeli w Paryżu, ale za dużo spotyka się pijaków. Potykam się o nich, kiedy wracam do domu.

W Warszawie są ładne dziewczyny, łatwo zawierają znajomości. Mam uczucie, że mógłbym je zaczepić, to mi sprawia przyjemność. Rozmawiam dużo z warszawiakami. Kiedy dowiadują się, że jestem korespondentem francuskim, są mili. Lubią Francję. Raz zwymyślano mnie od żabojadów, ale nawet wtedy z pewną życzliwością…

– Myślałem, że będzie gorzej – *mówi Daniel Brössler z Deutsche Presse Agentur.*

Jestem w Warszawie od 10 miesięcy. Kiedy jechałem tu z Monachium, sądziłem, że będzie znacznie gorzej. Jest jak w Europie, prawie jak w Europie. Jesteście na najlepszej drodze. Warszawiacy mówią swobodnie o wszystkim. Jedni są otwarci, drudzy mniej, ale nie czuję żadnych ograniczeń.

Kiedy przyglądam się miastu, nie tracę ani chwili świadomości, co Niemcy tu zrobili. Zapewne Warszawa byłaby piękniejszym miastem, gdyby nie ta wojna, powstanie. Ale dziś, niestety, nie mam przekonania, że rozbudowa idzie we właściwym kierunku. Buduje się osiedla, niektóre nawet luksusowe, ale nie widać jakiejś wspólnej koncepcji, idei architektonicznej.

Notowała Wilhelmina Skulska
Przekrój nr 29, 1996

Elementarz Jana Pawła II dla wierzącego, wątpiącego i szukającego

Po zakończeniu wojny przyszedł długi – prawie pięćdziesięcioletni – okres nowego zagrożenia, tym razem nie wojennego, ale pokojowego. Zwycięska Armia Czerwona przyniosła Polsce nie tylko wyzwolenie od hitlerowskiej okupacji, ale także nowe zniewolenie. Tak jak w czasie okupacji ludzie ginęli na frontach wojennych, w obozach koncentracyjnych, w politycznym i militarnym podziemiu, którego ostatnim krzykiem było powstanie warszawskie, tak pierwsze lata nowej władzy były dalszym ciągiem znęcania się nad wielu Polakami. I to najszlachetniejszymi. Nowi panujący uczynili wszystko, ażeby ujarzmić naród, podporządkować go sobie pod względem politycznym i ideologicznym.

(s. 22–23)

... okres rozpoczynający sie w 1945 roku coś zahamował. Trwała wprawdzieobowiązkowa służba wojskowa, młodzi Polacy wstępowali do armii, wybierając zawód żołnierski, ale wszystkiemu temu zabrakło zasadniczego odniesienia. Odniesieniem takim jest świadomość służby ojczyźnie: „oddanie sprawie ojczyzny" (jak mówi tekst soborowy). Tradycje żołnierskie Polaków poprzez wieki związały służbę wojskową z miłością Ojczyzny.

(s. 17)

(...) To wojna niesie z sobą ów nieproporcjonalny przyrost nienawiści, zniszczenia, okrucieństwa. A jeśli nie da się zaprzeczyć, że objawia również inne możliwości ludzkiej odwagi, bohaterstwa, patriotyzmu, to jednak rachunek strat przeważa. Coraz bardziej przeważa – im bardziej wojna staje się rozgrywką wyrachowanej techniki zniszczenia. Za wojnę są odpowiedzialni nie tylko ci, którzy ją bezpośrednio wywołują, ale również ci, którzy nie czynią wszystkiego, co leży w ich mocy, aby jej przeszkodzić.

(s. 229)

(Wyd. Literackie, Kraków 2005)

Patriotyzm

Patriotyzm oznacza umiłowanie tego, co ojczyste: umiłowanie historii, tradycji, języka czy samego krajobrazu ojczystego. Jest to miłość, która obejmuje również dzieła rodaków i owoce ich geniuszu. Próbą dla tego umiłowania staje się każde zagrożenie dobra, jakim jest ojczyzna. Nasze dzieje uczą, że Polacy zawsze byli zdolni do wielkich ofiar dla zachowania tego dobra albo też dla jego odzyskania. (...)
... tak jak rodzina, również naród i ojczyzna pozostają rzeczywistościami nie do zastąpienia. Katolicka nauka społeczna mówi w tym przypadku o społecznościach „naturalnych", aby wskazać na szczególny związek zarówno rodziny, jak i narodu z naturą człowieka, która ma charakter społeczny. Podstawowe drogi tworzenia się wszelkich społeczności prowadzą przez rodzinę i co do tego nie można mieć żadnych wątpliwości. Wydaje się, że coś podobnego można powiedzieć o narodzie. Tożsamość kulturalna i historyczna społeczeństw jest zabezpieczana i ożywiana przez to, co mieści się w pojęciu narodu. Oczywiście, trzeba bezwzględnie unikać pewnego ryzyka: tego, ażeby ta niezbywalna funkcja narodu nie wyrodziła się w nacjonalizm. XX stulecie dostarczyło nam pod tym względem doświadczeń skrajnie wymownych, również w swietle ich dramatycznych konsekwencji. W jaki sposób można się wyzwolić od tego zagrożenia? Myślę, że sposobem właściwym jest patriotyzm. Charakterystyczne dla nacjonalizmu jest bowiem to, że uznaje tylko dobro własnego narodu i tylko do niego dąży, nie licząc się z prawami innych. Patriotyzm natomiast, jako miłość ojczyzny, przyznaje wszystkim takie samo prawo jak własnemu, a zatem jest drogą do uporządkowanej miłości społecznej.

(Jan Paweł II, *Pamięć i tożsamość. Rozmowy na przełomie tysiącleci.*
Znak, Kraków 2005, s. 71–73)

Sztandarowi cześć!

Flagi towarzyszą człowiekowi już od 5000 lat. Zdobywały z nim nowe lądy, najwyższe góry, a nawet kosmos

Łopoczące symbole

W średniowieczu były lniane, wełniane lub jedwabne, wszystkie pięknie zdobione, ręcznie haftowane. Dziś produkuje się je z nylonu lub poliestru, masowo, w fabrykach, jak obrusy czy skarpetki.

Nadal jednak wzbudzają emocje, bo ich znaczenie jest symboliczne: są znakiem ojczyzny, przynależności grupowej, zwycięstwa. Sygnalizują prawo własności lub pierwszeństwa – jak flagi zatknięte przez zdobywców Księżyca, Mount Everestu czy Bieguna Południowego.

Kiedy powstała pierwsza flaga? Wiadomo, że symbolicznych sztandarów używali już starożytni Chińczycy, Asyryjczycy, Egipcjanie, Grecy, Żydzi oraz Hindusi. Pierwszeństwo przyznaje się narodom, które zasiedliły dolinę Indusu ponad 3000 lat p.n.e. Tak twierdzą leksykolodzy – badacze dziejów flag, bander, sztandarów i chorągwi oraz barw i symboli na nich umieszczonych.

Flagi państwowe we współczesnym znaczeniu pojawiły się na szerszą skalę dopiero w wieku XVIII, po rewolucjach amerykańskiej i francuskiej. Wcześniej królowie używali własnych rodowych sztandarów lub flag z godłem, jak piastowski orzeł biały. Orzeł był popularnym godłem herbowym znamienitych rodów, co często powodowało zamieszanie. Kiedy na przykład król Władysław bił Krzyżaków pod Grunwaldem, na jego sztandarze był wizerunek orła, ale symbolizującego nie państwo polskie, lecz dynastię litewskiego rodu Jagiełłów.

Kariery bandery

Ważnym impulsem do upowszechnienia flag i momentem przełomowym w ich stosowaniu stał się rozwój flot.

Po morzach i oceanach kręciło się mnóstwo statków, które trzeba było jakoś rozpoznać i przyporządkować. Począwszy od XV wieku, kiedy Europejczycy odważnie ruszyli na oceany, na masztach każdego statku czy okrętu powiewały rozmaite flagi. W wypadku statków handlowych: najczęściej rodowa kapitana i flaga „sponsora", na przykład domu królewskiego, który sfinansował wyprawę. Kolumb odkrywał Amerykę pod sztandarem hiszpańskim, ale tylko dlatego, że Portugalia odmówiła mu wsparcia. Sam z pochodzenia był zresztą Włochem (z Genui).

Rozwojowi żeglugi zawdzięczamy też powstanie chorągiewkowego kodu sygnałowego.

W XVII wieku brytyjska Royal Navy spisała w pięciu tomach zasady komunikowania się, które każdy oficer sygnalizacyjny musiał znać na pamięć. Bywało, że oficer informował chorągiewkami o objawach choroby marynarza, a lekarz na drugim statku stawiał diagnozę i ordynował leczenie, również za pomocą chorągiewek.

Flagi pracujące

Kod sygnałowy jest jednym z przykładów praktycznego użycia flag. Chorągiewki wyznaczają pole boiska piłkarskiego i dołki golfowe, flagami przekazuje się komunikaty kierowcom Formuły 1, czarna flaga to zakaz kąpieli, chorągiewek używają kolejarze.

Używanie flag państwowych stało się międzynarodową normą, więc konieczne było powołanie biurokracji panującej nad zasadami ich tworzenia. W ostatnim ćwierćwieczu pojawiło się kilkanaście flag państw utworzonych po rozpadzie ZSRR, Czechosłowacji, Jugosławii. Zmieniały się i godła, np. nasz orzeł odzyskał koronę.

Czerwień górą

Najczęściej powtarzającymi się na flagach kolorami są: czerwień – na 74 procentach flag państwowych, biel – na 71 procentach i błękit – na połowie. Jednokolorowych flag jest mało, m.in. zielona – libijska i biała, powszechnie rozpoznawana jako znak rozejmu i kapitulacji.

2/2004 Fokus

Z widokiem na żywe obrazy

Cztery lata temu przeniósł się Pan z miasta na wieś. Jak dzisiaj ocenia Pan tę radykalną zmianę?

Jako pełnię szczęścia! Miasto jest dla mnie źródłem nieustannego stresu. Nie znoszę jego brudu i agresji.

Ale całe życie mieszkał Pan w mieście...

Tak, i dlatego z niego uciekłem. Miejsce, w którym teraz mieszkam, znalazłem prawie dwadzieścia pięć lat temu – to taki zakątek, w którym diabeł mówi dobranoc. Początkowo służyło do letnich wypadów – zwykła, stara, wiejska chałupa, ale z klimatem, pięknie położona i czyste powietrze.

Postanowił więc Pan zaadaptować ją na dom całoroczny?

Taki moment przyszedł dopiero pięć lat temu. Nasze warszawskie mieszkanie zostawiliśmy córkom i stanęliśmy przed dylematem – zburzyć tę chałupę i postawić nowy dom, czy ją modernizować. Zdecydowaliśmy się na to drugie. Na szczęście nie wiedzieliśmy, o czym wiemy teraz, że adaptacja taka jest o wiele bardziej kosztowna, czasochłonna i pełna nie zawsze przyjemnych niespodzianek.

W jakim stopniu udało się Panu zachować pierwotny charakter domu?

Budynek po modernizacji zmienił bryłę i wygląda dziś zupełnie inaczej – stracił swój wiejski charakter. Nie jest już chałupą, ale prezentuje się staroświecko – głównie we wnętrzach. Staraliśmy się, aby wszystkie elementy architektury wnętrz – drzwi, przejścia, schody – były stylowe, w tym sensie charakter domu się nie zmienił.

Kto zajmował się urządzaniem wnętrz?

Głównie moja żona – nigdy nie korzystaliśmy z pomocy architekta wnętrz. Mam ogromne zaufanie do jej smaku, wyczucia stylu i estetyki. Ale oboje lubimy stare meble, rzeczy, które oparły się próbie czasu. Zdobywamy je w różny sposób – na targach staroci, w antykwariatach. Dużo jeżdżę po Polsce i w miejscach, które odwiedzam wynajduję piękne meble, czasem bibeloty.

A jednak ma Pan swój udział w urządzaniu domu...

Jestem zapalonym „koniarzem", więc mój wkład w wystrój domu to głównie obrazy przedstawiające konie lub sceny myśliwskie – przez lata zbierane lub otrzymywane w prezencie. Podobnie jest z elementami uprzęży, starych rzędów końskich – to są bardzo piękne formy i cieszą moje oko. Mam także swoją ulubioną starą sofę, którą znalazłem na wsi, na strychu u sąsiadów. Ma niezwykle oryginalny kształt i piękne rzeźbione dekoracje, które należałoby trochę odnowić. Kiedy pozwala mi na to czas, sam chętnie zajmuję się renowacją.

Na ile widok z okna jest ważny dla samego wnętrza?

Widok z okna, który kłóci się z wnętrzem to jest nieszczęście, bo przecież powinien to wnętrze uzupełniać. W moim domu okna są ramą dla przepięknych pejzaży, żywych obrazów, które sprawiają, że mam poczucie zjednoczenia z przyrodą – są potęgą, która mnie inspiruje i wzbogaca.

Sabina Bicz-Szurmiej w rozmowie z Henrykiem Machalicą – aktorem.
Dobre Wnętrze, nr 4, 2002

DYSKUSJA – zwroty i wyrażenia

Otwarcie

- Panie i Panowie
  Drodzy Państwo
  Szanowni Zebrani   *(liczba mnoga)*
  Proszę Państwa
  Koleżanki i Koledzy

  czy możemy zacząć?
  zaczynamy ...

- Tematem naszej (dzisiejszej) dyskusji jest ... (+ *mianownik*)
  Tematem naszej dzisiejszej dyskusji jest projekt nowego statutu.

- Naszą dzisiejszą dyskusję poświęcimy... (+ *celownik*)
  Naszą dzisiejszą dyskusję poświęcimy projektowi nowego statutu.

- Dziś zajmiemy się... (+ *narzędnik*)
  Dziś zajmiemy się projektem nowego statutu.

Udzielanie głosu

- Udzielam głosu ... (+ *celownik*)
  Udzielam głosu pani profesor Gawrońskiej.

- Proszę – pan X, pani Y, Z ...

- (*wołacz*)! Czy | zechciałby Pan | rozpocząć (+ *biernik*)
  | mógłby Pan | powiedzieć coś o ... (+ *miejscownik*)
  | | na temat (+ *dopełniacz*)

Pani Iwono! Czy mogłaby Pani rozpocząć liczenie głosów?
Panie Profesorze, czy zechciałby Pan powiedzieć coś o projekcie nowego statutu?
Pani Profesor, czy zechciałaby Pani powiedzieć coś na temat nowego statutu?

- Może teraz pan X?
- Paweł się zgłaszał.
- Czy ktoś jeszcze chciałby coś dodać (powiedzieć)?

Zabieranie głosu

- Przepraszam, czy mogę (mógłbym) jeszcze coś | dodać?
  | powiedzieć?
  | wyjaśnić?

- (Przepraszam) – chciałbym coś dodać ...
- Przepraszam – jedna uwaga ...
- Czy można dwa słowa na ten temat?

Kierunkowanie

- Zdaje się, że zbaczamy z tematu.
- To (chyba) wybiega poza ramy naszej dyskusji!
- Przepraszam, proszę się trzymać tematu ...
- To nie jest | istotne | dla naszej dyskusji
  | ważne |
- Proszę państwa! Przypominam temat naszej dyskusji ... – proszę się go trzymać!
- To | (raczej) | nie należy do tematu ...
  | (chyba) |

Utrzymywanie porządku

- Proszę nie mówić │ naraz!
  Nie wszyscy │
- Po kolei, proszę!
- Zaraz udzielę (+ *celownik*) głosu!
  Zaraz udzielę ci głosu!
- Chwileczkę, proszę poczekać na swoją kolej!
- Proponuję, abyśmy wrócili do ... (+ *dopełniacz*)
  Proponuję, abyśmy wrócili do tematu naszej dyskusji.
- Może jeszcze raz omówimy (+ *biernik*)
  Może jeszcze raz omówimy propozycję pana Pawlika.

Propozycje – wnioski – głosowanie

- Czy wobec tego możemy przyjąć, że ...?
- Rozumiem, że jesteśmy zgodni co do (+ *dopełniacz*)
  Rozumiem, że jesteśmy zgodni co do ostatniej propozycji.

- Proponuję, abyśmy to poddali pod głosowanie ...
- Może wobec tego będziemy głosować.
- Czy wolą państwo głosować tajnie czy jawnie?
- Kto jest za (+ *narzędnik*)?
  Kto jest za projektem pana Janka?

- Kto jest przeciw (+ *celownik*)?
  Kto jest przeciw projektowi pana Janka?

- Kto się wstrzymał (od głosu)?
- Propozycja została przyjęta jednogłośnie!
- Wniosek │ został odrzucony.
  │ nie został przyjęty.
- ogłaszam, że ...

Ćwiczenia

I. Proszę napisać w odpowiedniej formie.

Przykład: Kto jest przeciwko *projektowi* (projekt)?

1. . . . . (pani i pan – l. mn.)! Zaczynamy!
2. Naszą dzisiejszą dyskusję poświęcimy . . . .
(ostatnie wydarzenie).
3. Dziś zajmiemy się . . . . (plany) na następny miesiąc.
4. Czy zechciałby pan powiedzieć coś o . . . . (projekt) nowej
ustawy?
5. Pani profesor, czy zechciałaby pani wypowiedzieć się na temat
. . . . (sytuacja finansowa) Uniwersytetu?
6. Chciałbym wypowiedzieć się w sprawie . . . .
(wczorajsze przemówienie) premiera.
7. Zaraz udzielę głosu . . . . (pan dyrektor).
8. Proponuję, abyśmy wrócili do . . . .
(najważniejsza rzecz).
9. Omówmy jeszcze raz . . . . (sprawa) zmian w statucie.
10. Proponuję, aby poddać pod głosowanie . . . .
(propozycja) pani Kowalskiej.
11. Kto jest za . . . . (wniosek) kolegi Nowaka?
12. Kto jest przeciw . . . . (wniosek) kolegi Nowaka?

II. Proszę uzupełnić.

1. . . . . Zebrani! 2. Kto się . . . . od głosu?
3. . . . . głosu panu X. 4. To wybiega poza . . . . naszej
dyskusji. 5. Myślę, że . . . . temat — dziękuję państwu!
6. Proponuję, aby . . . . tę propozycję pod głosowanie.
7. Niestety, wniosek został . . . . 8. Chwileczkę, proszę poczekać
. . . .! 9. Czy można dwa . . . . na ten temat?
10. To nie jest . . . . dla naszej dyskusji!

III. Proszę połączyć wyrażenia odpowiadające sobie znaczeniem z oby-
dwu kolumn.

1. Naszą dyskusję poświęcimy   a. Zamykamy naszą dyskusję

2. Przepraszam — jedna uwaga   b. Wszyscy głosowali „za"

3. Udzielam głosu panu X   c. Proponuję, aby to poddać pod głosowanie

4. Tematem naszej dyskusji jest   d. Przepraszam, proszę się trzymać tematu!

5. Po kolei, proszę!   e. Rozumiem, że jesteśmy zgodni.

6. Może wobec tego będziemy głosować   f. Proszę państwa, zaczynamy!

7. Kończymy naszą dyskusję   g. Naszą dyskusję poświęcimy …

8. Czy wobec tego możemy przyjąć   h. Proszę nie mówić naraz!

9. Propozycja została przyjęta jednogłośnie.   i. Przepraszam, chciałbym coś dodać …

10. Panie i panowie, czy możemy zacząć?   *j. Dziś zajmiemy się*

11. Zdaje się, że zbaczamy z tematu   k. X się zgłaszał

---

część II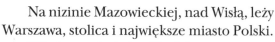

Warszawa

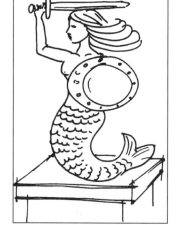

Na nizinie Mazowieckiej, nad Wisłą, leży Warszawa, stolica i największe miasto Polski.

Wiadomo, że już w X wieku na prawym brzegu Wisły istniał gród, a około 1285 roku powstało nowe osiedle miejskie – Stara Warszawa. W 1413 roku książę Janusz Mazowiecki przeniósł z Czerska do Warszawy stolicę Księstwa Mazowieckiego. W drugiej połowie XV wieku Warszawa stała się ważnym ośrodkiem handlu wiślanego. W późniejszych latach, dzięki swemu centralnemu położeniu, miasto zaczęło pełnić ważne funkcje w kraju. I tak, od 1564 roku odbywały się w Warszawie sejmy, a od 1574 roku – elekcje królów polskich. Rok 1596 jest uważany za datę przeniesienia stolicy z Krakowa do Warszawy przez króla Zygmunta III Wazę. Wprawdzie nie ma aktu prawnego dokonującego zmiany stolicy, ale praktycznie od tego momentu Warszawa zaczęła pełnić funkcję najważniejszego miasta w Polsce. Od tego czasu rozpoczęła się przebudowa i rozbudowa miasta. Powstają kościoły, pałace, budynki mieszkalne.

Wspaniale rozwijała się Warszawa za czasów ostatniego króla Polski, Stanisława Augusta Poniatowskiego, który był mecenasem nauki, kultury i sztuki. Wtedy to powstał Teatr Narodowy (1765) oraz publiczna Biblioteka Załuskich, a w 1772 powołano Komisję Edukacji Narodowej – pierwsze na świecie ministerstwo oświaty. Rozkwitał też handel, przemysł, banki; powstawały piękne kamienice mieszczańskie, nowe pałace.

Rozbiory Polski (ostatni rozbiór – 1795) zmieniają losy kraju i stolicy. Początek XIX wieku to jeszcze okres ożywienia gospodarczego i kulturalnego Warszawy – powstaje wtedy Towarzystwo Przyjaciół Nauk (1800), Uniwersytet Warszawski (1816), rozwija się czasopiśmiennictwo. Miasto jest stolicą Księstwa Warszawskiego utworzonego w 1807 roku przez Napoleona. Jednak po powstaniach: listopadowym (1830 – 1831) i styczniowym (1863) wzrósł ucisk polityczny i narodowy. Miasto mogło rozwijać się jedynie gospodarczo; kultura i wszystkie oznaki polskości były systematycznie niszczone przez Rosję.

Po pierwszej wojnie światowej i po odzyskaniu przez Polskę niepodległości w 1918 roku Warszawę ogłoszono stolicą państwa i miasto znów stało się ośrodkiem życia administracyjnego i handlowego. Dwudziestolecie międzywojenne to okres dynamicznego, wszechstronnego rozwoju miasta.

Druga wojna światowa to najtragiczniejsze lata Warszawy, która mimo wszystko przetrwała i stała się symbolem walki i bohaterstwa. Wspaniała obrona stolicy we wrześniu 1939 roku, powstanie w getcie warszawskim w 1943 roku, a potem powstanie warszawskie w 1944 roku – to dowody ogromnej waleczności, siły oraz patriotyzmu mieszkańców Warszawy.

Straty, jakie poniosła stolica w czasie wojny, były olbrzymie. Zginęło około 600–800 tysięcy stałych mieszkańców, zniszczono 90% zabytków i domów mieszkalnych, dzieła sztuki, księgozbiory.

Po wojnie Warszawa została odbudowana i rozbudowana, ponownie stając się najważniejszym ośrodkiem życia gospodarczego, naukowego i artystycznego. Jest miastem pełnym ciekawych i uroczych zakątków. Stare Miasto, Plac Zamkowy z Zamkiem Królewskim i kolumną króla Zygmunta III, Teatr Wielki na Placu Teatralnym, przepiękny park

Łazienkowski z Pałacem na Wodzie – to tylko część obiektów, które powinno się w stolicy obejrzeć. Trzeba przejść się Traktem Królewskim od Zamku przez Krakowskie Przedmieście, Nowy Świat, plac Trzech Krzyży i aleje Ujazdowskie do Belwederu, a potem odpocząć w Łazienkach.

Większość zabytków to rekonstrukcje albo odbudowane na gruzach obiekty, ale wszystkie sprawiają wrażenie autentyczności i przyczyniają się do tworzenia niepowtarzalnego charakteru stolicy.

Obecna Warszawa to tętniąca życiem europejska stolica. To duże, wciąż rozwijające się, nowoczesne miasto o szerokich ulicach pełnych nowych budynków, hoteli, sklepów, banków i ambasad. To siedziba wyższych uczelni, ośrodków naukowych, muzeów, teatrów, a także wielu międzynarodowych firm. To Pałac Kultury i Nauki, powojenny „prezent" od Związku Radzieckiego, nielubiana pamiątka ówczesnej architektury, a przecież jeden z symboli polskiej stolicy.

Prawdziwym symbolem jest jednak legendarna Syrenka, która jest herbem Warszawy, a której postać, zaklętą w kamień, można zobaczyć nad Wisłą.

Objaśnienia do tekstu

osiedle – nieduże skupienie domów na wsi lub w mieście
sejm – najwyższy organ władzy ustawodawczej; izba niższa w polskim parlamencie
wprawdzie – prawdę mówiąc, co prawda, istotnie
akt prawny – tu: dokument
mecenas – protektor artystów, pisarzy, uczonych; znawca i opiekun sztuki, literatury, nauki
rozbiór – tu: (hist.) podział obszaru państwa przez państwa sąsiednie
powstanie – insurekcja, walka zbrojna z wrogiem
ucisk – tu: ograniczenie wolności, nadmierne podatki gospodarczo – ekonomiczne
niepodległość – suwerenność, wolność
dzieło sztuki – utwór literacki, naukowy, muzyczny, artystyczny
obiekt – budynek, zespół budynków
gruzy – ruiny, zgliszcza
tętnić życiem – być pełnym życia
zaklęty – (w baśniach i legendach) – zmieniony za pomocą czarów w coś lub kogoś innego

Uwaga na słowa!

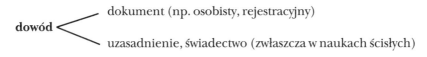

dowód
- dokument (np. osobisty, rejestracyjny)
- uzasadnienie, świadectwo (zwłaszcza w naukach ścisłych)

Ćwiczenia

I. Proszę odpowiedzieć na pytania:

1. Gdzie leży Warszawa?
2. Które miasto było stolicą Księstwa Mazowieckiego przed Warszawą?
3. Czy Warszawa stała się stolicą Polski w oparciu o jakiś dokument? Proszę zacytować odpowiednie zdanie.
4. Jakie konsekwencje dla rozwoju miasta miał fakt, że król Stanisław August Poniatowski był „mecenasem nauki, kultury i sztuki"?
5. Dlaczego Rosja niszczyła wszystkie oznaki polskości w stolicy po powstaniach w 1830–31 i 1863 r.?
6. Które wydarzenia z okresu II wojny światowej świadczą o bohaterstwie mieszkańców stolicy?
7. Jak duże straty poniosła Warszawa podczas wojny?
8. Czy zabytki w stolicy są autentyczne? Proszę przytoczyć odpowiednie zdanie.
9. Który z dwóch symboli Warszawy (proszę je wymienić) cieszy się większą sympatią mieszkańców i dlaczego?

II.

A: Proszę utworzyć przymiotniki od podanych rzeczowników:		B: Proszę utworzyć przysłówki od podanych przymiotników:	
rzeczownik	*przymiotnik*	*przymiotnik*	*przysłówek*
Mazowsze	*mazowiecki*	pełny	*pełno*
legenda	. . . . →	→ → →	legendarnie
nizina	. . . .	polityczny	. . . .
król	. . . .	naukowy	. . . .
stolica	. . . .	systematyczny	. . . .
symbol	. . . . →	→ → →	. . . .
miasto	. . . .	jedyny	. . . .
wojna	. . . .	nowoczesny	. . . .
kościół	. . . .	stały	. . . .
kamień	. . . .	bohaterski	. . . .
zabytek	. . . . →	→ → →	. . . .
ambasada	. . . .	gospodarczy	. . . .
patriotyzm	. . . . →	→ → →	. . . .
Napoleon	. . . .	autentyczny	. . . .
zmiana	. . . . →	→ → →	. . . .
uczelnia	. . . .	wspaniały	. . . .
muzeum	. . . .	tragiczny	. . . .
obrona	. . . .	praktyczny	. . . .

III. Proszę napisać krótki tekst opisujący stolicę Pana/Pani kraju i zastosować w nim jak najwięcej przymiotników i przysłówków z ćwiczenia II.

IV. Proszę połączyć w pary wyrazy z kolumn A i B, odszukać i podkreślić je w tekście:

	A		B
_f_	1. *data*	a.	stolicy
__	2. przebudowa	b.	niepodległości
__	3. elekcje	c.	królów
__	4. mecenas	d.	Warszawy
__	5. oznaki	e.	patriotyzmu
__	6. odzyskanie	f.	*przeniesienia*
__	7. ośrodek	g.	kultury
__	8. dowód	h.	miasta
__	9. dzieła	i.	polskości
__	10. charakter	j.	handlu
__	11. herb	k.	sztuki

Wyrażenia idiomatyczne

PIERWSZY

- *pierwszy* i ostatni – taki, który zdarzył się tylko raz, jedyny
- na *pierwszy* rzut oka – bez dokładnego przyglądania się
- od *pierwszego* wejrzenia – od razu, natychmiast po ujrzeniu kogoś lub czegoś
- w *pierwszej* chwili – na początku
- od *pierwszej* chwili – od samego początku
- z *pierwszej* ręki – bezpośrednio, z pierwszego źródła
- (ktoś) nie *pierwszej* młodości – ktoś nie bardzo młody, ale jeszcze nie stary
- (coś) nie *pierwszej* czystości – coś trochę przybrudzone
- zaspokoić *pierwszy* głód – zjeść tylko tyle, aby nie być bardzo głodnym

Nie pierwszej młodości

- *pierwszy* do czegoś – bardzo chętny do czegoś, najlepiej się nadający
- po *pierwsze* – przy wyliczaniu faktów, argumentów, powodów
- to nie *pierwszyzna* – coś nie jest dla kogoś rzeczą nową, nowością

Ćwiczenie

Wyrażenia z ramki proszę wstawić w wykropkowane miejsca:

> pierwszy głód, od pierwszej chwili, pierwszy i ostatni raz,
> od pierwszego wejrzenia, z pierwszej ręki, w pierwszej chwili,
> nie pierwszyzna, *pierwszy*, po pierwsze, na pierwszy rzut oka,
> pierwszej czystości, pierwszej młodości

1. Potrzebny ochotnik? Na pewno zgłosi się Antoś – on jest zawsze
..pierwszy... do publicznych wystąpień. 2. . . . .
nic się tam nie zmieniło. Dopiero potem spostrzegłem wiele nowości.
3. Pytasz czemu nie możesz oglądać tego filmu? . . . .
kończy się bardzo późno, a po drugie zaraz przyjdą do nas goście i telewizor będzie wyłączony. 4. Spóźniłeś się ponad 20 minut! Żeby to było
. . . .! 5. Gdy Barbara dowiedziała się, że
oblała egzamin, ... nie uwierzyła – tak była
pewna, że go zdała. 6. Lilka mi powiedziała w sekrecie, że nastąpi reorganizacja naszego Instytutu. Wierzę jej, bo ona ma zawsze informacje
. . . . – jej siostra jest sekretarką szefa. 7. Kandydat
nie zrobił zbyt dobrego wrażenia na komisji nie dlatego, że był już nie
. . . ., ale dlatego, że miał na sobie koszulę nie
. . . ., poplamione spodnie i brudne buty. 8. Romeo
zakochał się w Julii . . . . 9. Pies zaspokoił
. . . . i dopiero wtedy zaczął okazywać radość
z naszego powrotu. 10. – Magda zatrzasnęła kluczyki w samochodzie! –
Dla mnie to . . . . – zaraz jej pomogę! 11. . . . .
. . . . wiedzieliśmy, że przyszedł tylko po to, aby pożyczyć od
nas pieniądze.

Tematy do ćwiczeń pisemnych i ustnych

1. Stolica jest wizytówką kraju. Czy na pewno?
2. Jakie są plusy i minusy mieszkania w stolicy, a jakie na „prowincji"?
3. „Polacy to naród żyjący przeszłością". Czy też Pan/i tak sądzi?
4. Dzięki Kościołowi naród polski nie uległ wynarodowieniu. Jaką rolę Kościół pełni dzisiaj?
5. Co to jest „patriotyzm"?
6. Jaką rolę pełnią symbole narodowe?

Jan Lechoń

PIOSENKA

Droga Warszawo mojej młodości,
W której się dla mnie zamykał świat!
Chcę choć na chwilę ujrzeć w ciemności
Dobrej przeszłości
Popiół i kwiat.

Zanim mnie owa ciemność pochłonie,
Twoich ogrodów chcę poczuć woń.
Niechaj Twych ulic wiatr mnie owionie,
Połóż Twe dłonie
Na moją skroń!

Jak kiedyś zapach bzowych gałązek
Wśród kropli rosy i słońca lśnień,
Tak inny z Tobą marzę dziś związek:
Starych Powązek
Głęboki cień

Marzę, że Ty mi zamkniesz powieki,
Lecz choćbym z ciężkich nie wrócił prób,
Będę Ci wierny, wierny na wieki
Aż po daleki
Wygnańczy grób.

Jan Lechoń, *Poezje*, Czytelnik,
Warszawa 1979

Wypowiedzenie – zdanie

Wypowiedzenie pojedyncze to forma osobowa czasownika albo wyraz lub grupa wyrazów połączona z formą osobową czasownika (obecną lub dającą się wprowadzić). Wypowiedzenie z obecną formą czasownika to zdanie.

Innymi słowy – zdanie to zespół wyrazów powiązanych na podstawie gramatycznej zależności, zawierający orzeczenie najczęściej w formie osobowej czasownika.

Wypowiedzenia pojedyncze mogą się łączyć w *wypowiedzenia złożone*. Połączenie to następuje za pomocą środków wyrazowych (przede wszystkim spójników) oraz środków wymawianiowych (melodia, akcent, pauza).

Rozróżnia się wypowiedzenia złożone *współrzędnie* i *podrzędnie*.

część III | **Wypowiedzenia współrzędnie złożone**
(ćwiczenia I–IV)

Wypowiedzenia współrzędnie złożone wzajemnie się uzupełniają i uzależniają, są równorzędne, składniowo niezależne.

Można rozróżnić wypowiedzenia złożone współrzędnie: *łączne, przeciwstawne, rozłączne, wynikowe, włączne.*

I. Wypowiedzenia współrzędnie złożone *łączne*

– Dzieci biegały po parku i krzyczały.
– Warszawa znowu stała się stolicą państwa i przez dwadzieścia lat rozwijała się dynamicznie.
– Przed domem stała ławka, a na niej spał duży kot.
– Deszcz padał od rana, nie ustawał nawet na chwilę.

S p ó j n i k i :
i, a, oraz, ani, ni, i – i, ani – ani, to – to

II. Wypowiedzenia współrzędnie złożone *przeciwstawne*

- Ja śpiewam, a ona gra.
- Nigdy nie kłamałem, ale zrobię to dla ciebie.
- Nie ma aktu prawnego dokonującego zmiany stolicy, ale praktycznie od tego momentu Warszawa zaczyna pełnić rolę najważniejszego miasta w Polsce.
- Spieszył się bardzo, jednak spóźnił się na spotkanie.
- Dzisiaj pracujemy – jutro będziemy odpoczywać.

S p ó j n i k i:
a, ale, lecz, jednak, natomiast, tylko, tymczasem

III. Wypowiedzenia współrzędnie złożone *rozłączne*

- W sobotę chodzę do kina albo oglądam telewizję.
- Tak dobrze się nauczył, czy po prostu udało mu się?
- Pojedziemy do Warszawy lub wybierzemy się w góry.
- Idziesz, zostajesz?

S p ó j n i k i:
albo, lub, czy, bądź

IV. Wypowiedzenia współrzędnie złożone *wynikowe*
- Przyszedłeś za wcześnie, więc musisz poczekać.
- Pracował dużo, toteż są rezultaty.
- Chciałaś – powiem ci.
- Nie dokończyliśmy dyskusji, zatem spotkamy się jutro.

S p ó j n i k i:
więc, toteż, zatem, to, i, a, dlatego, wobec tego, wskutek tego

V. Wypowiedzenia współrzędnie złożone *włączne*

- Drzwi są zamknięte, czyli nikogo nie ma w domu.
- Muzyka ucichła, to znaczy bal się skończył.
- Ptaki odlatują – zbliża się zima.
- Pogoda była brzydka, pomyliliśmy drogę, muzeum było zamknięte – słowem wycieczka się nie udała.

S p ó j n i k i:
czyli, mianowicie, to jest, to znaczy, inaczej, innymi słowy, słowem

Zdania bezpodmiotowe
(ćwiczenia V–VIII)

I. Zdania bezpodmiotowe o s o b o w e

W zdaniach tych nie jesteśmy w stanie odnaleźć podmiotu, można się jedynie domyślić, że czynność została wykonana przez jakąś osobę (lub osoby).
Orzeczeniami w tego typu zdaniach są formy bezosobowe typu *mówi się* oraz zakończone na *-no* i *-to*.

> Dużo *mówi się* o zanieczyszczeniu środowiska. (Wszyscy mówią; ludzie mówią; ktoś mówi)
> *Zbudowano* dużo nowych szkół. (Robotnicy zbudowali, ludzie zbudowali)

Zdania bezpodmiotowe, tak jak i inne zdania, mogą być zdaniami nadrzędnymi lub podrzędnymi w zdaniach złożonych podrzędnie oraz zdaniami współrzędnymi w zdaniach złożonych współrzędnie.

> *Tańczono* na ulicach, a pod ratuszem *pito* szampana. (zdania współrzędne)
> *Zawsze wiedziano*, że alkohol szkodzi zdrowiu. (zdanie nadrzędne)
> W prasie pojawiła się informacja, *że wyremontowano stary szpital.* (zdanie podrzędne)

Zdania bezpodmiotowe osobowe występują częściej w języku pisanym niż w języku mówionym. Można je bardzo często spotkać w prasie oraz w opracowaniach naukowych i popularnonaukowych.

Przykłady:

> Słodyczy w Sudanie prawie *się nie jada*, zastępuje je ogromna rozmaitość owoców. *Pije się* za to bardzo mocną i bardzo słodką herbatę, często z dodatkiem mięty, goździków i innych przypraw. Z chłodnych napojów najpopularniejsze jest karkade – mocny napar z kwiatu lotosu, kwaśny, czerwony. *Ochładza się* go i *dodaje* cukru.

> (Przekrój, 9.04.1995)

W latach 70. *wprowadzono* do służby atomowe torpedowe okręty podwodne do zwalczania okrętów z pociskami balistycznymi. *Położono* w nich nacisk na szybkość, zwrotność...

(Przekrój, 19.03.1995)

II. Zdania bezpodmiotowe n i e o s o b o w e

Do tej kategorii zaliczymy zdania nazywające:

1. Zjawiska przyrody, zjawiska fizyczne

Ściemnia się. Ściemniało się.
Świta. Świtało.
Grzmi. Będzie grzmieć.
Było ciemno.
Zaczęło padać.
Będzie lać.
Powyrywało drzewa.

2. Wrażenia zmysłowe człowieka

Pachnie bzem. Pachniało bzem.
Zazieleniło się.

3. Stany fizjologiczne i psychiczne człowieka, wydarzenia losowe

Słabo mi.
Duszno mi. Mdli mnie.
Chce mi się jeść. Chciało mi się jeść.
Śniło mu się o podróży.
Jest jej wstyd. Było jej wstyd.
Nudzi nam się. Nudziło nam się.
Zawsze im się udaje. Udało się im.
Niech ci się szczęści!

W tego typu zdaniach dopełnienie często występuje w celowniku (Niedobrze *mi*) lub w bierniku (Kłuje *go* w boku).

Oprócz wyżej wymienionych zdań istnieją jeszcze:

4. Zdania bezpodmiotowe wyrażone bezokolicznikiem

a) Widać ląd. Widać było ląd.
   Słychać hałas. Słychać będzie hałas.
   Widać, że źle się czujesz.

(*widać* i *słychać* nie mają form osobowych)

b) Nie palić!
   Prać ręcznie.
   Piec w średnio gorącym piekarniku.
   Zamówić taksówkę?

5. Zdania z: *trzeba, można, warto.*

Wyrazy pochodzące od wyrażeń syntaktycznych
(ćwiczenia IX–XIII)

Wyrażenie syntaktyczne to połączenie przyimka z rzeczownikiem lub zaimkiem; inaczej wyrażenie przyimkowe.

Np.
   pod ziemią
   za lasem
   bez cła

Od wyrażeń syntaktycznych można tworzyć rzeczowniki i przymiotniki.

rzeczowniki

podziemie (pod ziemią)
Podhale (pod halami)
narożnik (na rogu)
przedwiośnie (przed wiosną)
przedsionek (przed sienią)

przymiotniki

podmiejski (pod miastem)
poobiedni (po obiedzie)
międzymiastowy (między miastami)
przedwojenny (przed wojną)
przeciwlotniczy (przeciw lotnictwu)

Od wielu wyrażeń syntaktycznych można tworzyć zarówno rzeczowniki, jak przymiotniki.

Np.

pod ziemią	–	podziemie, podziemny
na rogu	–	narożnik, narożny
między wojnami	–	międzywojnie, międzywojenny

Rzeczowniki tworzy się od wyrażeń syntaktycznych najczęściej za pomocą sufiksów

| **-nik** | – | naroż*nik*, bezrękaw*nik* |
| **-e** | – | podziemi*e*, Zalesi*e* |

Przymiotniki od wyrażeń syntaktycznych tworzy się najczęściej w taki sposób, jak tworzy się rzeczowniki od przymiotników

| podmiejski | – | bo: miejski (miasto) |
| przedwojenny | – | bo: wojenny (wojna) |

Ćwiczenia

I. Podane niżej zdania proszę połączyć następującymi spójnikami: *albo*, *ale*, *czyli*, *i*, *więc*

1. Chodziliśmy po mieście . . . . zwiedzaliśmy zabytki. 2. Pojadę nad morze . . . . zostanę w mieście. 3. Nie mamy chleba, ... trzeba iść do sklepu. 4. Oczy miała zamknięte, ... nie spała. 5. Jest już po ósmej, ... film się zaczął. 6. Musimy się zdecydować – pojedziemy na wakacje do Egiptu . . . . kupimy najnowszy model telewizora. 7.Widzę przez okno Zbyszka. Jest uśmiechnięty, ... zdał egzamin. 8. Turyści zatrzymali się pod lasem . . . . podziwiali górski pejzaż. 9. Janek nie zadzwonił do Basi o umówionej godzinie, ... poszła do kina z Tadkiem. 10. Obiecywał, że napisze list zaraz po przyjeździe, ... nie dotrzymał słowa. 11. Pytasz, co u Kowalskich. On całymi wieczorami ogląda telewizję, ona ciągle narzeka, ...

nic się nie zmieniło. 12. Bartek złamał nogę, ... nie może pojechać na wycieczkę. 13. Musisz wybrać – pójdziesz do teatru . . . .
odwiedzisz przyjaciółkę. 14. Po zakończeniu spektaklu widzowie wstali
. . . . długo oklaskiwali aktorów. 15. Ewa miała ochotę potańczyć,
. . . . nikt nie chciał z nią pójść na dyskotekę.

II. Podane niżej zdania proszę połączyć następującymi spójnikami: *lub*,
to znaczy, *a*, *i*, *toteż*

1. Wszyscy tańczyli . . . . . . śpiewali przy ognisku. 2. Rano będę pracować, ... wieczorem pójdę do kina. 3. Zadzwonię do niego . . . . . .
pójdę. 4. W tym mieście jest mało hoteli, ... turyści niechętnie się
tu zatrzymują. 5. Dzisiaj zdawało egzamin dziewięć osób, ...
profesor pytał trzy osoby na godzinę. 6. Mąż jest kinomanem, ...
żona zdecydowanie woli teatr. 7. Młodej aktorce już od roku nie pro-
ponowano żadnej roli, ... straciła nadzieję na wielką karierę.
8. Bożena i Justyna pokłóciły się, ... nie można ich razem zaprosić. 9. Znany choreograf powiedział w wywiadzie: „Na następny sezon
przygotuję balet Romeo i Julia . . . . wystawię całkiem nowy utwór."
10. Pielęgniarka podała choremu tabletki . . . . zrobiła mu zastrzyk.
11. Wszyscy myśleli, że Janusz będzie studiował medycynę, ... on
wybrał prawo. 12. To lekarstwo w nadmiarze może być niebezpieczne,
. . . . trzeba brać dokładnie odmierzone dawki. 13. Organizatorzy
wycieczki zapraszają jej uczestników na wspólne zwiedzanie muzeum
. . . . proponują spacer po Starym Mieście. 14. Nasi zaproszeni
goście są wegetarianami, ... nie możemy podać na kolację mięsa.
15. W czasie wakacji Magda poznała interesującego malarza . . . .
postanowiła nauczyć się malować.

III. Proszę dokończyć następujące zdania (tak, aby powstały zdania złożone).

1. W czasie choroby czytał dużo książek i . . . .
2. Wszyscy trochę się spóźnili, jednak . . . .
3. Zadzwoń do mnie albo . . . .
4. Nie zdążę tego zrobić, wobec tego . . . .
5. Do Warszawy jest około 300 kilometrów, czyli . . . .
. . . .
6. Jurek nie pracuje ani . . . .
7. Janek zawsze miał kłopoty z matematyką, natomiast . . . .
. . . .

8. Nie wiem, co będę robić po południu, to zależy od pogody. Posiedzę na ławce w Łazienkach lub. . . . .
. . . .

9. Krystyna długo chorowała, dlatego . . . .
. . . .

10. Walizki spakowane, okna zamknięte, śmieci wyrzucone, słowem. . .
. . . .

11. Po przyjeździe do stolicy znany reżyser weźmie udział w konferencji prasowej oraz . . . .

12. Bardzo chcieliśmy obejrzeć tę sztukę, ale . . . .
. . . .

13. Jak myślisz, Rafał rzeczywiście wyszedł schodami na najwyższe piętro Pałacu Kultury, czy . . . .

14. To tłumaczenie jest dla nas za trudne, więc . . . .
. . . .

15. Nie zdążymy na ostatni pociąg, to znaczy . . . .
. . . .

IV. Proszę dopisać pierwszy człon zdania złożonego współrzędnie.

1. . . . . graliśmy w karty.
2. . . . ., ale nie było biletów.
3. . . . . albo zadzwoń jutro.
4. . . . ., więc musiała wrócić do domu.
5. . . . ., to znaczy jest już po siódmej.
6. . . . ., a Zosia czyta.
7. . . . . ani nie jedliśmy obiadu.
8. . . . ., wobec tego nie poszedł w góry.
9. . . . . albo rozwiązujemy krzyżówki.
10. . . . . czyli nie musisz już iść do sklepu.
11. . . . . .oraz wystąpi w wieczornym koncercie w Filharmonii.
12. . . . ., lecz wszystko odbyło się zgodnie z planem.
13. . . . ., czy wolisz zostać w domu?

14. . . . ., dlatego nie mam do niej zaufania.

15. . . . ., słowem – zaczyna się jesień.

V. Podane wyrażenia proszę wstawić do poniższych zdań.

> śni mu się, słabo ci, ściemnia się, nie udało mi się, smutno mi, błysnęło się i zagrzmiało, jest jej niedobrze, duszno mi, jest zimno, chce mi się jeść, będzie lać, kręci mi się w głowie, nie widać, ocieplilo się, pachnie

1. Nie mogę jeździć na karuzeli. Zawsze . . . .
2. Myśleliśmy, że będzie burza, ale tylko kilka razy . . . .
. . . . 3. Jest już obiad? Bardzo . . . .
4. Janek uśmiecha się przez sen. Pewnie . . . . coś
miłego. 5. Po kilku zimnych dniach na szczęście . . . .
. . . . 6. Popatrz, jakie szare chmury. Chyba . . . .
7. Jesteś bardzo blada. . . . .? 8. Czy można otworzyć
okno? . . . . 9. Niestety, ...
naprawić kontaktu. Trzeba wezwać elektryka. 10. Ubierzcie się ciepło.
. . . . 11. Ewa dostała na imieniny mnóstwo
kwiatów. W całym mieszkaniu pięknie . . . . 12. W grudniu
. . . . juž o czwartej. 13. Krysia nie lubi podróżować
autobusem. Zawsze . . . . 14. . . . .,
że nie spędzimy razem Świąt. 15. Jest straszna mgła. Nic . . . .!

VI. Proszę napisać w czasie przeszłym.

Przykład: Błyska się. *Błyskało się.*

1. Jest ciemno.	9. Pachnie.
2. Świta.	10. Pada.
3. Grzmi.	11. Szumi mi w głowie.
4. Jest mi bardzo smutno.	12. Nudzi nam się.
5. Chce mi się pić.	13. Przykro jej bardzo.
6. Nic nie słychać.	14. Dzwoni mi w uszach.
7. Leje.	15. Chmurzy się.
8. Jest mu wstyd.	

VII. Proszę napisać krótki tekst pt. „Jaka pogoda była w ostatnim tygodniu?" używając jak najwięcej zdań bezpodmiotowych (padało, lało, zachmurzyło się itp.).

VIII. Proszę opisać dolegliwości osoby przychodzącej do lekarza używając zdań bezpodmiotowych (zrobiło mu się słabo, dzwoni jej w uszach itp.).

IX. Od jakich wyrażeń syntaktycznych zostały utworzone następujące rzeczowniki:

Przykład: podziemie – od: pod ziemią

1. nadnercze
2. podgórze
3. nadwozie
4. podwozie
5. bezprawie
6. bezrękawnik
7. podkolanówka
8. podnóżek
9. poniedziałek
10. międzyrzecze
11. poddasze
12. naskórek
13. pobocze
14. podbródek
15. przedramię

X. Od jakich wyrażeń syntaktycznych zostały utworzone następujące przymiotniki:

Przykład: podziemny – od: pod ziemią

1. dożylny
2. podskórny
3. ponadczasowy
4. przedwakacyjny
5. podmorski
6. ponaddźwiękowy
7. bezdomny
8. międzywojenny
9. przeciwlotniczy
10. przedpotopowy
11. nadprogramowy
12. międzynarodowy
13. podbiegunowy
14. nadrzeczny
15. bezkolizyjny

XI. Proszę wyjaśnić, od jakich wyrażeń pochodzą następujące nazwy geograficzne:

Przykład: Podhale – od: pod halami

1. Zalesie
2. Podgórze
3. Międzyrzecze
4. Międzybrodzie
5. Zabłocie
6. Zarzecze
7. Zagórze
8. Zabrzezie
9. Międzywodzie
10. Międzyzdroje
11. Podlipie
12. Zalipie
13. Nadbrzeż
14. Międzyborów
15. Przylesie

XII. Proszę dokończyć podane definicje.

Przykład: region w okolicach Zakopanego (pod halami) – Podhale

1. zakład wychowawczy dla dzieci od trzech do sześciu lat (przed szkołą)
– . . . . 2. część budowli znajdująca się pod ziemią –
. . . . 3. skarpetka sięgająca pod kolano – . . . .
4. dzień następujący po niedzieli – . . . . 5. pomiesz-
czenie pod dachem – . . . . 6. zastrzyk dawany do żyły –
zastrzyk . . . . 7. klimat pod zwrotnikami – klimat . . . . .
. . . . 8. okręt pływający pod wodą – okręt . . . .
9. szkoła dla osób po maturze – szkoła . . . .
10. konflikty między ludźmi – konflikty . . . .
11. teren przy granicy – teren . . . . 12. pies niemający właściciela (bez pana) – pies . . . . 13. człowiek
niemający pracy (bez roboty) – człowiek . . . .
14. lek przeciw zapaleniu – lek . . . . 15. krople
na serce – krople . . . .

XIII. Od wyrażeń syntaktycznych podanych w nawiasach proszę utworzyć wyrazy i wpisać je do zdań w odpowiedniej formie.

Przykład: Ludność *Podhala* (pod halami) odznacza się oryginalną twórczością.

1. Od początku grudnia trwają . . . . (przed
świętami) przygotowania. 2. Organizacje charytatywne starają się pomóc . . . . (bez domu) ludziom. 3. Mały Jaś idzie
w tym roku do . . . . (przed szkołą). 4. Kupimy alkohol
w strefie . . . . (bez cła). 5. W miasteczku zapanowało
. . . . (bez prawa). 6. Chcemy zwiedzić te sławne
. . . . (pod ziemią). 7. Lata . . . .
(po wojnie) były bardzo trudne. 8. Opracowuje się nową broń . . . . . .
. . . . (przeciw lotnictwu). 9. Marcin zbiera . . . .
(za granicą) znaczki. 10. Podpisano umowę . . . .
(między narodami). 11. Nauczyciel geografii nie był zachwycony – po-
myliłem . . . . (przy lądzie) Horn z . . . .
(przy lądzie) Dobrej Nadziei. 12. Zatrzymaliśmy się w . . . .
(przy drodze) restauracji. 13. W wielu starych miastach są ulice o na-
zwie . . . . (pod zamkiem). 14. Pierwszą książką Verne'a,
jaką przeczytał, była „20 tysięcy mil . . . . (pod morzem)
żeglugi". 15. Wynajęliśmy mieszkanie na . . . . (przed
miastem).

Notatki

....
....
....
....
....
....
....
....
....
....
....
....
....
....
....
....
....
....
....

Wywiad

Gdzie nie wstyd być Polakiem?

Polak w Stanach? Ten Polaczek. Głupi Polaczek. Obiekt całej serii mało śmiesznych, ale złośliwych kawałów, coś jak u nas milicjant albo blondynka. Zasada politycznej poprawności chroni w USA Murzynów, Arabów i wszelkie właściwie mniejszości etniczne – z wyjątkiem chyba tej jednej. Istnieje w człowieku niezwalczona potrzeba wykpiwania innych; i druga – hołdowania uprzedzeniom. Można tego ludziom zabronić, ale trzeba pozostawić im wentyl, bo pękną. Takim wentylem w Ameryce są Polacy. Z nich wolno szydzić. Ich wolno lekceważyć.

Co trzydziesty mieszkaniec Stanów Zjednoczonych jest pochodzenia polskiego, a jednak diaspora polska nie jest tam zbyt wpływowa. Polskich kongresmenów można zliczyć na palcach. Skłóceni i koncentrujący się na drobiazgach, wyraźnie niezdolni do zorganizowanych akcji, do stworzenia skutecznego lobbingu – Polacy znaleźli się na marginesie społecznym, a przynajmniej na marginesie społeczności białej.

Gdyby opinię Amerykanina o przybyszach z Rzeczypospolitej przełożyć na język bardziej staromodny i europejski – panuje ogólny pogląd, że Polak NIE JEST DŻENTELMENEM.

Zupełnie inną cieszyli się niegdyś Polacy reputacją we Francji, w Rosji, nawet w Anglii. Mówiono o szarmanckich, eleganckich mężczyznach, o pięknych, pełnych zarazem godności i wdzięku kobietach. Ale to były elity. Tymczasem od z górą stu lat do Stanów Zjednoczonych przybywają z Polski z reguły najubożsi i najgorzej wykształceni. Obserwowanie takich ludzi na ulicach, w restauracjach, w toaletach publicznych – doprowadziła Amerykanów do generalizującego wniosku, że Polacy to naród ciemny, brudny i niekulturalny, pozbawiony właściwie wszelkich zalet; może z wyjątkiem religijności, ta jednak z czasem przestała być w znacznej części społeczeństwa amerykańskiego uważana za cnotę.

Rzecz jasna przyjeżdżają i inni. Wykształceni, mówiący po angielsku mają od razu trochę łatwiej. Dyplomy trzeba wprawdzie nostryfikować, kwalifikacje czasem zdobyć nowe, a na zaufanie pracodawcy – gdy się go już ma – długo zarabiać. Ale potem, przy szczęściu, pracowitości i wytrwałości zostaje się czasem wykładowcą na prestiżowym uniwersytecie. Albo kierownikiem pracowni w biurze projektów u potężnego Chryslera. Albo uczy się w szkole dzieci amerykańskie – rdzennie amerykańskie – języka angielskiego.

Amerykańska Polonia jest jednak wyjątkowa. Zupełnie inna jest na przykład brytyjska. Wojenna, zdyscyplinowana, na ogół wykształcona (wzbogacona imigrantami z lat stanu wojennego), choć nie zawsze zaaklimatyzowana do końca wśród trudno dostępnych wyspiarzy.

Albo Polonia francuska, naszpikowana intelektualistami i artystami. Paryż od setek lat przyciągał emigrujących z ojczyzny lub tylko pragnących się kształcić przedstawicieli elit polskich. Stan wojenny przywiał do Francji nową falę ludzi wykształconych, dynamicznych i ambitnych, nadających ton i koloryt dzisiejszej francuskiej Polonii. Ich specyfiką jest dążenie do sukcesu i asymilacji, przy zachowaniu jednak pamięci o polskim pochodzeniu.

Polonia południowoafrykańska to osobny rozdział. Podczas drugiej wojny światowej przybyło tu parę setek dzieci polskich, wyciągniętych z Rosji przez Andersa. Ludzie ci, dziś już w podeszłym wieku, na ogół poradzili sobie w życiu, a niektórzy doszli nawet do znacznego majątku. Jako biali, byli od startu uprzywilejowani. Biały przy minimum wysiłku osiągał więc dobrobyt niewyobrażalny gdzie indziej. Podobne warunki panowały jeszcze na początku lat 80., gdy do RPA ściągnęło kilka tysięcy Polaków. W ciągu paru lat znaczny ich procent doszedł do dużych pieniędzy. W RPA, inaczej niż w Stanach, polska diaspora zdobyła sobie szacunek jako grupa pracowita i zdolna; grupa ludzi sukcesu.

Ceniona jest również – liczniejsza i dawniej zakorzeniona – Polonia australijska. Stara i nowa. Stara, złożona głównie z żołnierzy i podoficerów z ostatniej wojny (pełno tam „szczurów pustyni", weteranów m.in. spod Tobruku), dała się poznać jako generacja ludzi twardych. W pierwszych latach stworzono im warunki dość spartańskie, Polacy przetrwali jednak najcięższe lata, imponując pracowitością, poświęceniem, patriotyzmem a zarazem lojalnością wobec nowego kraju.

Nowa, w większej części solidarnościowa imigracja dała Australii wielu specjalistów, naukowców, inżynierów, nawet księży. I choć i tu wśród przybyszów z Polski nie brakuje materiału ludzkiego pośledniejszej jakości, generalnie w Australii nie wstyd być Polakiem.

Aleksander Kropiwnicki
Gentleman, nr 10, 1997

A cud nie nadchodzi...

Wierzcie mi, gdyby można było cofnąć czas, zrobiłbym to bez wahania. Zgodne małżeństwo, przeciętni młodzi ludzie. Żyliśmy sobie jak szarzy mali ludkowie: łatać do pierwszego, od jednych pożyczyć, drugim oddać. Urodziło się dziecko. Kłopotów przybyło, ale trzymaliśmy się razem i jeszcze potrafiliśmy śmiać się z niczego.

Zmiana przyszła nagle i z nieoczekiwanej strony. W dodatku wyglądała na łut szczęścia. Kolega wracał z dalekiego kraju i rzucił ot tak: Jedź na moje miejsce, załatacie budżet. Dla mnie, nauczyciela ze śmieszną pensyjką, świat się otworzył. Koniec przymusowego majsterkowania i nadgodzin.

Magda szalała z radości i w marzeniach szyła zasłony do nowego domu. Wszystko miało być jak w reklamówkach na RTL-u: ciepły salon, zadbana żona, dzieci jak z obrazka, może jakiś pies...

Gdy więc sił brakowało, a rozum mówił: wracaj do rodziny, uciekałem w swoje marzenia. W kominku rozpalicie ogień, obejmiesz żonę, pogłaszczesz psa, wypijesz drinka – tylko jeszcze trochę popracuj, trochę pozaciskaj pasa, do domu nie jedź, bo szkoda pieniędzy, jeszcze się przemęcz...

„Trochę" to było siedem lat. Widzieliśmy się cztery razy, raz tak skutecznie, że urodziło się drugie dziecko. Do domu dzwoniłem raz na miesiąc, z oszczędności. Za to pisałem co tydzień. Magda jeszcze częściej: Kochany, jesteś mężczyzną mojego życia, tęsknię, kocham, tak się cieszę, że ostatnio przysyłasz więcej pieniędzy, dzięki temu szybciej będziemy razem...

Kiedy dom był już „pod klucz", w oknach zawisły wymarzone zasłony, a łazienki całe w błękitnej glazurze i czarnej terakocie czekały niecierpliwie na użytkowników, zapragnąłem wrócić. Znałem ten dom z fotografii, tak jak znałem dwóch swoich synów. Teraz chciałem objąć w posiadanie wszystko i wszystkich, którym poświęcałem siły przez siedem długich lat.

W ramach miłej niespodzianki spakowałem swój niewielki bagaż i wsiadłem w samolot. W wyobraźni widziałem rozradowaną twarz żony i ostrożną ciekawość swoich dzieci. W myślach układałem plany na ten pierwszy wieczór we wspólnym domu.

I tu kończy się bajka, a zaczyna się banał: przed kominkiem grzeje się inny facet, dzieci mówią do niego „tatuś", a żona (z brzuchem) wściekła wrzeszczy, że nie życzy sobie takich niespodzianek.

– Miałam ci powiedzieć we właściwym czasie – ani wstydu, ani zakłopotania, tylko złość na jej wykrzywionej twarzy.

Mój własny, kieszonkowy koniec świata.

Tekst: Anna Maria Nowakowska
Zwierciadło, nr 7, 2002

Zgadnij, skąd jestem?

Beatrice Amoakoh-Nawurah, przewodniczkę po nowojorskiej siedzibie ONZ, bliscy nazywają Lalą. To zdrobnienie jeszcze z Polski, kraju jej mamy, w którym i ona przyszła na świat. Do trzeciego roku życia mieszkała w Polsce. Polski był jej pierwszym językiem, ale pisać i czytać po polsku nauczyła się z pomocą mamy z elementarza, gdy jej rodzina wyjechała do Ghany. Do dziś Lala rozmawia z rodzicami po polsku, ale z mężem i 8-letnią córką, Sydney, już po angielsku

Jej ojciec, Antoni, przyjechał z Ghany do Katowic w 1964 roku. Na Politechnice Śląskiej studiował ekonomię przemysłu.

– Mieszkałem w akademiku, a ciasny pokoik dzieliłem z polskim kolegą – opowiada. – Pamiętam, że ciągle było mi zimno i na rozgrzewkę piłem żubrówkę. Zajadałem się też golonką, pierogami, kiełbasą, ogórkami kiszonymi. Teraz, w USA, to wszystko żona kupuje mi w polskim sklepie.

– Bo tata w czasie studiów zakochał się bez pamięci w Lidce, mojej mamie – wtrąca Lala. – W 1970 roku urodziłam się ja, a rok po mnie mój brat, Dennis. Potem pojechaliśmy do Ghany, bo tata dostał tam pracę w ministerstwie przemysłu.

Dawida poznała w szkole średniej, w Ghanie. W 1998 r. rodzina wyprawiła im ghańskie wesele. Po ślubie Dawid, menedżer sieci sklepów, pojechał do Ameryki szukać szczęścia, a Lala za nim.

W domu Lali obchodzi się każde Boże Narodzenie i Wielkanoc.

– I w te święta będzie u nas choinka z prezentami, opłatek i polskie kolędy. Są najpiękniejsze na świecie! Na stole postawimy potrawy z polskiej i ghańskiej kuchni. Z polskiej – zupę grzybową i kapustę. Z ghańskiej – ryż z mięsem. Przy gotowaniu będzie mi pomagać Dawid, który często mnie wyręcza w kuchni. Ja mam tak mało czasu.

Praca w ONZ wymaga, by Lala była na bieżąco w tym, co się dzieje. Dlatego co wieczór do poduszki czyta stertę gazet, bo wycieczkom opowiada nie tylko o historii ONZ, o jego roli i państwach członkowskich, ale i o sytuacji politycznej świata.

– Dziennie mam kilka wycieczek do oprowadzania, niestety, rzadko polskich. Kiedyś przedstawiałam się, że jestem z Ghany i z Polski, teraz nie mówię nic. Czekam, że może zwiedzający się domyślą. Nigdy nie udało im się zgadnąć!

Lala studiuje też medycynę i chce zostać chirurgiem.

Joanna Rutkowska
* Tekst ten został nieznacznie
przerobiony na podst. oryginału.
Przyjaciółka

Po rączkach nie całuję

Trudno obcokrajowcowi pojąć zawiłości polskiej kindersztuby. Najlepiej postępować ostrożnie, aby nie popełnić gafy.

Jestem Brytyjczykiem mieszkającym w Polsce. Próbuję pojąć tutejszy język, kulturę i obyczaje. Można by pomyśleć: nic prostszego, ale zdziwicie się, jakie mam problemy. Ot, choćby przyjazd cioci Bożeny na imieniny. Postawna cioteczka wpada przez drzwi z 20 siatkami pełnymi zakupów i otwartymi ramionami. Polacy instynktownie wiedzą, jak się przywitać z ciocią. A ja? Nie mam zielonego pojęcia. Z pamięci wydobywam obrazy rozmaitych powitań. Ale co wybrać? Ucałować raz czy trzy razy? W policzek? W rękę? Tylko uścisnąć rękę? Usiąść? Stać? Czekać, aż ciocia sama mnie przywita? Jestem w kropce, bo mam za dużo możliwości, a przecież ani nie chcę cioteczki obrazić, ani narazić siebie na szwank. Najczęściej wystarcza szybkie, niezręczne „cześć" i uścisk ręki. Na myśl o całowaniu w rękę dostaję gęsiej skórki.

Obowiązują też interesujące podwójne standardy uprzejmości. Dostrzegłem, że mężczyźni z galanterią przepuszczają kobiety w drzwiach. Kobiety z kolei cieszy ten rodzaj uprzejmości – uśmiechają się i odruchowo dziękują mężczyznom. Bardzo to miły zwyczaj. Ale kiedy ci sami ludzie wsiadają do samochodów, wszystko wygląda inaczej. Kobieta chce włączyć się do ruchu. Jej samochód toczy się powoli, próbując wcisnąć się w sznur aut. Mężczyzna widzi, co się święci i zamiast ją przepuścić, przyspiesza. Od tylnego zderzaka jadącego przed nim samochodu dzieli go grubość lakieru. „Nie wciśnie się tutaj ta baba" – śmieje się facet za kierownicą.

Alan Dunkley – socjolog,
uczy w Polsce angielskiego
Newsweek, nr 43, 2002

Żal fajnej zupy

Mówienie po polsku jest jak mówienie po łacinie. Tak zwykle odpowiadam moim belgijskim i holenderskim przyjaciołom, gdy pytają mnie, jak lub raczej, czy w ogóle poprawia się moja znajomość polskiego. Ku zdziwieniu mojemu i innych cudzoziemców, deklinacja obejmuje aż siedem przypadków, a zasady gramatyczne muszą się zgadzać z rodzajem męskim, żeńskim i nijakim, a nawet liczbą osób lub rzeczy występujących w zdaniu. Napisałem „zasady"? Ops. Przepraszam. Dla każdej zasady gramatyka polska przewiduje wyjątki. Są męskie rzeczowniki, które odmienia się jak przymiotniki, np. chorąży. Są też nazwy państw, które się odmieniają wyłącznie w liczbie mnogiej, jak np. Czechy. Kiedy wydaje mi się, że w końcu zaczynam rozumieć jakąś zasadę, zawsze gdzieś czai się wyjątek i burzy moją rodzącą się pewność siebie jako studenta języka polskiego. Na przykład, kiedy po zjedzeniu zupy w restauracji mówię, że była „bardzo fajna", okazuje się, że wszyscy myślą, że mówię o kelnerce, która ją przyniosła. Dlaczego? Bo po polsku zupa może być tylko dobra, a kelnerka i fajna, i dobra.

Cudzoziemiec, który w pocie czoła pojmie w końcu trochę gramatyki polskiej, napotyka kolejny problem: wymowę. Jestem reporterem radiowym, więc sądziłem, że mówienie nie powinno być dla mnie problemem. Cóż, myliłem się. Kiedy pytam, jak dojść do placu Trzech Krzyży, widzę, że ludzie uśmiechają się lekko, słysząc mój polski.

I dobrze wiem, dlaczego: słowa wymawiam jak dziecko. Po wielu próbach wymówienia takich pospolitych słów, jak „skrzyżowanie" czy „skrzypce", często boli mnie język. Cieszę się, że nie mieszkam przy ulicy Świętokrzyskiej, bo nie wymówiłbym swojego adresu. Odnoszę wrażenie, że w polskich wyrazach „sz" to co druga litera. Kiedy uczyłem się polskiego na kursie dla cudzoziemców, jeden ze studentów, Anglik, gdy miał przeczytać nafaszerowane spółgłoskami słowo, łapał się za głowę i krzyczał: „Nie mogę, nie mogę!".

Polski brzmi bardzo donośnie, szczególnie gdy się głośno mówi lub śpiewa. Głośna wymowa nadaje polskim słowom brzmienie głębokie, żywe i dumne. Ale w innych okolicznościach ten sam język nabiera dźwięku melancholijnego i melodyjnego. Na przykład wtedy, gdy żona czyta mi wiersze Miłosza lub Szymborskiej. Chociaż nie rozumiem słów, czuję się wtedy najbliżej języka polskiego, polskiego serca i duszy.

A co mnie od polszczyzny odstręcza? Na przykład to, że Polacy tworzą swoje własne nazwy dla obcych miast, tytułów filmowych, a nawet postaci i osób z innych krajów. Uważam, że ta mania tłumaczenia wszystkiego na polski mówi więcej o duszy i naturze Polaków niż o chęci zachowania czystości języka. To tworzenie własnych nazw odzwierciedla chęć wyrażenia „polskości", czyli kulturalnego nacjonalizmu.

Marc Peirs – belgijski dziennikarz
Newsweek nr 4, 2003

WYWIAD – zwroty i wyrażenia

Zadawanie pytań ogólnych

- (Czy) | mógłby pan | odpowiedzieć na kilka pytań?
  | zechciałby pan | odpowiedzieć na pytanie...
  | | wyjaśnić (+ *biernik*)
  | | przedstawić (+ *biernik*)
  | | powiedzieć

Czy zechciałby pan wyjaśnić ten projekt?
Czy mogłaby pani przedstawić tę propozycję?

- (Czy) mogę | zadać (niedyskretne, osobiste) pytanie...
  | zapytać | o (+ *biernik*)
  | | czy...; dlaczego...; kiedy...; jak...

- (Czy) pozwoli pan, że | zapytam...
  | zadam pytanie...

Czy mogę zapytać o plany na przyszłość?
Pozwoli pan, że zapytam, dlaczego wybrał pan taki temat reportażu?

- Czy nie ma pan nic przeciwko temu, abym zapytał ...
Czy nie ma pan nic przeciwko temu, abym zapytał o plany na przyszłość?

- Jakie jest pana zdanie na temat ... (+ *dopełniacz*)
Jakie jest pana zdanie na temat debiutu Kowalskiego?

- Jak ocenia pan ... (+ *biernik*)
Jak ocenia pan wynik głosowania?

- Co pan powie o ... (+ *miejscownik*)
Co pan powie o wczorajszym programie?

- Powiedział pan kiedyś...
- Czy to prawda, że...

Zadawanie dalszych pytań

- Przepraszam, czy | mógłby pan | wyjaśnić | (+ *biernik*)
  , dlaczego...

Czy mógłby pan wyjaśnić powody rezygnacji?

Czy | zechciałby pan | dodać
     | nie zechciałby pan | omówić szerzej, dokładniej
     | | (+ *dopełniacz po negacji*)
     | | podać więcej szczegółów...

Czy nie zechciałby pan omówić szerzej powodów rezygnacji?

- Czy może pan (mógłby pan) podać jakieś przykłady?

- Przepraszam, że | wejdę panu w słowo, ale
                   | przerwę panu

Gra na zwłokę

- To jest (bardzo) | ciekawe | pytanie
                   | interesujące
                   | dobre
                   | trudne

- Cieszę się, że pan o to pyta...

- (No), (cóż) – niełatwo odpowiedzieć | krótko
                                      | jednym zdaniem

- Hm, zaskoczył mnie pan tym pytaniem...

- Postaram się odpowiedzieć | krótko...
                            | zwięźle...

- Co pan przez to rozumie?

- Nie jestem pewien, | czy dobrze pana rozumiem...
                     | czy dobrze zrozumiałem pytanie...

- Obawiam się, że nie będę mógł odpowiedzieć na to pytanie...

Ćwiczenia

I. Proszę napisać w odpowiedniej formie:

Przykład: Czy mógłby pan wyjaśnić *przyczynę* (przyczyna) tego zjawiska?

1. Czy mógłby pan wyjaśnić . . . . (powód) nieporozumienia?
2. Czy zechciałby pan odpowiedzieć na pytanie . . . . (dotyczący) . . . . (artykuł Iksińskiego)?
3. Czy mogłaby pani przedstawić . . . . (swoja opinia) na ten temat?
4. Proszę nam coś powiedzieć o . . . . (pierwsze kroki) na scenie.
5. Jak ocenia pan . . . . (przemówienie) prezydenta?
6. Jakie jest pani zdanie na temat . . . . (nowy program) pod tytułem „Telefon"?
7. Co pani powie o . . . . (przedłużający się remont) muzeum?
8. Czy nie zechciałby pan wyjaśnić . . . . (powody) rezygnacji z dotychczasowej funkcji?
9. Czy nie zechciałaby pani omówić szerzej . . . . (poruszony problem)?
10. Czy mógłby pan podać więcej szczegółów na temat . . . . (najbliższe projekty)?
11. No, cóż, zaskoczył mnie pan . . . . (taki punkt) widzenia.
12. Cieszę się, że pan pyta o . . . . (tamta rola).

II. Proszę połączyć wyrażenia z kolumny A i B i przepisać je.

A	B
1. zaskoczył mnie pan	a. że pan o to pyta
2. pozwoli pan,	b. pytanie
3. nie jestem pewien czy	c. odpowiedzieć krótko
4. cieszę się,	d. że nie będę mógł odpowiedzieć
5. obawiam się,	*e. tym pytaniem*
6. to bardzo ciekawe	f. dobrze zrozumiałem pytanie
7. postaram się	g. że odpowiem pytaniem

III. Proszę dokończyć, używając zwrotów podanych w ramce.

> niedyskretne pytanie, jakieś przykłady, Niełatwo odpowiedzieć, na temat najnowszej powieści K.Z., przez to, szczegółów, omówić szerzej, Czy to prawda,

1. Czy mogę zadać . . . .?
2. Czy zechciałby pan podać więcej . . . .?
3. . . . ., że nie lubi pan chodzić do kina?
4. . . . . jednym zdaniem.
5. Czy mógłby pan podać . . . .?
6. Czy nie zechciałby pan . . . . tego zagadnienia?
7. Jakie jest pani zdanie . . . .?
8. Co pan . . . . rozumie?

Odnaleźć siebie

część II

"Jestem Żydówką, w połowie Polką, a w połowie Amerykanką" – opowiada o sobie podczas naszego spotkania w Piwnicy pod Baranami. W jej polskim słychać lekki akcent, który nie przypomina jednak nachalnych śladów amerykanizacji, jakie dają się zauważyć u całkiem "świeżych" emigrantów. To akcent niechciany, który musiał nabyć ktoś, kto całe dorosłe życie spędził wśród Amerykanów. Jest znanym krytykiem literatury, pracuje dla "The New York Times Book Review", dodatku literackiego "The New York Times". Kiedyś wykładała literaturę na Uniwersytecie Harvarda, teraz pisze. Zamieszkała niedawno w Anglii, choć nie zrezygnowała z nowojorskiego mieszkania.

Miała 13 lat, gdy rodzice postanowili wyjechać z Krakowa i Polski – na zawsze. Była zbyt młoda, żeby z nią dyskutować tę ważną decyzję. Wyjeżdżali w 1959 roku, pod koniec pierwszej po wojnie dużej fali emigracji

żydowskiej, której przyczyn należy szukać z jednej strony w skomplikowanych przez historię stosunkach polsko-żydowskich, a z drugiej – w za-
chęcająco otwartych granicach.

Pierwsze lata na obczyźnie były dla niej koszmarem. Brakowało jej
wszystkiego: ulic, przyjaciół, szkoły muzycznej i pani Witeszczakowej –
ukochanej nauczycielki gry na pianinie. Brakowało też książek wypoży-
czanych raz na dwa tygodnie z pobliskiej biblioteki i „Przekroju", źródła
wiadomości „złego i dobrego". Tradycji i kultury. Z przytłaczającego
wręcz historią Krakowa przeniosła się do zupełnie jej pozbawionego
Vancouver, które wtedy było powstającym dopiero miastem, pełnym
zapału i energii pionierów.

Sytuację Ewy skomplikowała kwestia języka. „Bardzo kochałam mój
język, rozumiałam go i nagle go straciłam. Straciłam wewnętrzne rozumienie i wyczucie języka" – opowiada. Język polski okazał się zupełnie
niedopasowany do nowej rzeczywistości, w której przyszło jej żyć; nie
mogła o kanadyjskim świecie myśleć po polsku, a wyjeżdżając, nie znała
angielskiego. Słów nauczyła się szybko, potrafiła tłumaczyć zdania, nie
umiała jednak przełożyć swych uczuć. Dzisiaj utratę zdolności swobodnego wyrażania swoich myśli i przeżyć porównuje do utraty osobowości.
Język, dopełniony głosem i różnymi osobistymi naleciałościami, jest przecież sposobem jej wyrażania.

„Największym moim problemem po wyjeździe z Polski było przetłu-
maczenie samej siebie, przełożenie mojej osobowości na amerykański
sposób myślenia i pojmowania świata. Osobowość jest przecież kształtowa-
na przez kulturę i język. Tymczasem dla mnie język i otaczający mnie
świat były odseparowane. W angielskim wyjątkowo mocno odczuwałam
izolację między językiem a samą sobą. To poczucie odłączenia od siebie
bardzo mi dokuczało, tym bardziej że było odczuwalne na każdym kroku, w każdej dosłownie sytuacji" – wspomina i daje prosty, wyrazisty
przykład z codziennego życia: „Gdy w Kanadzie wracałyśmy z siostrą ze
szkoły do domu, przejeżdżałyśmy przez suburbia, ale nie wiedziałyśmy,
co to jest: jeszcze wieś, czy już miasto, chałupy, domy czy może wille?
Takich trudnych sytuacji, których nie rozumiałam i nie potrafiłam na-
zwać po angielsku, było bardzo wiele".

Bo jak porządkować rzeczywistość, nie znając jej symbolicznych od-
nośników?

Kanadyjscy i amerykańscy przyjaciele nie potrafili zrozumieć, że
można być aż tak dalece innym. Próbowali ją zmienić, wciągnąć w wir
swojego życia. Chcieli, żeby była taka jak oni. Czasem jej również na tym
zależało, starała się, i wtedy jej się to udawało. „Tylko nie jestem przekonana, czy byłam wtedy do końca sobą" – uśmiecha się z powątpiewaniem.

Gdy w college'u studiowała literaturę, tak naprawdę uczyła się języka. Bawiła się nim, zgłębiając jego sens i znaczenia. Powoli docierała do kwintesencji Ameryki. Przekładała Amerykę na swoją polską osobowość, ale w drugą stronę zabieg ten nie był jeszcze możliwy.

„Zadziwiająco długo trwało przenikanie angielskich znaczeń do mojej podświadomości. Jeszcze gdy pisałam pracę doktorską z literatury angielskiej, nie czułam związku z tą kulturą, nie pojmowałam świata po angielsku. Bardzo długo nie czułam poezji po angielsku, mimo że pisałam na ten temat eseje" – tłumaczy. Język ogołocony z głębokich znaczeń, dla wyczulonej na muzykę Ewy pozostał tylko dźwiękiem. Zgadywała intencje swoich rozmówców na podstawie brzmienia ich głosu. Rozpoznawała sens słów po ich brzmieniu.

To jednak nie wystarczy do pełnej znajomości wszystkich odcieni języka, co było marzeniem Ewy. Gdy narzeczony rodem z Teksasu wyznał jej miłość, angielskie *I love you* nie miało w jej odczuciu tej samej mocy, co polskie *kocham cię*. Nie była pewna, że słowa te rzeczywiście oznaczają coś bardzo ważnego. Dotychczas znała to uczucie tylko po polsku i na początku nie potrafiła sobie wyobrazić jego amerykańskiej wersji.

– *Czy powinnaś za niego wyjść?* – *to pytanie pada po angielsku.*
– *Tak.*
– *Czy powinnaś za niego wyjść?* – *rozbrzmiewa echem pytanie po polsku.*
– *Nie.*
– *Ale ja go kocham, jestem w nim zakochana.*
– *Naprawdę? Naprawdę? Czy kochasz go tak, jak pozwala ci na to twoje rozumienie miłości?...* – każdą ważniejszą decyzję amerykańska Eva musiała konsultować z polską Ewą. Odpowiedzi zazwyczaj były niejednoznaczne.

Ale język systematycznie, chociaż powoli, nabierał sensu, uwodził ją coraz bardziej. Gdy kilka lat później poznała mężczyznę, który ją zafascynował, i z którym postanowiła połączyć swoje życie, tym, co przeważyło szalę na korzyść tego związku, była jego umiejętność posługiwania się językiem angielskim. – Do dziś nie umiem do końca rozdzielić go od jego elokwencji, mówi ze śmiechem i przyznaje, że to on właśnie pomógł jej dotrzeć do serca Ameryki.

Bo w końcu jej się to udało. — Znaczący i przełomowy dla mojego rozumienia świata był moment, gdy zaczęłam śnić po angielsku. Wtedy zdałam sobie sprawę, że chyba wtopiłam się już w tę kulturę – opowiada. Przypomina sobie, jak któregoś dnia, już będąc nauczycielem akademickim, zupełnie niespodziewanie usłyszała i zrozumiała poezję czytaną po angielsku. Objęła ją nie tylko umysłem, ale też duszą i podświadomością, całą sobą. Wtedy poczuła się u siebie.

Wszystko jest teraz prostsze. Nawet wyznanie gorących uczuć nowemu amerykańskiemu przyjacielowi, z którym związała się po rozwodzie, jest całkiem prawdziwe, mimo że Ewa używa do tego angielskich słów.

W końcu odnalazła samą siebie. Po dwudziestu latach życia w wewnętrznym wyobcowaniu.

Ten cholerny kraj jest teraz moim domem i czasem zaskakuje mnie fakt, że tak dobrze czuję się w jego zgryźliwej, przegrzanej, napiętej, życzliwej, wylewnej atmosferze. Znam wszystkie obowiązujące tu układy i zakodowane systemy znaków. Jestem wrażliwa jak nietoperz na wszelkie podświadome sygnały wysyłane za pomocą słów, spojrzeń czy gestów — napisze wiele lat później już „odnaleziona w przekładzie" Ewa Hoffman.

Dominika Jaźwiecka
Przekrój, luty 1995

Objaśnienia do tekstu

nachalny – natrętny, bezczelny
przytłaczać – przyciskać, przyduszać, przygniatać
przełożyć – tu: przetłumaczyć
naleciałość – to, co jest nabyte, zapożyczone, obce
odnośnik – odsyłacz
kwintesencja – istota rzeczy, elementy najistotniejsze, najważniejsze
ogołocić – pozbawić czegoś, zabrać
intencja – zamiar, chęć, cel działania
odcień – drobna, subtelna różnica, niuans
wtopić (się) – wkomponować
wyobcowanie – alienacja
zgryźliwy – dokuczliwy, zrzędny

Uwaga na słowa!

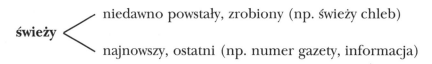

świeży — niedawno powstały, zrobiony (np. świeży chleb) / najnowszy, ostatni (np. numer gazety, informacja)

Ćwiczenia

I. Na podstawie tekstu proszę określić czy podane zdania są prawdziwe, czy fałszywe P/F.

1. Ewa Hoffman jest redaktorką „Przekroju". ——
2. Wyjazd z Polski był jej własną, przemyślaną decyzją. ——
3. Przez pierwsze lata emigracji bardzo tęskniła za Polską. ——
4. E. H. nie umiała myśleć po polsku o kanadyjskiej rzeczywistości. ——
5. Ewa porównuje niezdolność do swobodnego wyrażania swoich myśli i przeżyć po angielsku do utraty osobowości. ——
6. Ewa bardzo szybko nauczyła się angielskiego, ale bardzo długo nie czuła tego języka. ——
7. Poczuła, że wtopiła się w amerykańską kulturę, gdy narzeczony z Teksasu wyznał jej miłość. ——
8. Ewa często śniła po angielsku, że ma polskiego narzeczonego. ——
9. Ewa odnalazła samą siebie po dwudziestu latach wewnętrznej alienacji. ——
10. Ewa mówi po polsku z silnym amerykańskim akcentem. ——

II. Proszę połączyć wyrazy z kolumny A i B tak, aby powstały pary o znaczeniu podobnym.

A	B
1. odsyłacz	a. najistotniejsze rzeczy
2. izolacja	b. przetłumaczyć
3. przełożyć	c. umiejętność pięknego wysławiania się
4. nachalny	*d. odnośnik*
5. obczyzna	e. niuans
6. kwintesencja	f. natrętny
7. wtopić	g. odseparowanie
8. elokwencja	h. zagranica
9. wyobcowanie	i. alienacja
10. odcień	j. wkomponować

III. Proszę uzupełnić tabelkę:

rzeczownik	przymiotnik
zgryźliwość	zgryźliwy
piwnica	. . . .
krytyk	. . . .
granica	. . . .
Teksas	. . . .
muzyka	. . . .
sens	. . . .
mężczyzna	. . . .
elokwencja	. . . .
szkoła	. . . .
system	. . . .

rzeczownik	czasownik
brzmienie	brzmieć
spotkanie	. . . .
akcent	. . . .
krytyk	. . . .
wyczucie	. . . .
utrata	. . . .
izolacja	. . . .
konsultacja	. . . .
rozwód	. . . .
nazwa	. . . .
układ	. . . .

Wyrażenia idiomatyczne

LATA

- Z biegiem *lat* – w miarę upływu czasu, z czasem
- przed *laty* — dawno temu
- od (niepamiętnych) *lat* – od bardzo dawna
- *lata* chude i *lata* tłuste – okres biedy i niepowodzeń, po nim okres dobrobytu i pomyślności
- na stare *lata* – na starość
- mieć swoje *lata* – być dorosłym
- sto *lat* (żyj nam) – formuła życzeń imieninowych i urodzinowych

ŚWIAT

- koniec, kraniec *świata* – bardzo daleko
- tamten *świat* (lepszy *świat*) – życie pozagrobowe, życie po śmierci

Lata tłuste i lata chude

- pępek *świata* – żartobliwie o kimś uważającym się za coś bardzo ważnego
- nie z tego *świata* – o kimś lub o czymś dziwacznym
- kląć na czym *świat* stoi – bardzo kląć
- jak *świat światem* – od dawna, od zawsze
- *świata* nie widzieć poza kimś lub czymś – być kimś lub czymś zachwyconym, w kimś lub w czymś zakochanym

Ćwiczenie

Wyrażenia z ramki proszę wstawić w wykropkowane miejsca.

> na stare lata, od niepamiętnych lat, za pępek świata, na koniec świata, stare jak świat, z biegiem lat, mam swoje lata, klął na czym świat stoi, przed laty, nie z tego świata, świata nie widzi, *świat światem*, tamten świat

1. Jak . . . . *świat światem* . . . . . . ludzi nurtuje pytanie czy, istnieje życie pozaziemskie. 2. Pani Hanka i pani Helena spotykają się . . . . we czwartki u Zalipianek o godzinie 10. 3. – Masz ładne buty. – Są . . . ., ale bardzo wygodne. 4. Poznaliśmy się . . . . na wycieczce po Europie. 5. Alina przyszła na imieniny Agaty w jakiejś fryzurze . . . . 6. Paweł spóźnił się na ekspres do Wrocławia, bo zaspał. Był wściekły i . . . . 7. Ola twierdzi, że jej wujek zwariował . . . . Porzucił żonę i pracę i wyjechał z jakąś młodziutką dziewczyną do Afryki szukać diamentów. 8. Rodzice mi wciąż zwracają uwagę; a przecież ja już . . . . i wiem jak się zachować. 9. Biedna Basia! . . . . za tym swoim Marianem, a z niego taki lekkoduch i nicpoń. 10. . . . . Gosia nauczyła się wspaniale gotować. 11. Jerzy wyprowadził się gdzieś . . . . i nikt nie wie co się z nim dzieje. 12. Gdy pani Zofia przeniosła się na . . . . wiele osób liczyło na spadek. 13. Jacek zawsze uważał się . . . . i nie może zrozumieć dlaczego w nowej pracy nikt go nie podziwia ani się nim nie zachwyca.

99

Tematy do ćwiczeń pisemnych i ustnych

1. Dlaczego ludzie emigrują?
2. Emigrant zwykle tęskni za swoją ojczyzną i często ją idealizuje. Czy ma to związek z nostalgią za dzieciństwem lub młodością, czy potwierdza zasadę, że z biegiem lat w pamięci zostają przeważnie pozytywne wspomnienia?
3. Czy można być dwujęzycznym, dwukulturowym i dwunarodowym, czy też nie jest to możliwe?
4. Co najbardziej dziwi Pana / Panią w Polsce (w kulturze polskiej?)

Barbara Młynarska-Ahrens

BIAŁE I LILIOWE

Na furtce od ogrodu
huśtałam się bez końca.
Miałam dwa warkoczyki
i w oczach trochę słońca,
kolana podrapane,
sny barwne, kolorowe.
W ogrodzie bzy zakwitły
i białe i liliowe.

Tak upłynął czas jakiś.
Już furtkę zamykałam
i włosów rozpuszczonych
w warkocze nie splatałam.
Z pokoju dziecinnego
marzenia uleciały,
a bzy, bzy koło domu
kwitły i przekwitały.

Daleko, gdzieś na świecie,
kwitną mi inne kwiaty.
Nie ma domu, ogrodu
i furtki, tej sprzed laty.
A „kiedy znów zakwitną…"
powtarzam, jak w piosence…
Nie, białe i liliowe
już nie zakwitną więcej.

kwiecień 1987
B. Ahrens, *Dzikie łubiny*,
KAW, Lublin 1991

Zdania złożone podrzędnie

Stosunek między zdaniami składowymi wchodzącymi w skład zdania złożonego może być współrzędny i niewspółrzędny.

W stosunku niewspółrzędnym jedno ze zdań określa drugie, treść jednego zależy od treści drugiego. Takie zdania to zdania złożone podrzędnie.

W zdaniu podrzędnie złożonym wyróżniamy:
– *zdanie nadrzędne* – zdanie, któremu podporządkowane jest zdanie podrzędne i
– *zdanie podrzędne* – zdanie zależne od zdania nadrzędnego, będące jego rozwinięciem, zastępujące lub wyjaśniające jego człony.

Istnieją różne rodzaje zdań podrzędnych.

Zdania podmiotowe
(ćwiczenia I–V)

część III

Zdanie podrzędne podmiotowe pełni funkcję niewyrażonego lub ogólnie wskazanego podmiotu wypowiedzenia nadrzędnego. O zdania takie pytamy jak o podmiot – kto? co?

Jasne było, *że Piotr się zdziwi.* (Co było jasne?)
Okazało się, *że profesor w ostatniej chwili zmienił plany.*
(Co się okazało?)
Zdaje się, *że sklep jest zamknięty.* (Co się zdaje?)
Przyjdzie tu ten, *kto to zrobił.* (Kto tu przyjdzie?)
Kto wyjechał na wczasy w lipcu, miał szczęście. (Kto miał szczęście?)
Co się stało, to się nie odstanie. (Co się nie odstanie?).
Wiadomo, *że taniec jest sztuką.* (Co wiadomo?)

Zdanie podrzędne podmiotowe bardzo często występuje w zespoleniu z wypowiedzeniem nadrzędnym, którego orzeczenie lub orzecznik mają postać: *prawda, nieprawda, wiadomo, jasne, pewne, wypada, zdaje się, dobrze, martwi, cieszy, dziwi* itp.

101

Cechą charakterystyczną zdania podrzędnego podmiotowego jest możność zastąpienia go podmiotem.

> Kto wyjechał na wczasy w lipcu, miał szczęście.
> Lipcowi urlopowicze mieli szczęście.

> Kto zna się na sztuce, zwrócił uwagę na tę wystawę.
> Każdy znawca sztuki zwrócił uwagę na tę wystawę.

Zdanie podrzędne podmiotowe może być umieszczone między składnikami zdania nadrzędnego. Podyktowane to jest intencją mówiącego lub względami stylistycznymi.

> Ten, *kto nie wierzy*, może się przekonać.
> To, *co było ważne wczoraj*, jest nieważne dziś

Nazwy działacza (nazwy wykonawców czynności)
(ćwiczenia VI–XII)

Są to głównie nazwy osób charakteryzujących się umiejętnością, skłonnością lub aktualnym wykonywaniem przez nie pewnych czynności, np.: biegacz, kierowca, przewodnik. Tworzy się je od czasowników i rzeczowników.

A. Nazwy działacza tworzymy od c z a s o w n i k ó w za pomocą sufiksów:

-ciel, (**-iciel**, **-yciel**)	myśleć – myśliciel; nauczyć – nauczyciel; wielbić – wielbiciel
-ca	obronić – obrońca; sprzedawać – sprzedawca; kierować – kierowca
-acz	badać – badacz; biegać – biegacz; słuchać – słuchacz
-nik	pracować – pracownik; rysować – rysownik; przodować – przodownik
-ak	śpiewać – śpiewak; pływać – pływak; pić – pijak
-ec	jeździć – jeździec

-ek	skoczyć – skoczek
-arz	malować – malarz; leczyć – lekarz
-ator	informować – informator; ilustrować – ilustrator
-ant	emigrować – emigrant; debiutować – debiutant
-ent	recenzować – recenzent; konsumować – konsument

Sufiksy **-ator**, **-ant**, **-ent** tworzą nazwy działacza od czasowników obcego pochodzenia.

B. Nazwy działacza tworzymy od r z e c z o w n i k ó w za pomocą następujących sufiksów:

-arz	kiosk – kioskarz; karty – karciarz; kawa – kawiarz
-owiec (**-ec**)	nauka – naukowiec; radio – radiowiec; sport – sportowiec
-nik	ogród – ogrodnik; las – leśnik; urząd – urzędnik
-ista/ysta	materializm – materialista; pianino – pianista; rower – rowerzysta
-ik	chemia – chemik
∅	fizyka – fizyk; chirurgia – chirurg; biologia – biolog

UWAGA!
  Te same sufiksy mogą tworzyć nazwy narzędzi.

Np.
bieg*acz*	śpiew*ak*	rysow*nik*	– osoba
powiel*acz*	pis*ak*	kasow*nik*	– narzędzie

Zdarza się, że ten sam wyraz może mieć znaczenie wykonawcy czynności i narzędzia.

Np.
  informator, przewodnik – to: człowiek albo książka, broszura

103

Przymiotniki złożone z liczebnikami
(ćwiczenia XIII–XIV)

Przymiotniki złożone z pierwszym członem liczebnikowym

(Temat ten częściowo został omówiony w „Kiedyś wrócisz tu...” (cz. I), w lekcji nr 6 – „Wyrazy złożone”)

Przymiotniki złożone z pierwszym członem liczebnikowym mają charakter skrótowy – skracają wyrażenia z liczebnikiem np.: *trzypokojowy – składający się z trzech pokoi.*

Pierwszym członem takich przymiotników jest liczebnik główny, liczebnik porządkowy lub zaimek liczebny, drugim – rzeczownik.

Połączenia liczebników z rzeczownikami mogą dokonywać się za pomocą interfiksu *-o-* (*czterokołowy*) lub w wyniku bezpośredniego zespolenia formy liczebnika z drugim członem (*trzydniowy*). Niektóre liczebniki mają w członie pierwszym postać dopełniacza (*dwuosobowy, stuletni*) lub formę szczególną (*trójwartościowy*).

Przykłady:

dwupokojowy	od:	dwa,	pokój
trzydniowy	od:	trzy,	dzień
dwustuletni	od:	dwieście,	lata
osiemnastopiętrowy	od:	osiemnaście,	piętro
drugoplanowy	od:	drugi,	plan
trzeciorzędny	od:	trzeci,	rząd
wielowarstwowy	od:	wiele,	warstwa
kilkurodzinny	od:	kilka,	rodzina

Ćwiczenia

I. Proszę zadać pytania do następujących zdań.

Przykład: Jasne było, że Piotr się zdziwi. *Co było jasne?*

1. Zdawało mu się, *że ktoś przyszedł.*
2. *Kto wygra konkurs piosenki,* może stać się sławny.
3. Jutro się okaże, *kto miał rację.*
4. Martwiło ją to, *że syn do niej nie pisze.*
5. Zdarzało się, *że spóźniał się na wykład.*
6. Ten, *kto nigdy nie jeździł na nartach,* nie rozumie narciarzy.
7. Z listu wynikało, *że Joanna nic nie wiedziała o ślubie Marty.*
8. *Kto chce być silny,* powinien uprawiać sport.
9. Cieszy nas to, *że nasi znajomi lubią do nas przychodzić.*
10. Przyszło mu do głowy, *że mógłby zaprosić Krystynę na kawę.*
11. Jest rzeczą zrozumiałą, *że aktorzy chcą być popularni.*
12. Nauczyciela cieszy to, *że dzieci dobrze przygotowują się do lekcji.*
13. Nigdy nie zdarzyło się, *żeby odmówił kolegom pomocy.*
14. *Kto miał kontakt z chorym,* musi pójść do lekarza.
15. *Kto ma wyczucie rytmu,* będzie dobrze tańczyć.

II. Podane zdania proszę skonstruować tak, żeby zdanie podrzędne rozdzieliło zdanie nadrzędne.

Przykład: Kto nigdy nie jeździł na nartach, ten nie zrozumie narciarzy.
       Ten, kto nigdy nie jeździł na nartach, *nie zrozumie narciarzy.*

1. Było nieprawdą to, co powiedział.
2. Jest tragiczne to, co się stało.
3. Musi się nauczyć dużo ten, kto zaczyna pracować.
4. Uciekł ten, kto spowodował wypadek.
5. Co będzie jutro, to jest tajemnicą.
6. Powinien to zrobić ten, kto to umie.
7. Jutro na obiad będzie to, co zostało z kolacji.
8. Dużo nagród dostanie ten, kto wygra wyścig.
9. Kto nie chce, ten może nie przychodzić.
10. Zostanie w pamięci to, co najpiękniejsze.

11. Kto chce się nauczyć tańczyć, ten może się zapisać na kurs.

12. Dziwiło to, co się działo na scenie.

13. Kto jest cierpliwy, ten osiągnie cel.

14. Zawsze nas martwi to, że przyjaciele o nas zapominają.

15. Co zaplanuje nowy dyrektor Opery, to będzie w repertuarze w następnym sezonie.

III. Proszę przekształcić podane zdania tak, aby powstały zdania złożone (ze zdaniem podrzędnym podmiotowym). Dla ułatwienia podano w nawiasach czasowniki, jakich trzeba (można) użyć.

Przykład: Lipcowi urlopowicze mieli szczęście.

Kto *wyjechał* (wyjechać) na urlop w lipcu, miał szczęście.

Każdy znawca sztuki zwrócił uwagę na tę wystawę.

Kto *zna się* (znać się) na sztuce, zwrócił uwagę na tę wystawę.

1. Wypowiedź premiera wywołała wiele polemik.
   – To, co . . . . (powiedzieć)
   . . . .

2. Podobał jej się ich taniec.
   – Podobało jej się, jak . . . . (tańczyć).

3. Jego praca zdziwiła wszystkich.
   – Wszystkich zdziwiło to, jak . . . . (pracować).

4. Zwycięzca konkursu fortepianowego dostanie dużo propozycji koncertów.
   – Ten, kto . . . . (zwyciężyć) . . . .

5. Jego zachowanie dziwiło wszystkich.
   – To, jak . . . . (zachowywać się), ...

6. Na obiad będzie moja ulubiona potrawa.
   – Na obiad będzie to, co . . . . (lubić).

7. Posiadacz przewodnika po mieście zaczął zwiedzanie od najważniejszych zabytków.
   – Ten, kto . . . . (mieć) przewodnik, ...

8. Ich ślub był dla wszystkich tajemnicą.
   – To, że . . . . (wziąć ślub) . . . .

9. Prawdziwy miłośnik muzyki stara się poznać jak najwięcej utworów.
   – Ten, kto naprawdę . . . . (lubić) muzykę . . . .

10. To zdarzenie oburzyło całą rodzinę.
    – To, co . . . . (stać się) . . . .

11. Prawdziwy znawca win rozpozna nazwę i rocznik podanego trunku.
    – Ten, kto naprawdę . . . . (znać się) na winach . . . .

12. Ich projekt był niezwykły.
    – To, co . . . . (zaprojektować) . . . .

13. Ofiarodawca dużej sumy pieniędzy nie podał swojego nazwiska.
    – Ten, kto . . . . (ofiarować) . . . .

14. Odtwórca głównej roli nie zrozumiał sensu sztuki.
    – Ten, kto . . . . (grać) . . . .

15. Jego odkrycie było rewolucyjne.
    – To, co . . . . (odkryć) . . . .

IV. Proszę dokończyć podane zdania tak, aby powstały zdania złożone z podrzędnym podmiotowym.

1. Okazało się, ...
2. Wydaje mi się, ...
3. Wiadomo, ...
4. Z obliczeń wynikało, ...
5. Martwi nas to, ...
6. Zdarza się, ...
7. Kto nie był na wykładzie, ...
8. Kto chce być lubiany, ...
9. Przypomniało jej się, ...
10. Było ładne to, ...
11. Jutro w telewizji będzie to, ...
12. Jest pewne, ...
13. Dobrym choreografem nie może być ten, kto . . . .
14. Jest nieprawdą, ...
15. Jest rzeczą zrozumiałą, ...

V. Za pomocą *Słownika języka polskiego* proszę połączyć podane niżej zdania nadrzędne z podrzędnymi podmiotowymi. Powstaną w ten sposób przysłowia.

1. Co ma wisieć,
2. Kto rano wstaje,
3. Co się stało,
4. Kto nie ma w głowie,
5. Co się odwlecze,

1. – nie błądzi
2. – ten na zimne dmucha
3. – to po diable
4. – ten się w piekle poniewiera
5. – to na języku

6. Kto pod kim dołki kopie,
7. Co nagle,
8. Kto późno przychodzi,
9. Co w sercu,
10. Kto się na gorącym sparzy,
11. Co za dużo,
12. Kto daje i odbiera,
13. Kto pyta,
14. Co z oczu,
15. Kto mieczem wojuje,

6. – nie utonie
7. – ten ma w nogach
8. – to niezdrowo
9. – sam w nie wpada
10. – to z myśli
11. – temu Pan Bóg daje
12. – to się nie odstanie
13. – ten od miecza ginie
14. – sam sobie szkodzi
15. – to nie uciecze

VI. Proszę utworzyć nazwy wykonawców czynności od podanych wyrazów.

Przykład: malować – malarz

eksperymentować	kreślić	piłka
zawód	porywać	rola
bramka	pielegnować	obronić
piec	kamera	reprezentować
łowić	sport	skrzypce

VII. Posługując się *Słownikiem języka polskiego* proszę podać nazwy twórców zajmujących się wymienionymi dziedzinami oraz nazwy sportowców uprawiających wymienione dyscypliny.

muzyka	piłka	architektura
kajakarstwo	filmoznawstwo	kolarstwo
ilustracja	literatura	pięciobój
koszykówka	teatrologia	siatkówka
grafika	boks	scenografia

VIII. Zaznaczone wyrazy proszę zamienić na formę żeńską. W razie konieczności proszę przekształcić zdania.

Przykład: Znany piosenkarz wystąpił w naszym miasteczku. – *Znana piosenkarka* wystąpiła w naszym miasteczku.

1. Praca *telefonisty* wymaga wiele koncentracji.
2. Marzył o tym, żeby zostać *bibliotekarzem.*
3. Znany *skrzypek* uświetnił nasz koncert.
4. Czy pójdziesz ze mną na spotkanie z *dziennikarzami?*
5. Wszyscy *malarze* prezentujący swoje prace na tej wystawie byli obecni na wernisażu.

6. *Przedstawiciele* uczniów spotkali się z dyrekcją szkoły.
7. Ten *sprzedawca* jest bardzo sympatyczny.
8. Nigdy nie sądziłem, że mój kuzyn zostanie *lekarzem*.
9. Nagrodę dla *debiutantów* zdobył hiszpański *aktor*.
10. Ten *pływak* to nadzieja naszego klubu.
11. *Urzędnicy* tej instytucji nie cieszą się dobrą opinią.
12. On jest strasznym *materialistą*!
13. Każdy *uczestnik* zawodów dostał koszulkę.
14. Ta audycja radiowa podoba się przede wszystkim *słuchaczom* w wieku dojrzałym.
15. W tym zespole jest trzech *perkusistów*.

IX. Od wyrażeń podanych w nawiasach proszę utworzyć nazwy wykonawców czynności. Proszę zwrócić uwagę na formy gramatyczne.

Przykład: Jaś chciałby zostać *pianistą* (grać na pianinie).

1. Jurek chce zostać . . . . (grać na skrzypcach).
2. Żeby zostać . . . . (skakać) narciarskim, trzeba przezwyciężyć lęk wysokości.
3. Ten . . . . (tańczyć) jest wspaniały!
4. W czasie meczu tenisa stołowego publiczność podziwiała młodego . . . . (grać) z Meksyku.
5. Nie mógł uwierzyć w to, że jego przyjaciel okazał się . . . . (kłamać).
6. Jego marzeniem jest zostać . . . . (dekorować) wnętrz.
7. Po czym można poznać dobrego . . . . (zajmować się nauką)?
8. Od dawna nie słyszeliśmy o tym . . . . (komponować).
9. Te obrazy są bardzo ciekawe. Muszę zdobyć informacje na temat ich . . . . (tworzyć).
10. W dzisiejszej prasie ukazał się artykuł o skompromitowanym . . . . (działać) związków zawodowych.
11. Nie wiem nic na temat tego . . . . (rzeźbić), który udzielał wczoraj wywiadu w telewizji.
12. „. . . . . ” (prowadzić taksówkę) to mój ulubiony film. Widziałem go już wielokrotnie.
13. Nikt nie wierzył, że Maciek i Krzysztof zostaną . . . . (biegać w maratonie).
14. Kariera tego . . . . (śpiewać piosenki) jest imponująca.
15. Współczesna nauka wiele zawdzięcza dziewiętnastowiecznym . . . . (zajmować się przyrodą).

X. Od wyrażeń podanych w nawiasach proszę utworzyć nazwy wykonawców czynności:

Przykład: Przemówienia wygłosili *reprezentanci* (ci, którzy reprezentują) obu drużyn.

1. Do programu telewizyjnego zostali zaproszeni . . . . (ci, którzy biegają) z wielu krajów.
2. W meczu nie wystąpili dwaj najlepsi . . . . (ci, którzy grają w hokeja).
3. Do Monte Carlo przyjechali najbardziej znani . . . . (ci, którzy grają w tenisa) świata.
4. Wszyscy . . . . (ci, którzy dyskutowali) byli bardzo zdenerwowani.
5. Niektórzy . . . . (ci, którzy dyrygują), znają partyturę na pamięć.
6. . . . . (ci, którzy zajmują się prawem), muszą odbyć długie studia.
7. Czterej . . . . (ci, którzy grają na gitarze) wystąpili w koncercie.
8. Młodzi . . . . (ci, którzy pieką chleb) prezentowali swoje umiejętności przed komisją.
9. Młodym uczestnikom Olimpiady rad udzielali doświadczeni . . . . (ci, którzy uprawiają sport).
10. . . . . (ci, którzy śpiewają) tej opery przyjęli nowego dyrygenta z niechęcią.
11. W zawodach hippicznych wzięli udział najsławniejsi . . . . (ci, którzy jeżdżą).
12. . . . . (ci, którzy obserwują) z całego świata przyjechali na międzynarodowe spotkanie pisarzy.
13. Dwaj debiutujący . . . . (ci, którzy tworzą poezję) zdobyli prestiżowe nagrody.
14. Czy ci dwaj . . . . (ci, którzy uprawiają szermierkę) to twoi koledzy z klubu?
15. Popatrz, przy tamtym stoliku siedzą znani . . . . (ci, którzy piszą prozą).

XI. Spośród podanych wyrazów proszę wybrać (zaznaczyć) te, które są nazwami osób (wykonawców czynności).

kierownik	kasownik	pisak
śpiewak	pijak	słuchacz
powielacz	rysownik	powiększalnik

spinacz	gracz	akumulator
adorator	geograf	tomograf

XII. Wyrazy podane w nawiasach proszę napisać w odpowiedniej formie.

1. Ci . . . . (przewodnik) są bardzo sympatyczni. 2. Gdzie kupiłeś te . . . . (przewodnik)? 3. . . . . (informator) w biurach podróży znają język angielski. 4. Te . . . . (informator) zostały wydane niedawno. 5. Poznałem ostatnio dwóch . . . . (przewodnik) górskich. 6. . . . . (przewodnik), które kupiłeś, zawierają dużo wiadomości i ładne fotografie. 7. Widziałem w kiosku bardzo ciekawe . . . . (informator) teatralne. 8. Zapytaj tych . . . . (informator), o której przyjeżdża pociąg z Gdańska.

XIII. Od podanych w nawiasach wyrazów proszę utworzyć przymiotniki złożone i wpisać je w odpowiedniej formie.

Przykład: Mieszkamy w ***pięciopiętrowym*** (pięć, piętro) domu.

1. Potrzebny mi jest . . . . (cztery, kolor) długopis.
2. W planach wydawniczych przewidziana jest edycja . . . . (siedem, tom) encyklopedii.
3. Wzrosła sprzedaż pojazdów . . . . (dwa, koła).
4. Debiutująca aktorka dostała nagrodę za najlepszą rolę . . . . (drugi, plan).
5. Mama kupiła robot . . . . (wiele, czynność).
6. Zastanawiam się, jaką wersję samochodu wybrać – . . . . (dwa, drzwi) czy . . . . (cztery, drzwi).
7. Muszę kupić garnek . . . . (pięć, litr).
8. Czy dobrze żyje się w rodzinie . . . . (wiele, pokolenie)?
9. Na najbliższe dni zapowiadają . . . . (dwadzieścia, stopni) mrozy.
10. Jerzy czyta bardzo szybko – w ciągu jednego dnia potrafi przeczytać . . . . (kilkaset, stronica) książkę.

XIV. Od podanych w nawiasach wyrazów proszę utworzyć przymiotniki złożone i wpisać je w odpowiedniej formie.

1. Na . . . . (cztery, pasmo) autostradzie rzadko są korki.
2. Czy wiesz, w jakich krajach jest . . . . (dwa, izba) parlament?

111

3. Lubisz soki . . . . (wiele, owoc)?

4. Dorota chce sobie kupić . . . . (dwa, część) kostium kąpielowy.

5. Mam małą kuchnię – nie zmieści się w niej kuchenka . . . . (cztery, palnik).

6. Czy potrafisz ułożyć zdanie z samych . . . . (pięć, litera) wyrazów?

7. Żeby znaleźć się w finale konkursu, trzeba przejść . . . . (dwa, stopień) eliminacje.

8. Teraz będzie . . . . (piętnaście, minuta) przerwa.

9. Do przedszkola przyjmowane są . . . . (trzy, lata) dzieci.

10. Kup . . . . (dwa, kilogram) opakowanie cukru.

Notatki

. . . .

. . . .

. . . .

. . . .

. . . .

. . . .

. . . .

. . . .

. . . .

Prośba

Czy kobiety są gorszymi kierowcami?

Naukowcy twierdzą, że kobiety mają gorsze poczucie topografii, łatwiej gubią się w mieście i w terenie. No dobrze, ale my mamy to, czego często brak mężczyznom – rozsądek. Nie widzimy powodu, aby wyprzedzać na trzeciego, ścinać zakręty, jechać komuś na zderzaku. Tak prowadzą samochód mężczyźni. Chwalą się, że jest to jazda dynamiczna. Może i tak, ale skutki są opłakane. Mówi się, że mężczyźni to wariaci szos. A my, kobiety, dojeżdżamy na miejsce może troszkę później, ale w całości i bez stresu.

Ponadto kobieta łagodzi obyczaje na szosie. Przepuści, podziękuje, uśmiechnie się. Policjanci z drogówki zgodnie twierdzą, że rzadziej karzą kobiety niż mężczyzn. Bo kobieta bardziej bierze sobie do serca ich pouczenia i nie stara się udowodnić, że to jednak ona miała rację.

Twierdzą, że kobieta to postrach szos i kosiarz poboczy. A generalnie wygląda to tak: mężczyzna „tańczy" po jezdni. Raz wymija z prawej, raz z lewej, trąbi, niemal ociera się lusterkiem, wyskakuje przed maskę innym. Kobieta spokojnie sunie swoim pasem i... bez trudu dogania go na światłach.

Kobiety najwięcej stłuczek powodują przez... urodę. Zamiast stać bezczynnie na czerwonym świetle, poprawiają fryzurę, malują usta, tuszują rzęsy. Ponaglone ostrym klaksonem kierowcy z tyłu, ruszają ostro i...

Sonda: Jak kobiety radzą sobie za kółkiem?

Sebastian Rećko, 21 lat, kucharz

Strasznie! Jeżdżą bardzo niezdecydowanie. Nim podejmą decyzję, mija szmat czasu. I żeby ta decyzja była jeszcze właściwa! Ale mam wrażenie, że dobra ocena sytuacji na drodze to problem kobiet za kółkiem. To nie jest oskarżenie, ale stwierdzenie faktu.

Sławomir Chedom, 33 lata, taksówkarz

Coraz więcej kobiet prowadzi samochód i okazuje się, że radzą sobie nieźle. Co prawda często są trudne w ruchu, bo nieprzewidywalne. Potrafią podczas manewru nagle zmienić zdanie. Ale za to nie jeżdżą na wariata. Są bardziej uprzejme, nie wpychają się na siłę.

Robert Stokalski, 38 lat, elektronik

Uważam, że jak już się nauczą, to jeżdżą nawet lepiej od mężczyzn. Znam wiele pań, które mogłyby wpędzić w kompleksy „rajdowców" z naszych ulic. Tylko w jednym będą zawsze od nas gorsze: same raczej nie potrafią nic naprawić w swoim aucie.

Kobiety są ostrożniejsze

Opinia fachowca: podkomisarz Adam Jasiński, Zarząd Ruchu Drogowego

Nie są gorszymi kierowcami, tylko ich sposób jazdy jest inny. Są bardziej ostrożne, a ich manewry łagodniejsze. Mężczyźni trąbią na nie, że tak ślama-zarnie jeżdżą. Ale jeśli nie wiedza, jaki ruch chce wykonać kobieta, niech nie wyprzedzają. Chyba że koniecznie muszą udowodnić, że są lepsi. A najczęściej chcą.

Pani Domu, 20 VI, 2003

Sportowiec i jego auto: Agnieszka Rylik

Rada naszej mistrzyni boksu:
– Jedźmy bezpieczniej, wolniej i częściej uśmiechajmy się do siebie zza kółka.

– *Jakim samochodem pani jeździ?*
– Lancia Kappa 2,4 benzynowa.
– *Za co go pani lubi?*
– Po prostu podoba mi się. Jest ładny, komfortowy, ma duże przyspieszenie. Jest bardzo wygodny, do tego ma bardzo bogate wyposażenie i co ważne jest duży, więc mój pies ma sporo miejsca.
– *Czy daje pani prowadzić samochód mężowi?*
– Oczywiście, że tak. Z drugiej strony też nie ma protestów, żebym to ja prowadziła. Poza tym muszę się przyznać, ze mam chorobę lokomocyjną i dlatego wolę sama siedzieć za kółkiem. Zresztą prowadzę od drugiej klasy szkoły średniej. Mój ojciec był instruktorem nauki jazdy. W wieku 17 lat dostałam prawo jazdy i malucha w prezencie.
– *Co najbardziej ceni pani w swoim aucie?*
– Poza komfortem klasyczną sylwetkę. Zastanawiam się, które auta bardziej mi się podobają: klasyczne czy sportowe. Muszę spróbować pojeździć i tymi, i tymi. Z tych sportowych podoba mi się BMW Z3 Cabrio.

– *Czego nie lubi pani w swoim aucie?*
Lancia ma strasznie duży promień skrętu. Żeby się nią złożyć muszę trochę pomanewrować.
– *Najważniejsze w samochodzie jest...?*
– Bezpieczeństwo i szybkość, bo szybkość, to właśnie bezpieczeństwo. Jeżeli auto jest szybkie i ma dobre przyspieszenie, można uciec np. podczas wyprzedzania.
– *Auto, które wspominam z sentymentem?*
– Maluch – mój pierwszy samochód. Robiłam nim niesamowite trasy, wybierałam się na imprezy do Krakowa, a przypomnę, że mieszkałam w Kołobrzegu.
– *Na polskich drogach...*
– Jest niebezpiecznie. Są beznadziejne, dziurawe, źle wyprofilowane. Często jeżdżę do Kołobrzegu z Warszawy – trasa 500 km zajmuje mi prawie cały dzień, a zimą autem wolę się tam nie wybierać.
– *Zazwyczaj jeżdżę...*
– Szybko i ostrożnie. Dawniej jeździłam z fantazją, ale teraz już spokojnie, nie przesadzam z prędkością.
– *Czy lubi pani szybką jazdę?*
– Tak, ale tylko w przypadku kiedy siedzę za kierownicą. Wszystko przez moją chorobę lokomocyjną, ale dowiedziałam

się że Krzysztof Hołowczyc też na nią cierpi, wiec nie wstydzę się jej.
– *Policjanci z drogówki są dla mnie...*
– Przemili, przesympatyczni. Nawet dla moich kolegów, kiedy jadę razem z nimi. Ostatnio spotkałam podczas kontroli policjanta, z którym ćwiczyłam w Poznaniu.
– *Najszybciej jechałam...*
– 200 km/h na austostradzie Poznań–Konin.
– *Najstraszniejsza chwila za kołkiem?*
– Oj, wpadłam kiedyś w poślizg. Było straszne oblodzenie. Nie miałam żadnej kontroli nad autem. Widziałam, że albo wpadnę do rowu, albo uderzę w ciężarówkę. Uderzyłam w ciężarówkę. Na szczęście nic mi się nie stało.
– *Najmilsza chwila za kółkiem?*

– Jazda BMW Z3 Cabrio na Karaibach w nocy, ten klimat, noc, jazda pod gwiazdami, ciepło. To było super i bardzo chciałabym coś takiego raz jeszcze przeżyć.
– *Nie lubię kierowców, którzy...*
– Bez sensu się ścigają. Faceci mają w sobie coś chorego. Oni mnie nie wpuszczają. Jedzie taki swoim Cinquecento i zachowuje się, jak zwierzę. Piłuje to autko byle być pierwszym, byle podjechać i nie wpuścić. Owszem, kobiety jeżdżą fatalnie, bo dopiero od niedawna stać je, by same sobie kupiły auta. Ale mężczyźni to dramat, żadnej kultury jazdy.

not. seba
Magazyn sportowy
8 października 2004

Sportowiec i jego auto: Marek Citko

Rada piłkarza Cracovii: Ustępujcie miejsca innym

– *Jakim autem pan jeździ?*
– Mam dwa samochody. Na co dzień po mieście jeżdżę starą, 10-letnią toyotą camry, a do wypraw na dłuższe trasy służy chrysler grand voyager.
– *To może porozmawiamy o tym nowszym nabytku. Czy lubi pan swój samochód?*
– Oczywiście. Kupiłem go w zeszłym roku z myślą o rodzinie, bo jest duży, aż siedmioosobowy.
– *Czy daje pan prowadzić swój samochód żonie?*
– Z tym nie ma żadnego problemu, bo moja żona fenomenalnie radzi sobie za kierownicą i lubi prowadzić. Nawet czasami namawiam ją, by kierowała, a ja bawię się w pasażera.
– *Co najbardziej ceni pan w swym aucie?*
– Przede wszystkim wygodę oraz to, że bez przeszkód mogę zabrać rodzinę w długą trasę i zapakować masę bagaży.
– *Najważniejsze w samochodzie jest...*

– Komfort jazdy.
– *Auto, które wspominam z sentymentem.*
– Fiat 126 p, mój pierwszy samochód, z którym wyprawiałem różne dziwne rzeczy, m.in. zimą wykonywałem kółeczka, a latem zaliczyłem nawet dachowanie, ten „maluch" był dla mnie jak przyjaciel.
– *Na polskich drogach...*
– Jest niebezpiecznie z uwagi na fatalny stan nawierzchni.
– *Zazwyczaj jeżdżę...*
– Szybko, ale bezpiecznie.
– *Policjanci z drogówki są dla mnie...*
– Tolerancyjni. Jednak ostatnio mam z nimi coraz mniej do czynienia, ponieważ wyszalałem się na drogach w młodości i teraz nie ciągnie mnie już do brawurowej jazdy.
– *Najszybciej jechałem...*
– Około 220 km/h. Osiągnąłem tę prędkość mercedesem na autostradzie Kraków–Katowice.
– *Najstraszniejsza chwila za kółkiem?*
– Sześć lat temu bardzo groźne dacho-

wanie zaliczyłem na trasie Warszawa–Łódź. Poruszałem się wtedy mercedesem. Była deszczowa pogoda, a ja spiesząc się na trening, nie zachowałem należytej ostrożności na niebezpiecznym zakręcie, gdzie ciągle dochodzi do wypadków.

– *Najmilsza chwila za kółkiem?*

– Gdy obok mnie siedzi żona...

– *Nie lubię kierowców, którzy...*

– Na autostradzie poruszają się lewym pasem i nie ustępują miejsca oraz tych, którzy chcą się ze mną ścigać.

opr. wl
Magazyn sportowy
22 kwietnia 2005

Gdy żona poucza cię w samochodzie

DROGA REDAKCJO, moja żona ma przykry zwyczaj ustawicznego wtrącania się do sposobu, w jaki prowadzę samochód.

Bez przerwy słyszę jej komentarze, uwagi i pokrzykiwania. A to jadę zbyt szybko, a to hamuję za ostro i oczywiście zawsze jadę nie tym pasem, którym jej zdaniem powinienem. Czasami odnoszę wrażenie, że żona traktuje mnie, jakbym był niewidomy, jakbym nie widział znaków i innych uczestników ruchu. Przez lata znosiłem to z godnością, ale moja cierpliwość się wyczerpała i ostatnio wspólne podróże niemal zawsze kończą się awanturą, po której mamy kilka tzw. cichych dni. Dodam, że poza samochodem żona jest zupełnie innym człowiekiem – nie poucza, nie wymądrza się, pozwala mieć inne niż jej zdanie. Warto również podkreślić, że przez 12 lat, odkąd mam prawo jazdy, nigdy nie spowodowałem żadnego, nawet drobnego wypadku. Co robić, jak przekonać żonę, żeby zaufała moim umiejętnościom, jak uniknąć kolejnych coraz gwałtowniejszych awantur?

Wasz Roman K. z Wrocławia

Najwyraźniej samochód nie służy żonie. Czuje się w nim źle, niepewnie, a ponadto jest sparaliżowana strachem. Wyobraźnia, nad którą nie panuje, podsuwa jej tragiczne obrazy samochodowych katastrof, z Wami w charakterze ofiar. Boi się o rodzinę: o siebie, Ciebie,

o samochód i dzieci, które mogą zostać sierotami, gdy Ty siadasz za kierownicą. Tłumaczenie, że jesteś dobrym kierowcą, że inni Cię chwalą, a nawet stawiają za wzór opanowania i sprawności, na nic się zda, bowiem zdrowy rozsądek żony zostaje na chodniku, a w samochodzie rozsiada się histeria. Zatem nie dyskutuj, tylko działaj:

• spróbuj zaproponować żonie miejsce na tylnej kanapie, stamtąd zdecydowanie gorzej widać
• miej pod ręką nowy numer ulubionego tygodnika żony
• puszczaj muzykę, którą lubi, i zachęcaj ją do śpiewu, sam też możesz to robić
• nadawaj ton rozmowie, poruszaj zajmujące i ciekawe, ale niekontrowersyjne tematy
• w dłuższej podróży dawaj jej zadania do wykonania – niech czyta mapę albo karmi cię małymi kęskami jabłka lub kanapki
• unikaj jazdy o zmierzchu, bo o tej porze za każdym zakrętem czają się demony
• w żadnym razie nie daj się sprowokować, nie tłumacz się, tylko spokojnie rób swoje
• namów żonę, żeby zrobiła prawo jazdy i oswoiła potwora, któremu na imię „samochód". Przekona się, że z fotela kierowcy wszystko wygląda inaczej.

Ewa Żeromska pedagog, seksuolog
Logo, nr 1, 2005

Czy pytać rodzinę zmarłego o zgodę na pobranie organów?

JEŻELI NIE MASZ NIC PRZECIWKO TEMU, BY PO TWOJEJ ŚMIERCI WYKORZYSTANO TWOJE NARZĄDY DO PRZESZCZEPU, POROZMAWIAJ O TYM Z BLISKIMI. BO TO WŁAŚNIE ONI NAJCZĘŚCIEJ NIE ZGADZAJĄ SIĘ NA ICH POBRANIE.

Polskie prawo jednoznacznie określa, jak możemy nie zgodzić się na pobranie naszych narządów w wypadku śmierci. Są trzy sposoby: wpis w Centralnym Rejestrze Sprzeciwów, działającym w Warszawie przy ul. Lindleya 4; noszone przy sobie, własnoręcznie podpisane oświadczenie sprzeciwu; oświadczenie ustne, złożone w czasie pobytu w szpitalu w obecności co najmniej dwóch osób. Teoretycznie więc każdy, kto zgodnie z tymi zasadami nie wyraził sprzeciwu, może być po śmierci dawcą narządów. Teoretycznie, bo praktyka wygląda inaczej. Lekarze zawsze pytają o zgodę rodzinę zmarłego i sumiennie stosują się do jej woli. Jeżeli najbliżsi powiedzą nie, nikt organów nie pobiera.

Połowa chorych nie doczeka się na organy

Lekarze tłumaczą, że choć ustawa o transplantacjach nie zobowiązuje ich do pytania o zgodę, to każe ponad wszelką wątpliwość ustalić, czy zmarły rzeczywiście nie miał nic przeciwko pobraniu jego narządów. A o tym mogą wiedzieć tylko najbliżsi. Poza tym twierdzą, że dokonanie takich czynności bez ich zgody byłoby po prostu nieludzkie. Lepiej więc o nią pytać i nawet się pogodzić z odmową, niż narażać się na nieprzyjemności i być posądzonym o cynizm i nieczułość.

Może i lepiej, ale na pewno nie dla tych, którzy na przeszczep czekają. Na krajowej liście biorców znajduje się w tej chwili prawie 1800 chorych. Ponad połowa z nich prawdopodobnie umrze, nie doczekawszy się na organy. Tymczasem gdyby tylko od połowy ofiar wypadków drogowych pobrano narządy, starczyłoby ich dla wszystkich oczekujących. Cóż jest więc ważniejsze: poszanowanie woli rodziny, która nie chce, by lekarze „okaleczali" ich zmarłego bliskiego, czy darowanie komuś choremu nowego życia. Na to pytanie musimy odpowiedzieć sobie sami...

Kto powinien decydować o pobraniu narządów od zmarłej osoby?

Aleksandra Szubielska, studentka

Ona sama, oczywiście jeszcze za życia. Jestem zwolenniczką świadomego wyrażania zgody na pobranie narządów. Każdy, kto nie ma nic przeciwko temu, powinien nosić przy sobie kartę dawcy, na której wyraźnie byłoby napisane, że zgadza się na pobranie swoich narządów. Wtedy lekarze nie musieliby pytać o zgodę rodziny.

Maciej Ordak, inżynier

Każdy z nas oficjalnie może się nie zgodzić na pobranie swoich narządów po śmierci. Jeżeli tego nie zrobił, lekarze powinni je pobrać. I nie pytać rodziny o zgodę. Skoro transplantacja może uratować komuś życie, inni nie powinni robić problemów. Brak zgody nie przywróci przecież im zmarłej osoby do życia.

Ewa Rabek, pedagog

Serce mówi mi, że rodzina, rozum – lekarze. Podejrzewam, że najbliżsi w pierwszej chwili zwykle nie chcą rozmawiać na temat pobrania narządów. Pragną, żeby wszyscy zostawili ich i zmarłego w spokoju.

Zapominają, że w tym wypadku nie można czekać. Dlatego decyzję powinni, mimo wszystko, podejmować lekarze.

To akt wielkiej miłości

KOŚCIÓŁ KATOLICKI AKCEPTUJE PRZESZCZEPY. MÓWIŁ O TYM WIELOKROTNIE W SWOICH WYSTĄPIENIACH JAN PAWEŁ II:

Należy zaszczepić w sercach ludzi szczere i głębokie przekonanie, że świat potrzebuje braterskiej miłości, której wyrazem może być decyzja o darowaniu narządów. Ofiarowanie części swojego ciała, złożenie ofiary, która stanie się skuteczna dopiero po śmierci, jest aktem wielkiej miłości. Miłości, która daje życie innym. Każdy narząd przeszczepiony ma swoje źródło, w decyzji o bardzo dużej wartości etycznej. To decyzja, aby zaoferować, bez oczekiwania nagrody, część własnego ciała dla zdrowia innej osoby.

Pani Domu nr 41/2004

PROŚBA – zwroty i wyrażenia

• Mam do (+ *dopełniacz*) pana, ciebie, (+ *biernik*) wielką prośbę! Chodzi o ... (+ *biernik*)

• Czy | mógłby pan (*tryb przypuszczający*) | (mógłbyś)...
      | może pan | możesz...
Czy mógłby pan przekazać pani Krukowskiej tę wiadomość?

• Czy zechciałby pan (zechciałbyś)...
Czy zechciałby pan ocenić nasz projekt?

• Czy nie zechciałby pan (nie zechciałbyś)...
Czy nie zechciałbyś ocenić naszego projektu?

• Czy byłby pan (byłbyś) tak | dobry
        | uprzejmy
        | grzeczny
        | miły

- Proszę (+ *celownik*) mi | podać
  | powiedzieć

Proszę powiedzieć Tadeuszowi Sochackiemu, że zebranie odbędzie się w innym terminie.

- Podaj (*tryb rozkazujący*) (+ *celownik*) mi, proszę ...
Podajcie nam teczkę z dokumentacją.

Odpowiedź odmowna

- Przykro mi, ale nie | mogę
  | dam rady (+ *dopełniacz*)
  | mam czasu (+ *dopełniacz*)
  | umiem

- Nie, niestety nie mogę

- Obawiam się, że | nic z tego nie będzie
  | nie będę mógł

- Z przykrością muszę | odmówić (*bezokolicznik*)
  | powiedzieć nie

Odpowiedź wymijająca

- Muszę | się nad tym zastanowić
  Musiałbym |

- Może kiedy indziej, bo ...
Może omówimy tę sprawę kiedy indziej, bo teraz niezbyt dobrze się czuję.

- Niestety, | jestem teraz zajęty, ale ...
  | dziś nie mogę, ale ...
Niestety, dziś nie mogę, ale skontaktuję się z panią w najbliższym czasie.

- Potrzebuję więcej czasu do namysłu
Ta sprawa wygląda na skomplikowaną. Potrzebuję więcej czasu do namysłu.

- Wolałbym się | porozumieć | z (+ *narzędnik*) rodziną
  | skontaktować |

119

Zgoda

- Dobrze
- Tak | – proszę
     | – chętnie
- Owszem, czemu nie?
- (Bardzo) chętnie!
- Z przyjemnością!
- Z radością!
- Będzie mi bardzo miło!
- Ależ oczywiście! Nie ma problemu!
- Naturalnie! Co za pytanie!

Ćwiczenia

I. Proszę napisać w odpowiedniej formie.

Przykład: Mam do pana *wielką prośbę* (wielka prośba).

1. Mam do ciebie prośbę: chodzi o . . . . (mała pożyczka).
2. Czy (ty – móc – tryb przypuszczający) . . . . mi pomóc?
3. Czy . . . . (zechcieć – pan) wyjaśnić ten problem?
4. Czy . . . . (zechcieć – państwo) wyjaśnić ten problem?
5. Czy nie zechcielibyście omówić . . . . (ta sprawa)?
6. Proszę . . . . (my) powiedzieć, czy możemy liczyć na wyrozumiałość.
7. . . . . (ty – powiedzieć – tryb rozkazujący), czy będziesz mógł to zrobić.
8. Nie mogę odpowiedzieć w tej chwili. Wolałbym skontaktować się z . . . . (żona).
9. To trudna decyzja. Muszę porozumieć się z . . . . (mój dyrektor).
10. . . . . (ty – poprosić – tryb rozkazujący) go; on . . . . . (ty) na pewno nie odmówi!

II. Proszę połączyć wyrażenia z kolumn A i B, przepisać je i dokończyć.

Przykład: 1 i: Owszem, czemu nie? Możemy spotkać się o szóstej.

	A		B
1.	*owszem,*	a.	kiedy indziej
2.	czy byłbyś	b.	to przemyśleć
3.	mam do ciebie	c.	problemu
4.	muszę	d.	pytanie
5.	niestety,	e.	prośbę
6.	czy nie	f.	tak uprzejmy
7.	może	g.	nie dam rady
8.	co za	h.	zechciałby pan
9.	nie ma	*i.*	*czemu nie*

III. Proszę uzupełnić zdania używając zwrotów podanych w ramce.

dziś nie mogę; wielką prośbę; przedyskutować; Ależ oczywiście!; nie zechciałby pan; muszę odmówić; Obawiam się; zastanowić; do namysłu; zechciałby

1. Mam do ciebie . . . .
2. Czy . . . . pan omówić to zagadnienie?
3. Czy . . . . omówić tego zagadnienia?
4. Z przykrością . . . ., ale w piątek wyjeżdżam.
5. . . . ., że nie będę mógł pani pomóc.
6. Niestety, ..., ale może jutro będzie to możliwe.
7. Potrzebuję więcej czasu . . . .
8. Muszę to . . . . z moimi partnerami.
9. . . . . Nie ma problemu!
10. Muszę się . . . . nad tą propozycją.

część II

Prawo jazdy

 Miłość Neli do samochodów i jej wiedza o nich okazały się zaraźliwe. Byłem trochę zazdrosny, że moja żona prowadzi samochód lepiej niż jakikolwiek taksówkarz, toteż pewnego dnia postanowiłem sam zdobyć prawo jazdy. Przez dwa tygodnie co rano jeździłem taksówką do szkoły jazdy samochodowej przy Porte Maillot. Nauczyciel posadził mnie za kierownicą i spytał, czy kiedykolwiek jeździłem na rowerze.

– Tak – odparłem. – Ale tylko raz, bo zaraz potem spadłem i już nigdy więcej nie zbliżałem się do tego niebezpiecznego wehikułu. Ni-gdy nie lubiłem nara-żać rąk bez ważnej po temu przyczyny, ale skręcać na prawo i le-wo potrafiłem bez tru-du.

Mój nauczyciel szczególnie lubił po-kazywać mi, jak nale-ży parkować. Przeżywałem chwile udręki, gdy kazał mi zatrzymywać się i wjeżdżać tyłem w wąską przestrzeń między dwoma samochodami. Za każdą taką próbą serce podchodziło mi do gardła, ponieważ byłem pe-wien, że rozbiję oba wozy. Na szczęście wszystko szło dobrze, a wkrótce zorientowałem się, iż samochód miał podwójny system kontroli, i mój nauczyciel nigdy nie naraziłby mnie na kłopoty. Pokazywał mi, jak przy-spieszać, czego uczyłem się z rozkoszą, ale gdy spytałem go, jak zatrzy-mać samochód, powiedział:

– Proszę po prostu zdjąć nogę z gazu, a samochód sam się zatrzyma. Wkrótce potem znowu jeździliśmy z radością tam i z powrotem po Ave-nue Foch. Polubiłem te lekcje, z wyjątkiem – ma się rozumieć – tego piekielnego parkowania. Pewnego ranka mój nauczyciel oznajmił uro-czyście, że załatwił mi egzamin na ten a ten dzień, i sądzi, że mam wszel-kie szanse, by go zdać. Zanim rozstaliśmy się, dał mi małą broszurkę z przepisami drogowymi.

Inspektor, starszy mężczyzna z siwiejącą brodą, okazywał mi wyraź-ne zniecierpliwienie, co mnie peszyło i denerwowało. Bardzo byłem z siebie zadowolony, gdy udało mi się zaparkować bez szarpnięcia, potem kazał mi jeździć dookoła pomnika przy Place Blanche i nagle krzyknął: „Stop!" Natychmiast zdjąłem nogę z gazu, ale samochód jechał dalej. „Stop!" – krzyknął znowu, co mnie rozzłościło. Na szczęście w tej chwili samochód zatrzymał się sam. Przy końcu egzaminu inspektor napisał coś na kartce i podał mi ją bez uśmiechu. Przeczytałem: „Ma pan prawo do następnej próby za trzy miesiące". Wróciłem do domu gorzko skarżąc się Neli:

– Ten facet nie znosił mnie od samego początku. To z pewnością antysemita. Nie dał mi prawa jazdy, mimo że tak wspaniale zaparkowałem, zupełnie na twój sposób.

– Następnym razem pójdzie ci lepiej – pocieszyła mnie Nela.

* * *

Wygodny i przyjemny nasz dom w Brentwood miał jednak pewien zasadniczy mankament – znajdował się w znacznej odległości od sklepów i kin, a ja nie posiadałem prawa jazdy. Czasami przychodziły mi do głowy gorzkie myśli, że jestem więźniem własnej żony. Pytałem jej:

– Mogłabyś mnie zawieźć do fryzjera?

I zwykle słyszałem w odpowiedzi:

– A czy nie można by tego odłożyć do jutra? Jestem dziś bardzo zajęta.

Po kilku takich „odłożeniach do jutra", postanowiłem działać. Bronek Kaper polecił mi instruktora. Był to Amerykanin niemieckiego pochodzenia, który bardzo poważnie potraktował swoje zadanie – każdy manewr kazał mi powtarzać po dziesięć, dwadzieścia razy, dzięki czemu po dwóch tygodniach lekcji gotów byłem sprostać najtrudniejszemu testowi z zakresu jazdy i znajomości przepisów drogowych. Wspaniale zdałem egzamin i przejęty, kurczowo ściskałem swoje cenne prawo jazdy, które wreszcie zapewniło mi prawdziwą wolność w tym kraju.

Artur Rubinstein, *Moje długie życie*, t. 2, Kraków 1988, s. 387–388, 539–540

Objaśnienia do tekstu

prawo jazdy – pozwolenie (dokument) na prowadzenie samochodu
zaraźliwe – zakaźne, mogące zarazić
wehikuł – pojazd
narażać – wystawiać na niebezpieczeństwo, przykrość; spowodować stratę, szkodę
udręka – strapienie, ból, męka
wóz – tu: samochód
gaz – akcelerator
piekielne – złe, groźne, niesamowite
peszyć – onieśmielać, zawstydzać
skarżyć – obwiniać, oskarżać, donosić
mankament – brak, niedostatek czegoś, wada
manewr – posunięcie, ruch, zwrot
sprostać – dać sobie radę z czymś, podołać czemuś
zakres – granice występowania jakiegoś faktu, domena
przejęty – wzruszony, zaabsorbowany, zainteresowany

Uwaga na słowa!

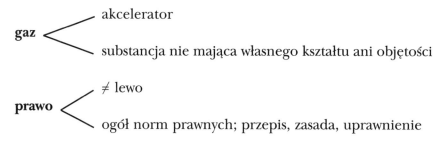

gaz — akcelerator / substancja nie mająca własnego kształtu ani objętości

prawo — ≠ lewo / ogół norm prawnych; przepis, zasada, uprawnienie

Ćwiczenia

I. Przymiotniki z kolumny A proszę połączyć w pary z rzeczownikami z kolumny B, odszukać je i zaznaczyć w tekście.

A	B
_e_ 1. *niebezpieczny*	a. przestrzeń
__2. prawdziwa	b. mężczyzna

_3. podwójny   c. mankament
_4. zasadniczy   d. parkowanie
_5. wąska   *e. wehikuł*
_6. cenne   f. dom
_7. wyraźne   g. system kontroli
_8. piekielne   h. zniecierpliwienie
_9. wszelkie   i. broszurka
_10. starszy   j. prawo jazdy
_11. wygodny   k. wolność
_12. mała   l. szanse

II. Proszę poukładać poniższe zdania w kolejności zgodnej z tekstem.

_1 Byłem zazdrosny, że moja żona prowadzi samochód, a ja nie mam prawa jazdy, postanowiłem je więc zdobyć. Przez dwa tygodnie jeździłem

__ egzamin, gdyż sądził, że bez trudu go zdam. Wtedy wręczył mi też

__ tygodniach solidnych lekcji byłem gotów zdać najtrudniejszy test zarówno z jazdy jak i przepisów

__ od początku okazywał mi zniecierpliwienie, co mnie bardzo deprymowało. Byłem z siebie bardzo zadowolony, gdy udało mi się

__ bałem się wykonując ten manewr, ale na szczęście wszystko szło dobrze. Chętnie uczyłem się przyspieszać, ale nie wiedziałem

__ zdjąć nogę z gazu. Pewnego ranka dowiedziałem się, że mój nauczyciel załatwił mi

__ taksówką do szkoły jazdy samochodowej. Mój nauczyciel szczególnie lubił mnie uczyć parkowania tyłem, a ja za każdym razem

__ więzień własnej żony. Skontaktowałem się ze znajomym, który polecił mi instruktora. Po dwóch

__ dalej. Po egzaminie otrzymałem karteczkę uprawniającą mnie do

__ drogowych. Egzamin zdałem wspaniale i dopiero wtedy poczułem się prawdziwie wolny.

__ Nasz dom w Brentwood był dość oddalony od sklepów i kin, a ja nadal nie miałem prawa jazdy i czasem czułem się jak

__ zaparkować bez szarpnięcia. Gdy inspektor krzyknął „stop", zdjąłem nogę z gazu, lecz samochód jechał

__ następnej próby za trzy miesiące. Poskarżyłem się Neli, że inspektor był do mnie źle nastawiony.

__ książeczkę z przepisami drogowymi. Inspektor był starszym mężczyzną z siwiejącą brodą i

__ jak zatrzymać samochód. Mój nauczyciel wyjaśnił mi, że trzeba tylko

III. Co oznaczają podane wyrażenia? Proszę zaznaczyć jedną odpowiedź.

1. *serce podchodziło mi do gardła*
   a. bałem się
   b. było mi niedobrze
   c. bolało mnie serce

2. uczyłem się *z rozkoszą*
   a. uczyłem się z żoną
   b. uczyłem się z przyjemnością
   c. uczyłem się obojętnie

3. *kurczowo* ściskałem swoje cenne prawo jazdy
   a. ściskałem je niechętnie
   b. ściskałem je z miłością
   c. ściskałem je mocno

4. byłem *więźniem* własnej żony
   a. żona nie pozwalała mi nigdzie wychodzić
   b. byłem zależny od żony
   c. byłem bardzo zakochany w żonie

5. *gorzko* skarżąc się Neli
   a. z niesmakiem
   b. z żalem
   c. głośno

Wyrażenia idiomatyczne

PRAWO
- *prawo* pięści, dżungli – bezprawie, przemoc, władza silniejszego
- na *prawo* i lewo – wszędzie, dokoła, tu i tam; bez umiaru, rozrzutnie
- albo w *prawo*, albo w lewo – albo tak, albo inaczej; tak albo siak
  (trzeba się zdecydować)

SERCE
- brać sobie coś do *serca* – przejmować się czymś
- coś chwyta za *serce* – wzrusza, rozczula

- coś leży komuś na *sercu* – ktoś się czymś przejmuje, martwi
- kamień spadł (mi, mu, jej, itp.) z *serca* – doznać uczucia ulgi, pociechy
- w głębi *serca* – skrycie, w istocie
- z lekkim *sercem* – beztrosko, chętnie
- z ciężkim *sercem*, z bólem *serca* – z przykrością, z żalem
- *serce* się kraje, pęka – doznać uczucia smutku, bólu
- bez *serca* – ktoś zimny, bezwzględny, obojętny, okrutny

Złamać serce

- wkładać w coś dużo *serca* – przykładać się do czegoś, dokładać wszelkich starań
- złamać *serce* – zawieść kogoś w miłości, zdradzić

Ćwiczenie

Proszę uzupełnić poniższe zdania wyrażeniami z ramki:

> chwyta ... za serce; albo w prawo, albo w lewo; z ciężkim sercem;
> kamień spadł mi z serca; prawo dżungli; *do serca*; z lekkim sercem;
> na prawo i lewo; włożyli ... dużo serca; leży nam na sercu

1. Nie bierz sobie .do serca. jego słów — on przecież żartował. 2. Jurek rozpowiada . . . ., że macie masę pieniędzy. 3. Jola . . . . wydała całą pensję na ciuchy. 4. Uważajcie na dziecko, bo przy wsiadaniu do tego pociągu panuje . . . . 5. Ta melodia zawsze . . . . moją babcię . . . . 6. Ten dług . . . . i nie pozwala spać spokojnie. 7. Tu są moje kolczyki! . . . .! Myślałam, że je zgubiłam! 8. Musicie coś postanowić z tym wyjazdem – . . . . – chcemy wreszcie wiedzieć! 9. Oni . . . . w tę pracę . . . ., ale efekt jest mierny. 10. Wydawało mi się, że zgodził się na tę zamianę . . . .

Tematy do ćwiczeń pisemnych i ustnych

1. Czy prawo jazdy jest rzeczywiście kluczem do poczucia wolności? Dlaczego
2. Czy był(a) Pan/i kiedyś świadkiem wypadku samochodowego? Proszę zrelacjonować to wydarzenie.
3. Proszę przygotować 10 rad dla osoby wybierającej się w daleką podróż samochodem.
4. Jakim środkiem lokomocji lubi Pan/i podróżować najbardziej i dlaczego?

Wisława Szymborska

PROSPEKT

Jestem pastylką na uspokojenie.
Działam w mieszkaniu,
skutkuję w urzędzie,
siadam do egzaminów,
staję na rozprawie,
starannie sklejam rozbite garnuszki –
tylko mnie zażyj,
rozpuść pod językiem,
tylko mnie połknij,
tylko popij wodą.

Wiem, co zrobić z nieszczęściem,
jak znieść złą nowinę,
zmniejszyć niesprawiedliwość,
rozjaśnić brak Boga,
dobrać do twarzy kapelusz żałobny.
Na co czekasz –
zaufaj chemicznej litości.

Jesteś jeszcze młody (młoda)
powinieneś (powinnaś) urządzić się jakoś.

Kto powiedział,
że życie ma być odważnie przeżyte?

Oddaj mi swoją przepaść –
wymoszczę ją snem,
będziesz mi wdzięczny (wdzięczna)
za cztery łapy spadania.

Sprzedaj mi swoją duszę.
Inny się kupiec nie trafi.

Innego diabła już nie ma.

W. Szymborska, *O śmierci bez przesady*,
WL, Kraków 1997

Zdania podrzędne dopełnieniowe
(ćwiczenia I–VI)

część III

Zdanie podrzędne dopełnieniowe pełni funkcję nie wyrażonego lub ogólnie wskazanego dopełnienia zdania nadrzędnego.
O zdanie takie pytamy jak o dopełnienie w zdaniu pojedynczym, to znaczy pytaniami przypadków zależnych:

kogo? czego?
komu? czemu?
kogo? co?
kim? czym?
(o) kim? (o) czym?

Proszę się zastanowić **nad nowym projektem**.
   Nad czym mam się zastanowić? (dopełnienie)
Proszę się zastanowić nad tym, *co powiedziałem*.
   Nad czym mam się zastanowić? (zdanie dopełnieniowe)
Byłem trochę zazdrosny o **umiejętności mojej żony**.
   O co byłeś zazdrosny? (dopełnienie)

129

Byłem trochę zazdrosny, *że moja żona prowadzi samochód lepiej ode mnie.*
    O co byłeś zazdrosny? (zdanie dopełnieniowe)
Wszyscy dziwili się *postępowaniu Jacka.*
    Czemu wszyscy się dziwili? (dopełnienie)
Wszyscy dziwili się, *że Jacek tak postępował.*
    Czemu wszyscy się dziwili? (zdanie dopełnieniowe)
Sądzi się czasem, *że modą interesują się tylko kobiety.*
    Co się sądzi?
Dzieci wierzą, *że święty Mikołaj naprawdę istnieje.*
    W co wierzą dzieci?
Boję się, *że się spóźnimy.*
    Czego się boisz?
Chcielibyśmy, *żeby deszcz przestał padać.*
    Co chcielibyście?
Zapytał mnie, *czy mówię po angielsku.*
    O co cię zapytał?
Opowiadała o tym, *co przeżyła.*
    O czym opowiadała?
Nie zgadniesz, *kto do nas napisał.*
    Czego nie zgadnę?
Powiedz mu, *niech nie przychodzi.*
    Co mam mu powiedzieć?

Dużą grupę wśród zdań dopełnieniowych stanowią zdania, w których orzeczeniem w zdaniu nadrzędnym jest czasownik wyrażający życzenie (chcieć, prosić, żądać, życzyć, kazać, mówić itp.), a spójnikiem łączącym zdanie nadrzędne z podrzędnym jest *żeby* (**aby, by**).
W tego typu konstrukcjach końcówki osobowe czasowników zdania podrzędnego są dołączone do spójników.

żeby +			
	-m		żebym czytał (-a)
	-ś	+ 3. os. l. poj.	żebyś czytał (-a)
	-Ø		żeby czytał (-a)
	-śmy		żebyśmy czytali (-ły)
	-ście	+ 3. os. l. mn.	żebyście czytali (-ły)
	-Ø		żeby czytali (-ły)

Mowa niezależna i zależna
(ćwiczenia VII–XIV)

M o w a   n i e z a l e ż n a   to podana dosłownie wypowiedź własna lub cudza, którą zwykle bierze się w cudzysłów.

Np.
> „Gdzie się spotkamy, Basiu?" – zapytał Gienek.
> Piotr stwierdził: „Poznaliśmy się u Jurka."
> Mama zawołała: „Pospieszcie się!"

Jeśli przytacza się wypowiedź własną lub cudzą, dokonuje się zmiany mowy niezależnej na m o w ę   z a l e ż n ą. Przy takiej zamianie konieczne są pewne zmiany gramatyczne, np. trzeba zmienić osobę czasownika, tryb, użyć spójnika, dodać zaimek.

Np.
> Gienek zapytał Basię, gdzie się spotkają.
> Piotr stwierdził, że poznaliśmy się u Jurka.
> Mama zawołała, żebyśmy się pospieszyli.

Jeśli mowa niezależna ma formę z d a n i a   p y t a j ą c e g o, to jego odpowiednikiem w mowie zależnej będzie zdanie dopełnieniowe zaczynające się od partykuły *czy* lub użytego w mowie niezależnej zaimka pytającego.

Np.
> „Napijesz się herbaty?" – zapytała męża.
> Zapytała go, czy napije się herbaty.
> Babcia zapytała ich: „Dlaczego nie jecie?"
> Babcia zapytała ich, dlaczego nie jedzą.
> Nauczyciel spytał mnie: „Czy kiedykolwiek jeździł pan na rowerze?"
> Nauczyciel spytał mnie, czy kiedykolwiek jeździłem na rowerze.

Jeśli mowa niezależna ma formę z d a n i a   o z n a j m u j ą c e g o, to jego odpowiednikiem będzie zdanie dopełnieniowe rozpoczynające się spójnikiem *że*.

Np.

> Lekarz powiedział mi: „Musi pan leżeć w łóżku."
> Lekarz powiedział mi, że muszę leżeć w łóżku.
> „Jutro się żenię" – oświadczył rodzicom.
> Syn oświadczył rodzicom, że jutro się żeni.
> Nauczyciel oznajmił mi: „Załatwiłem panu egzamin."
> Nauczyciel oznajmił mi, że załatwił mi egzamin.

Jeśli mowa niezależna ma formę z d a n i a r o z k a z u j ą c e g o, to jego odpowiednikiem będzie zdanie dopełnieniowe rozpoczynające się od spójnika *żeby* (*aby, ażeby, by*) połączonego z końcówkami osobowymi: -m, -ś, -Ø, -śmy, -ście, -Ø czyli: *żebym, żebyś, żeby, żebyśmy, żebyście, żeby*. W zdaniu tym czasownik wystąpi w trzeciej osobie czasu przeszłego. (Patrz: zdania dopełnieniowe).

Np.

> „Zagrajmy w karty!" – zaproponowała Ula.
> Ula zaproponowała, żebyśmy zagrali w karty.
> Córka poprosiła matkę: „Uczesz się inaczej!"
> Córka poprosiła matkę, żeby się uczesała inaczej.

UWAGA!
Oto przykłady czasowników użytecznych w zamianie mowy niezależnej na zależną w celu uniknięcia powtarzania wciąż tego samego czasownika – *powiedzieć*:

chwalić się	stwierdzić
dodać	twierdzić
krzyknąć	uważać
narzekać	wierzyć
oświadczyć	wtrącić
oznajmić	zakomunikować
podkreślić	zapewnić
proponować	zdecydować
przekonywać	żalić się
sądzić	żądać
skarżyć się	

Np.
1. Jan – Kupiliśmy nowy samochód. Kosztował majątek!
   Ela – Jest bardzo wygodny.

Jan	pochwalił się, oznajmił, oświadczył,	że kupili nowy samochód.
	stwierdził, podkreślił,	że kosztował majątek
Ela	dodała, wtrąciła, zapewniła,	że jest bardzo wygodny.

2. Pani X – Boli mnie głowa. Ale to pewnie przez tę pogodę.
   Pani Y – Może dać pani coś od bólu głowy?

| Pani X | skarży się,
narzeka,
zapewnia, | że boli ją głowa. |
| | wierzy,
sądzi,
uważa, | że to z powodu pogody. |

Pani Y proponuje jej coś od bólu głowy.

Ćwiczenia

I. Proszę zapytać o wyróżnione zdania.

Przykład: Sądzi się czasem, *że modą interesują się tylko kobiety.*
   – *Co się sądzi?*

1. Zastanawiał się nad tym, *co usłyszał.*
2. Krystyna zapytała Janka, *dlaczego nie oddał jej książki.*
3. Rozmawiali o tym, *co się zdarzyło.*
4. Dowiedziałem się, *że dzisiejszy spektakl jest odwołany.*
5. Szampana wypijemy z tym, *kto pierwszy przyjdzie.*

6. Jurek chciał, *żebym mu pożyczyła pieniędzy.*
7. Usłyszeliśmy, *że pociąg jest spóźniony.*
8. Andrzej nie chciał uwierzyć w to, *że jego kolega jest oszustem.*
9. Rodzice napisali, *żebyśmy jak najszybciej wrócili do domu.*
10. Nagrodę przyznano temu, *kto tego w ogóle nie oczekiwał.*
11. Długo mówili o tym, *co przeżyła w ciągu ostatnich dwóch lat.*
12. Ania postanowiła porozmawiać z tym, *kto wydawał się jej najbardziej kompetentny.*
13. Nigdy nie powiem mu tego, *czego dowiedziałem się od pani Z.*
14. Niektórzy dziwią się tym, *którzy pomagają innym.*
15. Nagle usłyszałam, *jak ktoś krzyknął.*

II. Podane pary zdań proszę połączyć w zdania złożone z podrzędnymi dopełnieniowymi.

Przykład: Spóźnimy się. Boję się tego.
  – *Boję się, że się spóźnimy.*

1. Krasnoludki są na świecie. Niektórzy w to wierzą.
2. To jest twoja wina. Tak myślę.
3. Będzie zaćmienie Słońca. Tak pisano w gazetach.
4. O której zaczyna się wykład? Zapytaj Marka.
5. Coś się stało. Wiesz już o tym?
6. Papierosy szkodzą zdrowiu. Wszyscy o tym wiedzą.
7. Ktoś przysłał kwiaty. Nie domyślasz się?
8. Dlaczego nie ma zajęć? Dowiedz się!
9. Podano coś na kolację. Nie jadłem tego.
10. Z tym mamy największe kłopoty. Powtórzymy to.
11. W przyszłym roku pojedziemy do Egiptu. Postanowiliśmy to.
12. Czy on mógł to zrobić? Zastanawiam się nad tym.
13. Zaproponował coś. Nie miałam na to ochoty.
14. Ktoś mógłby nam pomóc. Chcieliśmy spotkać się z nim.
15. Krysia coś opowiadała. Janek w to nie uwierzył.

III. Proszę dokończyć podane zdania.

1. Myślę, że . . . .
2. Wszyscy zastanawiali się, dlaczego . . . .
3. Lubię to, co . . . .
4. Nie wiem, czy . . . .
5. Nie wierz w to, że . . . .
6. Zapytajcie, czy na pewno . . . .

7. Dowiedzcie się od tego, kto . . . .
8. Muszę porozmawiać z tym, kto . . . .
9. Zgadnij, czyje to . . . .
10. Kupimy to, co . . . .
11. Pomożemy temu, kto . . . .
12. Nie mogę się zdecydować, czy . . . .
13. Zosia interesuje się tym, co . . . .
14. Chciałabym poznać kogoś, kto . . . .
15. Mama martwi się o to, co . . . .

IV. Proszę dokończyć podane zdania.

1. Mama chce, żeby Janek . . . .
2. Powiedz im, żeby . . . .
3. Profesor prosił, żebyśmy . . . .
4. Ania chciała, żebyś . . . .
5. Rodzice napisali, żeby Krzysztof nie . . . .
6. Nigdy nie chciałam, żebyście . . . .
7. Karolina zaproponowała, żebym . . . .
8. Nauczycielka zawołała, żeby dzieci . . . .
9. Życzę ci, żebyś . . . .
10. Marcin chce, żeby jego koledzy . . . .
11. Wszyscy chcieli, żeby pianista . . . .
12. Jaś krzyczał do Piotrusia, żeby . . . .
13. Proszę was, żebyście . . . .
14. Kasia i Jola chcą cię poprosić, żebyś . . . .
15. Zmusił nas, żebyśmy . . . .

V. Proszę uzupełnić życzenia:

Przykład: Życzę ci, *żebyś była szczęśliwa.* (być, szczęśliwa)

1. Dla młodej pary.

      Życzymy wam,

a) . . . . (żyć długo i szczęśliwie)
b) . . . . (cieszyć się każdą chwilą)
c) . . . . (mieć dużo pieniędzy)
d) . . . . (wyjechać w wymarzoną
   podróż)
e) . . . . (być zawsze razem)

2. Dla pierwszoklasisty.

Życzę ci, Mareczku,

a) . . . . (mieć miłych kolegów)
b) . . . . (lubić chodzić do szkoły)
c) . . . . (nauczyć się dużo rzeczy)
d) . . . . (dostawać dobre oceny)
e) . . . . (lubić nauczycieli)

3. Dla przyjaciółki na imieniny.

Życzę ci, Basiu,

a) . . . . (być zawsze uśmiechnięta)
b) . . . . (mieć dużo przyjaciół)
c) . . . . (odnosić sukcesy)
d) . . . . (móc zrealizować swoje marzenia)
e) . . . . (poznać wspaniałego mężczyznę)

VI. Proszę przekształcić podane zdania według wzoru.

Przykład: Mój koń wygra wyścig? (Chciałabym!)
　　　Chciałabym, żeby mój koń wygrał wyścig.

1. Jurek przeprosi Basię? (Ewa chciałaby.)
2. Pojedziemy do cioci? (Staś chce.)
3. Spełnią się twoje marzenia? (Życzę ci.)
4. Oddadzą nam wreszcie książki? (Zmusimy ich.)
5. Wybudujecie sobie dom? (Życzymy wam.)
6. Pójdę do lekarza. (Tadek poradził mi.)
7. Powtórzymy gramatykę. (Nauczyciel polecił nam.)
8. Zamknę dobrze drzwi. (Żona krzyknęła do mnie.)
9. Kupimy gazetę? (Babcia poprosiła nas.)
10. Ula zaprosi kuzyna. (Mama chciałaby.)
11. Nie spóźnimy się. (Rodzice prosili.)
12. Pójdę z Tomkiem na koncert. (Brat chce.)
13. Spróbujecie bigosu? (Kelnerka zachęca was.)
14. Obejrzysz ten film? (Zbyszek zaproponował ci.)
15. Uwierzę ci ostatni raz. (Prosisz mnie.)

VII. Proszę zamienić mowę niezależną na zależną.

Przykład: Janek zaproponował: „Zjedzmy lody.”
　　　Janek zaproponował, żebyśmy zjedli lody.

A.
1. Basia zapytała mnie: „Kiedy wrócisz?"
2. Kelnerka zapytała: „Podać jakiś deser?"
3. Dyrektor zapytał: „Dlaczego państwo się spóźnili?"
4. Nauczyciel zapytał: „Kto to zrobił?"
5. Sąsiad zapytał nas: „Kiedy mi oddacie pieniądze?"
6. Robert zapytał Urszulę: „Jaki kolor lubisz?"

B.
1. Renata powiedziała do męża: „Chcę jechać z tobą."
2. Teresa powiedziała: „Lubię jeździć na łyżwach."
3. Sprzedawca powiedział: „Innych jabłek nie mam."
4. Jacek powiedział: „Nie mam czasu."
5. Portierka powiedziała: „Wczoraj nie było wody."
6. Koledzy powiedzieli: „Będzie mróz."

C.
l. Ojciec zawołał: „Kup mi papierosy!"
2. Irena zawołała: „Przyjdźcie do mnie jutro!"
3. Studenci zawołali: „Nie zaczynajmy jeszcze!"
4. Mama zawołała: „Zamknij okno!"
5. Anna zawołała: „Niech pan weźmie parasol!"
6. Wujek zawołał: „Zadzwońcie do mnie w niedzielę!"

VIII. W ćwiczeniu VII proszę zastąpić czasownik „powiedzieć" w części B czasownikami: *oznajmić, oświadczyć, stwierdzić* oraz „zawołać" w części C czasownikami: *proponować, prosić, krzyknąć.*

Przykład: Koledzy powiedzieli: „Będzie mróz"
Koledzy stwierdzili, że będzie mróz.

Wujek zawołał: „Zadzwońcie do mnie w niedzielę!"
Wujek krzyknął, żebyśmy zadzwonili do niego w niedzielę.

IX. Proszę zamienić mowę niezależną na zależną.

1. Portier zapytał: „Do kogo pan idzie?"
2. Kasia powiedziała: „Nie jadę na wycieczkę."
3. Zygmunt zaproponował im: „Wpadnijcie do mnie w sobotę!"
4. Piotr poprosił Janka: „Pożycz mi trochę pieniędzy!"
5. Jola zaproponowała: „Ja jej to powiem."
6. Kierowca krzyknął do pasażerów: „Proszę się pospieszyć!"

7. Pawełek oświadczył: „Nie chcę jeść marchewki."
8. Koleżanka zapewniła ich: „Jutro wam to oddam."
9. Lekarz powiedział mi: „Musi pan mniej palić."
10. Pielęgniarka powiedziała mi: „Proszę zmierzyć gorączkę!"
11. Studenci zażądali: „Uczmy się więcej gramatyki!"
12. Babcia zapytała wnuczka: „Nie widziałeś moich okularów?"
13. Helena skarży się: „Boli mnie serce."
14. Zdecydowaliśmy: „Więcej ich już nie zaprosimy!"
15. Pani Kowalska chwali się: „Ja najlepiej piszę na maszynie."

X. Proszę zamienić mowę niezależną na zależną używając następujących czasowników:

---

narzekać, chwalić się, stwierdzić, zapytać, zaproponować, krzyknąć, zdecydować, oznajmić, zapewnić, skarżyć się, oświadczyć, zażądać, zakomunikować

Przykład: Spiker: Od jutra drożeje benzyna.
Spiker zakomunikował, że od jutra drożeje benzyna.

1. Ojciec: Gdzie jest dzisiejsza gazeta?
2. Ewelina: Od kilku dni bolą mnie oczy.
3. Policjant: Jechał pan za szybko.
4. Małgorzata: Chodźmy na kawę!
5. Lekarz: To nic groźnego.
6. Jurek: Po co ci ten słownik?
7. Brat: Usiądźmy tutaj!
8. Córka: Jutro wychodzę za mąż.
9. Ktoś do mnie: Uważaj!
10. Syn: Mamo, dostałem piątkę z matematyki.
11. Pan z VI piętra: Mój sąsiad z góry jest hałaśliwy.
12. Rodzice: W tym roku pojedziemy wszyscy na wakacje nad morze.
13. Klient: Ile kosztuje ten sweter?
14. Profesor: Z niego będzie dobry lekarz.
15. Kontroler: Proszę pokazać bilet!

XI. Proszę zamienić na mowę zależną.

Przykład: Krysia – ja (r. męski): przyjdź o szóstej.
Krysia poprosiła, żebym przyszedł o szóstej.

1. Nauczyciel – my: przygotujcie zeszyty.
2. Ja – Janek: nie śmiej się!

3. Oni – wy: napiszcie do nas.
4. Mama – córka: połóż się spać.
5. Żona – mąż: wyjdź z psem na spacer.
6. Ojciec – syn: nie bój się!
7. Policjant – kierowca: proszę włączyć światła.
8. Sekretarka – szef: proszę podpisać pismo.
9. Siostra – brat: powiedz mi prawdę.
10. Bożena – ja: weź parasol!
11. Dyrektor – ty: zostaw wiadomość.
12. Reżyser – aktorzy: spróbujcie jeszcze raz.
13. Rodzice – ja: odbierz zamówione bilety.
14. Anna – ty: nie zapomnij kupić kwiatów.
15. Mały Książę – autor: narysuj mi baranka!

XII. Proszę zamienić na mowę niezależną.

Przykład: Jurek powiedział Ani, że ma dla niej prezent.
Jurek powiedział: Aniu, mam dla ciebie prezent.

1. Ala zapytała Piotra, czy pójdzie z nią do kina.
2. Bogdan powiedział, że spędził wspaniałe wakacje.
3. Dominika zapytała, jaki kolor będzie modny w jesieni.
4. Ojciec zdecydował, że przeprowadzą się z mamą do innego miasta.
5. Andrzej krzyknął do Beaty, że nie chce jej więcej znać.
6. Oznajmił nam, że zamieszka u nas.
7. Ekspedientka zapytała mnie, czy nie mam drobnych.
8. Studenci stwierdzili, że gramatyka polska jest trudna.
9. Dyrektor banku ogłosił, że będzie przyjmował klientów od dziesiątej do dwunastej.
10. Znajomi stwierdzili, że powinienem odpocząć.
11. Agata zapytała nas, czy chciałybyśmy pojechać z nią na wycieczkę.
12. Wojtek powiedział nam, że zaprasza nas na imieniny.
13. Profesor powiedział studentce, że jej praca bardzo mu się podobała.
14. Listonosz powiedział do Marii, że napisałby do niej.
15. Obiecaliśmy kolegom, że przyślemy im zdjęcia.

XIII. Proszę zamienić na mowę niezależną.

Przykład: Jurek poprosił Anię, żeby przyszła wcześniej.
Jurek: Aniu, przyjdź wcześniej.

1. Ola zawołała, żebyśmy przestali się kłócić.
2. Mama prosiła córkę, żeby uważała na siebie.

3. Kierownik polecił pracownikom, żeby skończyli pracę w terminie.
4. Jola poradziła Danusi, żeby uprawiała jakiś sport.
5. Uczniowie poprosili nauczyciela, żeby wytłumaczył im to dokładniej.
6. Siostra poradziła mi, żebym jadła mniej słodyczy.
7. Znajomi zaproponowali, żebyśmy spędzili u nich weekend.
8. Magda chce, żeby Marek pisał do niej codziennie.
9. Mąż poprosił mnie, żebym mu ugotowała jego ulubioną zupę.
10. Grzesiek zaproponował, żebyśmy wszyscy zaśpiewali „Sto lat!"
11. Małgosia poprosiła koleżankę, żeby pożyczyła jej coś do czytania.
12. Basia poprosiła, żebyśmy przyniosły kasety.
13. Ojciec zażądał od syna, żeby przedstawił mu narzeczoną.
14. Lekarz powiedział pacjentowi, żeby mniej palił.
15. Trener ostrzegł zawodników, żeby byli ostrożni.

XIV. Podane dialogi proszę przekształcić w teksty ciągłe:

A.

Zenek: Ja do ojca nie wrócę. Ojciec mnie nie chce.
Ula: To przecież niemożliwe! To ci się tylko tak zdaje! To nie może być prawda!
Z.: Widać może, skoro jest.
U.: Dlaczego ojciec cię nie chce?
Z.: Nie mogę ci tego wytłumaczyć. Nie zrozumiałabyś.
U.: Ja dużo rozumiem, więcej niż myślisz. Powiedz mi...
Z.: Nie, tego nie...
U.: Więc co teraz z tobą będzie?
Z.: Pojadę do Warszawy.
U.: Masz tam kogoś?
Z.: Nie mam. Jakoś sobie poradzę.
U.: Nie! Nie! Nie możesz tak odejść! Zostań tutaj — na wyspie.

(I. Jurgielewiczowa, *Ten obcy*, fragment)

B.

Ona: Widziałam was wczoraj w kawiarni.
On: Nic nadzwyczajnego. Kawiarnia jest dla ludzi.
Ona: Jest chyba niewiele starsza od naszej córki.
On: Możliwe.
Ona: Ładna.
On: Wszyscy tak mówią. Ale to nieważne.
Ona: A co jest ważne?

On: Dla mnie to, że mnie kocha.

Ona: Nie boisz się?

On: Czego mam się bać?

Ona: Odejdzie od ciebie. Przeżyjesz to, co ja teraz.

On: Zobaczymy.

(E. Jackiewiczowa, *Nocny koncert*, fragment)

Notatki

. . . .

. . . .

. . . .

. . . .

. . . .

. . . .

. . . .

. . . .

. . . .

. . . .

. . . .

. . . .

Lekcja 4

· ·

· ·

· ·

· ·

· ·

· ·

· ·

· ·

· ·

· ·

· ·

· ·

· ·

· ·

· ·

· ·

· ·

Reklama

Punkt widzenia

Jak odpoczywać? I co to w ogóle znaczy: odpoczywać? Odpowiedzi, jak wiadomo, jest wiele i trudno znaleźć zadowalającą wszystkich formułę. Ludzie odpoczywają rozmaicie, jedni biegają po lesie, drudzy żeglują po jeziorach i zatokach, jeszcze inni zbierają znaczki lub układają udręczone ciała przed telewizorem ku jeszcze większej udręce lub moszczą się w oknie, co jest w gruncie rzeczy tym samym, tyle że widok jest w trzech wymiarach. Rzadko kogo udaje się przekonać, że odpoczywa niewłaściwie, albowiem, jak to w życiu, nie ma jednej miary odpoczywania. Jak do biegania przekonać kogoś, kto ledwo wchodzi na wysoki parter bez zadyszki, jak do żeglowania przekonać kogoś, kto nie umie pływać i boi się wody? Nakłanianie do zmiany przyzwyczajeń jest nie tylko trudne, ale i beznadziejne: do biegania nakłaniają ci, którzy już biegają, do żeglowania namawiają starzy żeglarze.

Nie słyszałem jeszcze, żeby do czynnego odpoczywania namawiali filateliści, a do oglądania telewizji taternicy. Jak już raz wybrałeś swój sposób na odpoczynek, to po tobie. Można, owszem, próbować, ale rzadko kiedy udaje się go zmienić. Nagłe nawrócenia, jak wiadomo, są sprawą rzadką i graniczą z cudem.

Podobnie jest też z całymi narodami. Włosi i Hiszpanie odpoczywają raczej przy stole, Skandynawowie w saunie albo na nartach, Amerykanie na wszystkie możliwe sposoby. Polacy w tym towarzystwie wypadają raczej blado, skoro w języku polskim słowem najczęściej kojarzonym z odpoczynkiem jest „grill". Nie wino, nie śpiew, ale właśnie grill, który powoli staje się polskim obrzędem narodowym, jest naszym ulubionym sposobem na odpoczynek.

Michał Paweł Markowski
Zwierciadło nr 7, 2003

Wakacyjna mapa zdrowia

Wybór regionu, w jakim spędzimy urlop, to ważna decyzja, gdyż wyjazd może znacznie złagodzić dolegliwości jakie nas trapią. Klimat górski, morski czy „mazurski" mają zupełnie inny wpływ na organizm.

Z urlopu rezygnować nie wolno. Wypoczynek wakacyjny zmniejsza napięcie nerwowe, a stres, jak wiadomo, podnosi ryzyko wielu chorób. Dlatego urlop jest nie tylko rozrywką, ale sprzyja zachowaniu dobrego stanu zdrowia – tak brzmi werdykt amerykańskich naukowców, którzy zakończyli w tym roku badania grupy 12 tysięcy osób. Okazało się, że pracownicy regularnie biorący urlopy cieszą się na co dzień o wiele lepszym samopoczuciem i rzadziej zapadają na choroby krążenia niż ci, którzy rezygnują z corocznej, porządnej przerwy w pracy. Badacze podkreślają też, że urlopowe wyjazdy sprzyjają wzmocnieniu więzi rodzinnych i przyjaźni. Poza tym są okazją do podjęcia sprzyjających zdrowiu ćwiczeń, które czasem kontynuujemy po powrocie do domu. Żeby móc liczyć na zdrowotny efekt wakacji, nie wystarczy pobyć dwa dni nad morzem, potem przenieść się na trzy dni w góry, a resztę czasu spędzić na działce – bo organizm potrzebuje około tygodnia na przyzwyczajenie się do nowego klimatu. Urlop powinien trwać przynajmniej dwa tygodnie.

Balneolodzy, czyli specjaliści od „leczenia klimatem", twierdzą, że każdy region geograficzny inaczej wpływa na organizm, a wyjazd może nam pomóc wyleczyć się z różnych schorzeń. Jednak uwaga – osoby cierpiące na schorzenia przewlekłe powinny konsultować miejsce urlopu z lekarzem.

Bałtyk leczy wiele chorób

Po dwóch tygodniach spędzonych nad morzem znacznie zwiększa się odporność, usprawnia krążenie i praca tarczycy, wzrasta apetyt, a maleje potrzeba snu. To lecznicze działanie klimatu morskiego wynika przede wszystkim z obecności w powietrzu mgiełki morskiej, zwanej w żargonie medycznym aerozolem solnym (w jego skład wchodzą: chlorek sodu, magnezu, siarczany, węglany, bromki, jod), która dobroczynnie wpływa na cały organizm. Morze leczy zarówno wszelkie dolegliwości oddechowe, jak i skórne. Bogate w jod powietrze łago-

dzi niedoczynność tarczycy. Mgiełka unosi się do 150 metrów od morza, a im bliżej wody, tym większe stężenie soli. Schodząc na deptak, przyswajamy jej już o 40 procent mniej! Dlatego warto spacerować brzegiem morza, najlepiej podczas odpływu. Pierwszy spacer powinien trwać godzinę, każdego dnia można go wydłużać o 20 minut, dochodząc aż do trzech–czterech godzin.

Żeby w pełni skorzystać z dobrodziejstw Bałtyku, dobrze jest przynajmniej od czasu do czasu wykąpać się w morzu. Pływanie jest polecane wszystkim, którzy cierpią na dolegliwości kręgosłupa, bo fale, masując ciało, likwidują bolesne napięcie podtrzymujących go mięśni. Po kąpieli na ciele pozostaje „płaszcz" solankowy bogaty w składniki mineralne. Potraktujmy go jak naturalną maseczkę i pozwólmy cennym substancjom przez 10 minut przenikać w głąb skóry.

Pojezierza – terapia ciszą i wodą

To dość neutralny dla organizmu klimat, który można polecić niemal wszystkim osobom. Pobyt nad jeziorami jest szczególnie korzystny dla znerwicowanych i przemęczonych pracą ze względu na panującą w tych rejonach ciszę. Spędzając urlop nad jeziorami, nie strońmy od kąpieli, gdyż woda jest tu o wiele cieplejsza niż w morzu i można bez groźby wychłodzenia organizmu przepłynąć dość długi dystans. A warto. Pływanie znakomicie wpływa na figurę, likwidując tkankę tłuszczową i jednocześnie wzmacniając mięśnie. To najskuteczniejszy i najszybszy sposób na utratę zbędnych kilogramów. Przepłynięcie dwóch kilometrów dziennie powoduje spadek wagi o blisko trzy kilogramy w ciągu tygodnia. Poza tym to świetny masaż skóry, mięśni, systemu krwionośnego i limfatycznego. Przyspieszenie krążenia limfy powoduje usuwanie z organizmu toksyn i wspomaga procesy odtruwania. Kąpiele przyzwyczajają nas też do zmian temperatury, co sprzyja zwiększeniu odporności.

Leczenie na wysokościach – Góry Świętokrzyskie, Beskidy, Sudety, Bieszczady

Okolice podgórskie (do 300 m n.p.m.) to znakomite miejsce dla dzieci i chorych na serce.

Wakacje w górach średniej wysokości, czyli od 400 do 800 m n.p.m., wspomagają leczenie wszelkiego rodzaju schorzeń skórnych, od zwykłego trądziku poprzez alergie aż do łuszczycy. Specyficzne działanie tego klimatu wynika przede wszystkim z właściwości górskiego słońca. Promieniowanie jest dość intensywne, a jednocześnie łagodne, wilgotność powietrza mniejsza niż w dolinach. Lepiej czują się tu osoby wyczerpane pracą, cierpiące na nadczynność tarczycy i reumatyzm.

Wolne od alergenów i zanieczyszczeń powietrze oczyszcza płuca i leczy choroby dróg oddechowych. Doskonale dotlenia organizm, który szybciej pozbywa się toksyn. Odtruta skóra wygładza się i nabiera zdrowego kolorytu.

Wysokość ponad 800 m n.p.m. jest wskazana jedynie dla urlopowiczów ze zdrowym układem krwionośnym, którzy dobrze znoszą skoki ciśnienia atmosferycznego. Wraz ze wzrostem wysokości coraz bardziej maleje zawartość tlenu w powietrzu.

Tatry i Alpy – tylko dla orłów

Osoby wyczerpane pracą umysłową, cierpiące na bezsenność i miewające stany przygnębienia niewątpliwie znajdą w otoczeniu wysokogórskim wytchnienie. Dzięki wspinaczkom i dużej ilości świeżego powietrza stajemy się sprawniejsi i silniejsi. Jednak na urlop w klimacie wysokogórskim powinni zdecydować się tylko ci, którzy nie mają żadnych problemów zdrowotnych. Przebywanie na dużej wysokości wprowadza organizm w stan szoku, choćby z powodu mniejszej zawartości tlenu w powietrzu. Powoduje to zmiany chemiczne we krwi: wzrasta ilość czerwonych ciałek i zawartość hemoglobiny, które są nośnikami tlenu. W ten sposób organizm próbuje szybko wyrównać jego niedobory. Niektórzy z nas mogą w związku z tym w ciągu pierwszych dni wakacji cierpieć na chorobę górską. Doskwiera nam wtedy senność, bóle głowy, nudności. Gdy minie początkowy szok, pobyt w górach ma już same plusy zdrowotne. Jedną z niebagatelnych zalet jest ogólne „odmłodzenie", gdyż pod wpływem silnego natlenienia w organizmie zmniejsza się ilość toksyn, skóra staje się zdrowsza i jędrniejsza.

Powietrze górskie jest kryształowo czyste, nie ma tu pyłu, który jest stałym składnikiem atmosfery miast. Ilość drobnoustrojów jest minimalna. Pomiary dokonane w Tatrach wykazują np., że na wysokości powyżej 2000 m w jednym metrze sześciennym powietrza znajduje się kilka nieszkodliwych zarodników (w dolinach jest ich prawie tysiąc, w tym połowa to bakterie). Dlatego mimo nagłych zmian temperatury w górach rzadko się przeziębiamy.

Puszcze, bory, lasy dla osłabionych

Mają najłagodniejszy klimat i dlatego są doskonałym miejscem urlopowym dla rekonwalescentów po długotrwałych chorobach i operacjach. Korony drzew osłabiają natężenie promieniowania słonecznego i osłaniają od wiatru. Leśne powietrze wzmacnia odporność u dorosłych i hartuje dzieci. Leczy schorzenia dróg oddechowych, nerwice i zaburzenia krążenia. Zmniejsza podatność na przeziębienia.

Drzewa produkują połowę tlenu, którym oddychamy. Kilkudziesięcioletnia sosna wydziela w ciągu doby tyle tlenu, ile wynosi dobowe zapotrzebowanie trzech osób (1800 litrów). Dlatego urlop w lesie znakomicie dotlenia organizm. Leśne zapachy zachęcają do korzystnego dla zdrowia oddychania przez nos. Powietrze nasycone jest zdrowymi żywicznymi składnikami. Zawarte w nim olejki eteryczne (wydzielane przez iglaste drzewa) oczyszczają układ oddechowy. Drzewa wydzielają do atmosfery także substancje bakteriobójcze (fitoncydy). Sosna, brzoza, lipa i jałowiec wytwa-

rzają wokół siebie 5-metrową strefę wolną od bakterii. Dlatego w jednym metrze sześciennym powietrza leśnego jest kilkadziesiąt razy mniej organizmów chorobotwórczych niż w powietrzu miejskim. W lesie występuje także w małych ilościach ozon, który działa orzeźwiająco. Dlatego spacer między drzewami dodaje nam energii. Ponadto rośliny wydzielają ładunki ujemne neutralizujące szkodliwe działanie żył wodnych i zanieczyszczeń promieniotwórczych. Urlop w takich warunkach ma korzystny wpływ na nasze samopoczucie i zdrowie – daje nam więcej sił do walki z różnymi chorobami.

Małgorzata Kłeczek
Zwierciadło nr 7, 2003

Spacerkiem po ruderach

Frédéric Constant, 27 lat, pracownik Instytutu Francuskiego

Uwielbiam odkrywać miejsca niedoceniane przez Polaków. Ceglane mury opuszczonej żyrardowskiej fabryki o zachodzie słońca to jedno z piękniejszych zdjęć, jakie zrobiłem w czasie wakacji w Polsce.

Oczywiście, że widziałem i Kraków, i Kazimierz Dolny, i Wieliczkę. Piękne jest Zakopane, polskie góry, Pustynia Błędowska. Ale tak samo zachwyciłem się Łodzią, Żyrardowem i Płockiem. Kiedy w czasie jednego z weekendów powiedziałem polskim znajomym, że wybieramy się z moją żoną Moniką zwiedzić Płock, wytrzeszczyli oczy. Zapytali, co chcemy zobaczyć, bo przecież tam nic do oglądania nie ma. Zwiedzanie rafinerii nie jest ciekawe – ostrzegali. Niezrażeni pojechaliśmy, a na miejscu oka-

zało się, że to piękne miasto: ze starym kościołem, z malowniczą trasą spacerową nad brzegiem Wisły. Płock jako miejsce wypraw to typowy przykład miasta niedocenianego przez Polaków. Jest ich u was mnóstwo, więc wakacje w Polsce to szansa na odkrywanie rzeczy ukrytych. Czasami dosłownie ukrytych, bo wiele ciekawych miejsc i budowli piekielnie trudno znaleźć. Zwłaszcza w małych miejscowościach zabytki są źle oznakowane i trzeba naprawdę mieć zacięcie, żeby w końcu do nich dotrzeć. Za to kiedy już się trafi, człowiek czuje się jak Kolumb, cumujący u brzegów Ameryki. Tak było z przepięknym pałacem w Nieborowie i rozciągającym się w pobliżu ogrodem Arkadią. Ile my się tego pałacu z Moniką naszukaliśmy. Żadnego drogowskazu, żadnej informacji. Ale gdy w końcu dotarliśmy, stanęliśmy oszołomieni. Nie tylko pięknem miejsca, ale też tym, że było ono... cóż... niezbyt dobrze utrzymane. Żadnych strażników, a godziny otwarcia, delikatnie mówiąc, umowne. Trochę chwastów, wszędzie dzikie kwiaty, rumiany, żywokost. Atmosfera romantycznej tajemniczości, opuszczenia. Wszystko to sprawiło, że wyobraźnia natychmiast zaczęła podsuwać obrazy sentymentalnych dam w długich sukniach, przechadzających się alejkami. Wizyty w takich zakątkach przeżywa się dużo mocniej niż wycieczki po przetartych szlakach, gdzie łatwo trafić z tłumem zwiedzających. Lubię miejsca, które Polakom wydają się nieinteresujące, a tak naprawdę są kopalnią wiedzy o historii. Bardzo mnie ciekawi przemysłowa przeszłość Polski, dlatego uwielbiam Łódź: ulicę Piotrkowską, Białą Fabrykę z opuszczonymi XIX-wiecznymi halami i ciekawe muzeum produkcji wyrobów tekstylnych. Zafascynował mnie Żyrardów, miasteczko w połowie drogi między Warszawą a Łodzią. Ktoś mógłby powiedzieć: „Zwariował! Żyrardów? Zamknięte fabryki, bieda i nic poza tym". Ale kiedy z żoną weszliśmy w ulice tego miasta, poczytaliśmy o jego przeszłości, o historii przemysłu, obejrzeliśmy domy robotników i stare fabryki, nie wydało nam się ono ani nudne, ani mało interesujące. Wiem, że Polacy nie doceniają takich miejsc, bo kojarzą im się z porażką, bezrobociem, klęską ekonomiczną. Ale jestem przekonany, że za kilkanaście lat z fabrykami Żyrardowa czy Pabianic stanie się to, co z kopalniami w północnej Francji. Najpierw je zamknięto, a potem zamieniono w muzea górnictwa albo centra sztuki współczesnej. Właśnie, muzea. Niedawno odkryłem w Warszawie przy Hali Mirowskiej ciekawe muzeum pożarnictwa, znalazłem też muzeum farmacji. Ale ja nie mogę ich zwiedzić, bo w tym czasie pracuję. Godziny, w których pracują niektóre polskie muzea, bardzo mnie denerwują. Na przykład: od 11.00 do 13.00 w poniedziałki, wtorki, czwartki i piątki. Dlaczego potem wszyscy się dziwią, że nikt ich nie odwiedza? Zdecydowanie wolałbym, żeby polskie muzea były otwarte tylko w niedziele, co pozwoliłoby odwiedzać je i pracującym, i rodzinom z dziećmi. Mimo tych niedogodności lubię wakacje w Polsce: oprócz odkrywania ukrytego są dla mnie przełamywaniem stereotypów o waszym kraju jako o miejscu nienowoczesnym, w którym niewiele się dzieje. Ale przyznaję, że lubię, kiedy mój stereotyp materializuje się w jakiejś podlubelskiej wsi w postaci wozu z koniem. Wiem, że we Francji takiego wozu już nigdy nie zobaczę.

I choć cieszy mnie, że Polska wejdzie do Unii Europejskiej, to nieco martwi, że zniknie czar jej odkrywania. Trochę szkoda. Pałace będą łatwiejsze do odszukania, Arkadia wypielęgnowana, fabryki w Żyrardowie zamienione w muzea... Ale słońce ciągle będzie pięknie nad nimi zachodziło.

Wysłuchała Krystyna Romanowska
Newsweek 24.08.2003

Zioła w ogrodzie

Pachnące ziołami rabaty i nieograniczona dostępność świeżych przypraw kuchennych są wprost nieocenione. Ponadto rozmaitość barw i kształtów liści sprawia, że zioła doskonale nadają się do kompozycji z innymi roślinami zarówno w ogrodach formalnych, jak i naturalistycznych

Wiedza o leczniczych właściwościach ziół zawsze była dla ludzkości prawdziwym skarbem, a jej początki sięgają epoki kamiennej. Wszystkie wysoko rozwinięte cywilizacje pozostawiły pisemne przekazy na temat stosowania ziół. Dowiadujemy się z nich, że już w zamierzchłych czasach znane były kardamon, mak, kminek, koper, fenkuł, tymianek, krwawnik pospolity, nagietek lekarski i szafran. Nie sposób dzisiaj stwierdzić kiedy człowiek przestał ograniczać się do zbierania ziół ze stanowisk naturalnych i zaczął uprawiać je w ogrodzie. Pierwsza wzmianka o uprawie ziół znajduje się w Starym Testamencie, w „Pieśni nad Pieśniami" Salomona. W wersie 5,13 czytamy: „Jego policzki są jak grządki balsamu, porosłe wonnymi ziołami..." Starożytna Grecja i Rzym wydały wybitnych lekarzy i znawców ziołolecznictwa, których wiedza przez dwa tysiące lat stanowiła podstawę całej zachodnioeuropejskiej medycyny. Księgi traktujące o zastosowaniu ziół przechowywano w klasztornych bibliotekach jak najcenniejsze skarby, a z przyklasztornych ogrodów pozyskiwano surowce do wyrobu najróżniejszych leków. Piołun i kozłek miały tam takie same prawa jak róże i lilie. Podział na rośliny użytkowe i ozdobne to wynalazek naszej epoki.

Renesans zielarstwa

Kto ma do czynienia z ziołami, ten porusza się po przetartych od dawna szlakach. Bywa, że zapach jakiegoś ziela budzi w nas, ludziach nowoczesnych, przeczucie, iż pewna część tajemnej wiedzy zielarskiej w ciągu minionych tysiącleci bezpowrotnie przepadła. Tęsknota do bliższego kontaktu z naturą, rozkosze podniebienia, jakich doznajemy w zetknięciu z egzotycznymi kuchniami i stosowanymi w nich przyprawami, nostalgiczne wspomnienie domowych kuracji naszych prababek – wszystko to sprawia, że zioła rozmaitych gatunków nabierają dla nas nowego, niezwykle istotnego znaczenia. Wspaniale jest mieć pod ręką świeże zioła do zaparzania codziennej orzeźwiającej herbatki. W sprzedaży jest jednak stosunkowo niewielki wybór ziół, i to też nie w każdym sklepie. Dlatego uprawianie roślin leczniczych i przyprawowych we własnym ogródku staje się wręcz nieodzowne.

Piękne i pożyteczne

Niektóre zioła, takie jak lawenda czy przywrotnik *Alchemilla*, ze względu na swoje walory estetyczne już od dawna stanowią element ogrodów ozdobnych i nie są wykorzystywane jako rośliny użytkowe. Tymczasem dekoracyjność i użyteczność wcale się nie wykluczają. Z aromatycznych ziół można tworzyć atrakcyjne, zawsze zielone obramowania rabat lub ścieżek, bądź też niskie żywopłoty. Regularne ścinanie wierzchołków pędów zapewni z jednej strony utrzymanie ładnego kształtu obwódek, z drugiej zaś – podaż świeżego ziela na domowe potrzeby. Ścięte gałązki można wykorzystać na świeże lub suche pachnące bukieciki, wianuszki, poduszeczki, potpourri, a także do przyrządzenia aromatyzowanego octu lub oleju. Suszone zioła to także doskonały dodatek do sosów, zup, sałat i pieczeni.

Mój piękny ogród, nr 1, 2005

Myślę, że...
człowiek, który kocha muzykę, jest zdrowszy

– mówi prof. Jerzy Woy-Wojciechowski prezes Polskiego Towarzystwa Lekarskiego, kompozytor wielu popularnych przebojów.

Ktoś kiedyś powiedział, że filozofia to nauka, która pozwala cierpieć w bardziej inteligentny sposób.

Ja natomiast uważam, że najlepszym sposobem na pozbycie się cierpienia jest radość życia. Zwiększa ją obcowanie ze sztuką. Człowiek niewrażliwy na muzykę jest pewnego rodzaju daltonistą. Jego życie jest uboższe, szare, bezbarwne. Ma to oczywiście negatywny wpływ na zdrowie.

Jakże wielu ludzi zajmujących się twórczością dożywało sędziwego wieku. Zwłaszcza aktorów, śpiewaków, piosenkarzy. Można to wytłumaczyć również fizjologicznie. Śpiewając dotleniamy organizm, sprawiamy, że lepiej pracuje przepona. W dalekowschodniej, naturalnej medycynie istnieją całe szkoły zapobiegania chorobom i leczenia ich poprzez nauczanie prawidłowego wprowadzania do organizmu życiodajnego powietrza. Śpiew daje to w sposób zupełnie naturalny.

Ale sztuka to coś znacznie więcej, to czynnik poprawiający nasze samopoczucie. Pisałem niedawno przedmowę do książki amerykańskiego lekarza Deepak Chopra (Hindusa z pochodzenia). Udowadnia on, że nawet poważnie chorzy, nieraz nawet na nowotwory – siłą woli, ducha potrafią przezwyciężyć swą chorobę. I odwrotnie, wiele chorób powstaje z powodu braku tej siły. Obecnie często spotykamy się z całą serią tzw. chorób psychosomatycznych. Psycho – soma, dusza – ciało, to są nierozerwalne rzeczy. Wszystkie nerwice, szereg chorób wrzodowych żołądka, zespół bolesnego jelita, mają związek z naszym „wyższym piętrem", czyli przeżywaniem. A więc nie tylko profilaktyka, nie tylko zdrowy styl życia (są one oczywiście niezwykle ważne), ale także wola wyzdrowienia, czy po prostu bycia zdrowym, umiejętność uzyskania dobrego nastroju psychicznego, chęć życia, radość życia, to olbrzymia siła lecznicza. A przecież w tym pomaga uprawianie sztuki, czy choćby tylko obcowanie z nią.

Jak ponury byłby świat, gdyby zawsze był słotny listopad, błoto, szare niebo. Jak to cudownie, że bywają też: słoneczne lato, ukwiecone łąki, wiosenna zieleń, biel śniegu... Cała wielka różnorodność. Taką różnorodność sami możemy sobie sprawić idąc na koncert, słuchając w domu muzyki, oglądając wystawę czy spektakl teatralny. Albo po prostu śpiewając samemu przy przysłowiowym goleniu. Bo muzyka jest w nas, czy o tym wiemy, czy nie. Czasem tak silna, że sami ją tworzymy, wykonujemy i nawet fałszując – śpiewamy, czasem taka, że po prostu jest nam cudownie, gdy jej słuchamy. I trzeba z tą swoją muzyką popłynąć... (zw)

Przyjaciółka 7 XII 1994

REKLAMA – zwroty i wyrażenia

- *NAJ* | *tańszy (stopień najwyższy przymiotnika)*   *NIE* | *powtarzalny*
  lepszy   zastąpiony
  nowszy   zbędny
  modniejszy

Najlepszy i niezastąpiony robot kuchenny!
- Rewelacyjny
- Fantastyczny
- Cudowny
- Jedyny
- Doskonały
- Świetny
- Perfekcyjny

- „A” | to zapach, który inspiruje!
  to zdrowe serce!
  to wdzięk i elegancja!
  to wypoczynek, jakiego nie zapomnisz!
  to oferta, jakiej nie można przegapić!
  to firma, której można zaufać!

Tydzień w ośrodku „Arkadia” to wypoczynek, jakiego nie zapomnisz!
„Donald” to bank, któremu można zaufać!

- „B” – na każdą | kieszeń!
  okazję!
- *(tryb rozkazujący)*   *(czas przyszły – dok.)*
  Kup | , a spełnią się twoje sny (marzenia)!
  Zamów | , a szczęście zapuka do twoich drzwi!

- *(tryb rozkazujący)*   *(tryb rozkazujący)*
  Wyślij | i wygraj
  Zjedz | i poczuj, że żyjesz!

Kup nasz produkt, a zrealizują się twoje plany!
Kup ten poradnik i odmień swoje życie!

- Nie zwlekaj | jutro może być za późno!
  Zainwestuj dziś |

- Przebój sezonu!
- Wysoka jakość – niskie ceny!
- Dziś Kopciuszek – jutro księżniczka!
- Rano łyk mleka – siła na cały dzień!
- 100 witamin w jednej tabletce!
- 3 rodzaje herbaty w jednej torebce!
- 10 kolorów w jednej kredce!

Ćwiczenia

I. Proszę napisać w odpowiedniej formie.

Przykład: Najlepszy (dobry – stopień najwyższy) robot kuchenny!

1. Czerwony to . . . . (modny – stopień najwyższy) kolor w tym sezonie!
2. „Puchatka" to . . . . (lekki, ciepły – stopień najwyższy) kurtka!
3. Wyjazd z naszym klubem to wycieczka, ... (który) nie zapomnisz.
4. „Hot" to pieprz, dzięki . . . . (który) serce twojego mężczyzny zabije mocniej!
5. Nowy album „Prosiaczków" to rytmy, ... (jaki) nie znałeś.
6. Spójrz przez te okulary, a . . . . (ty – pokochać) cały świat!
7. Kup perfumy „Listek", a świat . . . . (paść) ci do stóp.
8. Sto . . . . (sposób), aby wygrać!
9. Trzy . . . . (film) za cenę jednego!
10. W każdym opakowaniu – pięć . . . . (czekoladka) za darmo!

II. Proszę połączyć kolumny A i B.

A	B
1. Żółte kalosze –	a. a wrócimy ci młodość!
2. Wysoka jakość –	b. w jednej butelce!
3. ABC –	c. jutro może być za późno!
4. Kup los, a szczęście	d. to samochód na każdą kieszeń!
5. Dwa syropy	e. tylko 100 kalorii!
6. Nie zwlekaj,	f. uśmiechnie się do ciebie!
7. Przyjedź do naszego ośrodka,	**g. przebój sezonu!**
8. Łyk tego napoju –	h. niskie ceny!

III. Proszę dokończyć używając zwrotów podanych w ramce.

> którym możesz powierzyć swoje stopy; najskuteczniejszy; Nie będziesz żałować; forma na cały dzień; wygraj; o jakim marzysz; o jakiej marzysz; przebój sezonu; za cenę jednej; na każdą okazję

1. Zagraj w loterię i . . . . domek nad jeziorem!
2. Wycieczka do Funlandii to podróż, ... !
3. „Skoczki" to buty, ... !
4. To sukienka . . . . Możesz ją nosić od rana do wieczora.
5. „Rex" to . . . . środek przeciwko plamom.
6. „Huragan" to odkurzacz, ...
7. Rano kawa „Świt" — . . . . !
8. Uwaga! To prawdziwy . . . . ! Kup natychmiast!
9. Wstąp do nas! . . . . !
10. Dwie rękawiczki . . . . !

---

część II   **Wypoczynek**

W tekst „Wypoczynek" zostało wmieszanych 8 fragmentów tekstu „Stres? Przejmij nad nim kontrolę!" Proszę je odszukać i zaznaczyć (zob. w kluczu do ćwiczeń). Pierwszy został wyróżniony kursywą.

Ogromna ilość ludzi żyje w stanie nagromadzonego przemęczenia. Coraz trudniej jest im skupić uwagę, pracują wolniej, a krótki odpoczynek nie daje uczucia świeżości. Wtedy powinniśmy sobie powiedzieć stop i wyjechać chociaż na trzy dni. Ale nie, my nie możemy sobie na to pozwolić. *Jesteś często rozdrażniona, płaczliwa, nie panujesz nad sobą? Szef w pracy stawia przed Tobą coraz to nowe zadania, a Tobie wydaje się, że nie masz już zupełnie czasu dla siebie? Pora temu zaradzić i zrobić coś, co spowoduje, że to Ty zapanujesz nad stresem. Oto kilka sprawdzonych sposobów.* Świat by się zawalił bez nas. I tak pędzimy od żłobka do tramwaju, od biura do kolejek, wiecznie spiesząc się, wiecznie nie mając na nic czasu i mimo że maszyna naszego życia kręci się jak szalona, mamy stale uczucie, że życie przecieka nam między palcami.

Czasy, kiedy żyliśmy w zgodzie z rytmem przyrody, minęły, ale taka ciągła harówka to życie „na kredyt". Pomyśl o czasie, kiedy byłaś całkowicie zrelaksowana i szczęśliwa. Spróbuj sobie to wyobrazić i przypominać w stresujących momentach. A pożyczki trzeba spłacać i to z procentami. Gdy zapadniecie na zdrowiu, nagle okaże się, że was nie ma już piąty tydzień, a w urzędzie dają sobie bez was radę, a i domownicy nie poumierali jakoś z głodu. Czy trzeba aż do tego doprowadzić? Nawet najbardziej zagoniony człowiek może przecież usiąść czasami na ławce i popatrzeć jak płyną obłoki, albo być sam na sam z lustrem kontemplując swoją twarz w całkowitym oderwaniu od rzeczywistości. Bo o to właśnie chodzi, żeby wyłączyć, choć na chwilę, zmęczony umysł, gdyż wielu ludzi nawet po pracy ciągle, podświadomie myśli o niej. Dotyczy to szczególnie ludzi zajmujących odpowiedzialne stanowiska, artystów, sportowców.

Oczywiście rodzaj wytchnienia zależy od rodzaju naszego zmęczenia, np. dla męża wracającego z pracy zabawa z synkiem może być odprężeniem, a dla kobiety, która cały czas dziecko zabawia, może (ale nie musi) być katorgą. Bądź dla siebie dobra. Naucz się nagradzać za ciężką pracę. Może to być np. masaż czy relaksująca kąpiel. Smaczne ciastko i filiżanka herbaty w miłej kawiarence będzie działać równie kojąco. To tak, jakby rybakowi pracującemu na kutrze, w ramach relaksu proponować łowienie rybek.

A raz do roku musimy koniecznie wyjechać na dłuższy urlop. Jaki rodzaj urlopu najbardziej nam będzie odpowiadał, każdy chyba zdaje sobie sprawę i nie trzeba radzić się w tej sprawie specjalistów. Ubiór i bagaż także powinien być dostosowany do tego, gdzie jedziemy i jakim typem urlopowicza jesteśmy. Jeśli masz za dużo zajęć w pracy, warto zastanowić się, czy nie uda się przekazać części obowiązków komuś innemu. Czasem wystarcza porozmawiać o tym z szefem, zamiast brać wszystko na swoje barki. Bez sensu jest branie brokatowej sukienki na pieszą wycieczkę w góry, natomiast jadąc do Złotych Piasków można wziąć lekki powiewny strój i złote sandałki na wieczorną promenadę deptakiem.

Na wakacjach robimy co chcemy, ubieramy się w co chcemy, i nigdy, przenigdy nie telefonujemy do pracy, żeby dowiedzieć się co słychać, pamiętając, że o ile regeneracja sił fizycznych następuje stosunkowo szybko, nasza psychika uwalnia się od napięć i stresów bardzo powoli. Czasami nawet lepiej zrezygnować z wakacyjnych szaleństw na korzyść spokojnego uzdrowiska z leczniczym źródłem, które podreperuje nam nadwątlone nerwy i zdrowie.

Ale ponieważ życie to nie bajka i nie składa się z samych wakacji, na co dzień również możemy sobie zafundować odrobinę komfortu. Naucz się mówić „nie". Lepiej jest komuś odmówić, niż obiecać coś, czego nie możesz spełnić. A do komfortu psychicznego na pewno należy cisza. Szanujmy więc nerwy swoje i sąsiadów zarówno w pracy, jak i w domu.

Jednak największą szansę wypoczynku daje nam sen. Daje – ale nie wszystkim, gdyż niektórzy ludzie dręczeni bezsennością ze strachem myślą o zbliżającej się nocy i tu koło się zamyka, gdyż nie śpią z powodu bezsenności, a nie mogą zasnąć ze strachu przed nią. Spotykaj się z wesołymi osobami i śmiej się. Szczęśliwi ludzie generują pozytywne uczucia, a ci, którzy mają zmartwienia – negatywne. Nie musisz być smutna, nawet wtedy, kiedy jesteś zestresowana. I wtedy sięgają po tabletki; a współczesna medycyna dostarcza im całego wachlarza środków słabszych lub bardzo mocnych i można się do nich łatwo przyzwyczaić. Zanim więc sięgniemy po środki nasenne, spróbujmy paru innych metod lub ziółek.

Długość snu potrzebna na regenerację sił jest indywidualna dla każdego. Zadzwoń do przyjaciela i zrzuć z siebie ciężar. Szczera rozmowa oczyszcza. Jednemu wystarczy pięć godzin, inny po ośmiu nie będzie się czuł wypoczęty. Dzieci na ogół śpią mocno i długo, a starzy ludzie krótko i czujnie. Sposoby spania niech każdy sobie sam opracuje, byle mu było dobrze. Łatwo jest dawać porady na temat stresu, lecz dla wielu osób stosowanie się do nich może być trudne lub w danym momencie życiowym po prostu niemożliwe. Zmiany stylu życia są łatwiejsze, gdy można przez nie przejść z pomocą rodziny i przyjaciół. Jeden musi spać sam, inny czuje się bezpieczny mocno przytulony do czegoś żywego, ktoś lubi ciepłą pierzynkę, inny cieniutki kocyk, ktoś czasami musi poczytać przed zaśnięciem.

Marzenna Szuman-Wierzchowiecka,
Być kobietą (fragm., KAW, Poznań 1988)

Objaśnienia do tekstu

przemęczenie – stan obniżonej zdolności do pracy, stan osłabienia, występujący po nadmiernym wysiłku fizycznym lub umysłowym

zawalić się – lec w gruzach, zapaść się, zerwać się, runąć

wiecznie – ciągle, bez przerwy, nieustannie, stale, ustawicznie

przeciekać – tu: marnować, tracić

harówka – ciężka, wyczerpująca praca; praca ponad siły

kredyt – pożyczka; kupno lub sprzedaż towarów bez pieniędzy

„żyć na kredyt" – tu: pracować za dużo, żyć w pośpiechu kosztem zdrowia i wypoczynku

zapaść – tu: wpaść w chorobę, stracić zdrowie

zagoniony – zalatany, zapracowany

kontemplować – analizować, przemyśleć

obłok – lekka chmura, chmurka

oderwanie – brak związku, łączności z kimś, z czymś

odpowiedzialny – mający poczucie obowiązku, taki, na którym można polegać; rzetelny, solidny, poważny, trudny

wytchnienie – krótki odpoczynek, przerwa w pracy

odprężenie – uczucie ulgi, spokoju; osłabienie napięcia

katorga – przymusowe ciężkie roboty; tu: nieprzyjemne, nużące, przykre zajęcie

kuter – mały pokładowy statek rybacki o napędzie motorowym

urlop – wakacje

brokat – gruba, ciężka tkanina jedwabna lub półjedwabna przetykana złotą lub srebrną nitką

promenada – miejsce przeznaczone na spacer: ulica, aleja, tu: spacer

deptak – ulica, miejsce spacerowe (zwłaszcza w miejscowościach letniskowych i kuracyjnych)

źródło – naturalny wypływ wody podziemnej (słodkiej lub mineralnej) na powierzchnię ziemi; początek rzeki, strumienia

nadwątlić – uczynić wątłym, słabym; uszczuplić (w sensie fizycznym lub moralnym)

dręczyć – zadawać komu cierpienie fizyczne lub moralne; znęcać się, dokuczać, męczyć

wachlarz – tu: rozpiętość, różnorodność

czujny – czuwający, baczny, uważny

Uwaga na słowa!

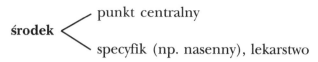

środek 〈 punkt centralny

specyfik (np. nasenny), lekarstwo

Ćwiczenia

I. Do podanych wyrazów proszę dopisać wyrazy o podobnym znaczeniu (A) oraz o znaczeniu przeciwnym (B).

A	B
1. zalatany = *zagoniony*	1. zmęczony ≠ *wypoczęty*
2. chmurka = ...	2. cisza ≠ . . . .
3. kłopot = ...	3. zasnąć ≠ . . . .
4. wiecznie = ...	4. sztuczny ≠ . . . .
5. strach = ...	5. mocno ≠ . . . .
6. zawalić się = ...	6. wieczorny ≠ . . . .

II. Proszę połączyć wyrazy z kolumny A i B w pary, odszukać i zaznaczyć je w tekście „Wypoczynek":

A	B
_c_ *1. skupić*	a. na urlop
__ 2. dawać (sobie)	b. o nocy
__ 3. usiąść	*c. uwagę*
__ 4. kontemplować	d. przed zaśnięciem
__ 5. wyłączyć	e. nerwy
__ 6. wyjechać	f. sprawę
__ 7. zdawać (sobie)	g. radę
__ 8. zrezygnować	h. twarz
__ 9. podreperować	i. na ławce
__ 10. myśleć	j. po tabletki
__ 11. sięgać	k. z szaleństw
__ 12. poczytać	l. umysł

III. Proszę dobrać definicje do podanych wyrazów i zwrotów (na podstawie tekstu „Stres? Przejmij nad nim kontrolę!" Zob. w kluczu).

1. płaczliwy –	a. przejąć kontrolę, władzę
2. zaradzić –	b. przejmować odpowiedzialność za coś lub kogoś, zobowiązać się do samodzielnego wykonania czegoś
3. generować –	c. rozdygotany, poirytowany, niespokojny, zdenerwowany
4. kojąco –	*d. skłonny do płaczu, ktoś, kto płacze często i z byle powodu*
5. brać ... na barki –	e. wytwarzać
6. zapanować –	f. znajdować na coś radę, sposób
7. rozdrażniony –	g. pozbyć się przykrych przeżyć, doświadczeń, uczuć
8. zrzucić z siebie ciężar –	h. łagodząco, uśmierzająco, uspokajająco

IV. Podane wyrazy proszę wstawić w wykropkowane miejsca (znaczenie wyrazów proszę skonsultować ze słownikiem).

> zmęczenie, przemęczony, męczeńską, męczący, męczę, namęczyliśmy, męczydusza, zamęczyły, zmęczeni, *męczarnia*, wymęczyli

1. Podróż tym małym samochodem i jeszcze w taki upał z małymi dziećmi – to prawdziwa . . . męczarnia . . . 2. Ojciec Maksymilian Kolbe zginął . . . . śmiercią. 3. Te łobuzy . . . . biednego kota na śmierć! 4. Miałam dziś bardzo . . . . dzień i chcę się wcześniej położyć. 5. Lubię Michała, ale straszna z niego . . . . – bez przerwy opowiada o swoich kłopotach. 6. Ależ go . . . . na tym egzaminie! Wyszedł blady, spocony i bez sił, ale na szczęście zdał. 7. Jurek był ostatnio tak . . . ., że dziś zemdlał w pracy. 8. Panie doktorze, jestem ostatnio słaby, bardzo szybko się . . . . i często boli mnie głowa. 9. Opanowała go niezwykła senność i . . . ., więc usiadł pod drzewem i zaczął jeść kanapki. 10. Widzę, że jesteście już . . . . Zróbmy więc przerwę na kawę. 11. Tak się . . . . przygotowując to przedstawienie, a przyszło tak mało ludzi.

157

Wyrażenia idiomatyczne

NERWY

- *nerwy* stalowe, żelazne; *nerwy* jak postronki – opanowanie, spokojne usposobienie, wytrzymałość na silne emocje
- działać komuś na *nerwy*, grać komuś na *nerwach* – drażnić, denerwować kogoś
- kłębek *nerwów* – o człowieku chorobliwie nerwowym, przewrażliwionym
- *nerwy* odmówiły komuś posłuszeństwa, *nerwy* zawiodły – ktoś stracił panowanie nad sobą, załamał się nerwowo
- coś kosztuje kogoś wiele *nerwów* – ktoś osiąga coś kosztem wielkiego wysiłku nerwowego

SPAĆ

- *spać* snem sprawiedliwego – spać mocno, spokojnie
- *spać* jak zając – spać lekko, czujnie
- *spać* jak kamień, jak suseł, jak zabity – spać bardzo mocno
- chodzić, kłaść się *spać* z kurami – kłaść się *spać* bardzo wcześnie

Spać jak kamień

SEN

- wybić się ze *snu* – nie móc zasnąć, nie czuć się sennym
- mijać, przechodzić jak *sen* – bardzo szybko
- ani mi się *śni*! – nie mam nawet zamiaru (tego zrobić)

Ćwiczenie

Proszę wstawić wyrażenia z ramki w wykropkowane miejsca:

> jak suseł, minęły jak sen, śpi jak zając, chodzi spać z kurami,
> kosztuje nas za wiele nerwów, nerwy odmówiły posłuszeństwa,
> działa na nerwy, stalowe nerwy, wybił mnie ze snu, ani mi się śni,
> ***kłębkiem nerwów***

1. Po tych wszystkich przykrościach i niepowodzeniach Katarzyna jest
.. <u>kłębkiem nerwów</u> .. 2. Bohater tej powieści, nieustraszony detektyw,
jest bardzo silny, wysportowany, bystry i ma . . . .
3. Nie mogłyśmy jej dobudzić – spała . . . . 4. Teraz już
za późno, żeby do niej dzwonić, bo ona . . . .
5. Nie mogę z nim nawet rozmawiać, bo tak mi . . . .,
że od razu kłótnia wisi w powietrzu. 6. Ten nocny telefon całkiem
. . . . i bardzo długo nie mogłem zasnąć. 7. Leszkowi
. . . . i wreszcie powiedział szefowi co
o nim myśli i skrytykował jego pracę. 8. Mieliśmy wspaniałe wakacje, ale
niestety . . . . 9. Nie wchodź teraz do pokoju –
Adaś zawsze . . . ., więc na pewno by się obudził.
10. – Pożyczysz Ryśkowi te pieniądze, o które cię prosił? – . . . .
. . . . On mi nigdy w niczym nie pomógł! 11. Musimy chyba prze-
rwać współpracę z firmą XYZ – nie przynosi nam ona zbyt wiele korzyści
i . . . .

Tematy do ćwiczeń pisemnych i ustnych

1. Gdzie i w jaki sposób wypoczywa Pan/i najlepiej?
2. Czy zdaniem Pana/Pani rodzina powinna spędzać wakacje razem czy
   osobno? Dlaczego?
3. Wszyscy jesteśmy narażeni na stres. Jak z nim walczyć?
4. Pracoholizm jest chorobą. Czy zgadza się Pan/i z tym stwierdzeniem?
5. Proszę podać przepis na długie życie w zdrowiu.

Czesław Miłosz
DAR

Dzień taki szczęśliwy.
Mgła opadła wcześnie, pracowałem w ogrodzie.
Kolibry przystawały nad kwiatem kaprifolium.
Nie było na ziemi rzeczy, którą chciałbym mieć.
Nie znałem nikogo, komu warto byłoby zazdrościć.
Co przydarzyło się złego, zapomniałem.
Nie wstydziłem się myśleć, że byłem, kim jestem.
Nie czułem w ciele żadnego bólu.
Prostując się, widziałem niebieskie morze i żagle.

Poezja naszego wieku, wyd. III, WSiP,
Warszawa 1992, s. 279

część III

Zdania przydawkowe
(ćwiczenia I–VII)

Przydawka jest określeniem rzeczownika i może odpowiadać na pytania: *jaki, który, czyj, z czego, ile.*

Z d a n i e   p o d r z ę d n e   p r z y d a w k o w e pełni funkcję niewyrażonej lub ogólnie wskazanej przydawki zdania nadrzędnego. Odpowiada więc na podobne pytania.

Proszę porównać:

Dziennikarz rozmawiał z **najmłodszym** zawodnikiem.
    Z którym zawodnikiem rozmawiał dziennikarz?

Dziennikarz rozmawiał z zawodnikiem, **który był najmłodszy**.
    Z którym zawodnikiem rozmawiał dziennikarz?

Kupiła **wełnianą** czapkę.
Kupiła czapkę, **która była zrobiona z wełny**.
    Jaką czapkę kupiła?

Najczęściej zdanie podrzędne przydawkowe połączone jest ze zdaniem nadrzędnym wyrazami *który, jaki*. Przed tymi wyrazami stawiamy przecinek.

Może to być katorgą dla kobiety, **która** cały czas dziecko zabawia.
Dotyczy to szczególnie ludzi, **którzy** zajmują odpowiedzialne stanowiska.
Lepiej zrezygnować z wakacyjnych szaleństw na korzyść spokojnego źródła, **które** podreperuje nam nadwątlone nerwy i zdrowie.

UWAGA!
Forma wyrazów *jaki, który* nie zależy od wyrazu określanego. Zależy od formy wyrazu zastępowanego przez *jaki, który w* zdaniu podrzędnym.

Przykłady:
Kupiła czapkę, **która** była zrobiona z wełny.
Kupiła czapkę. **Ta czapka** była zrobiona z wełny.

Zaimek *która* zastępuje wyraz „czapka" i przyjmuje jego formę – mianownik liczby pojedynczej, rodzaj żeński. Zaimek nie przyjmuje formy wyrazu „czapkę" ze zdania nadrzędnego.

Dalsze przykłady:
Rozmawiałem z kolegami, **którzy** jutro mieli wyjechać.
Rozmawiałem z kolegami. **Ci koledzy** jutro mieli wyjechać. (mian. l. mn.)
Kupiłem książkę, **której** dawno szukałem.
Kupiłem książkę. **Tej książki** dawno szukałem. (dop. l. poj.)

Często spotykamy zdania, w których wyraz określany poprzedzany jest zaimkiem wskazującym *ten, taki, tyle...*
Rozmawiałem **z tymi** kolegami, którzy jutro mieli wyjechać.
Kupiłem **tę** książkę, której długo szukałem.
Znaleźliśmy **takie** miejsce, jakie wszystkim odpowiadało.

Zdarza się, że zdanie nadrzędne jest „podzielone" przez zdanie podrzędne przydawkowe, to znaczy zdanie podrzędne jest umieszczone między składnikami zdania nadrzędnego. Taka konstrukcja wynika z faktu, że zaimki *który, jaki* muszą znajdować się koło wyrazu określanego, a kolejność pozostałych składników podyktowana jest intencją mówiącego lub względami stylistycznymi.

Proszę porównać :

1. Może to być katorgą dla kobiety, która cały czas dziecko zabawia.
2. Dla kobiety, *która cały czas dziecko zabawia*, może to być katorgą.

UWAGA!

Proszę zauważyć, że zdanie podrzędne jest oddzielone od nadrzędnego przecinkiem.

Zdania przydawkowe mogą łączyć się także za pomocą innych zaimków względnych, a także spójników.

Czasy, *kiedy* żyliśmy w zgodzie z rytmem przyrody, minęły.
Mamy stałe uczucie, *że* życie przecieka nam między palcami.

Czasowniki odimienne (denominalne)
(ćwiczenia VIII–XIII)

Do klasy czasowników odimiennych należą czasowniki pochodzące od rzeczowników i przymiotników, a także (rzadziej) od liczebników, przysłówków, zaimków i wykrzykników. Najogólniej można je podzielić na następujące grupy:

I. Czasowniki oznaczające uzyskiwanie cechy (stawać się ...), przejawianie cechy (być takim...), bycie kimś lub pełnienie funkcji kogoś, np.:

bieleć	–	od: biały
spoważnieć	–	od: poważny
zbaranieć	–	od: baran
chorować	–	od: chory
skąpić	–	od: skąpy
dyrektorować	–	od: dyrektor

II. Czasowniki oznaczające „powodować, że coś jest jakieś (czymś)", np.:

czernić	–	od: czarny
uciszyć	–	od: cichy
uniewinnić	–	od: niewinny

III. Czasowniki nazywające czynność ze względu na przedmiot związany z tą czynnością, miejsce lub czas, np.:

korkować	–	od: korek
asfaltować	–	od: asfalt
butelkować	–	od: butelka
lądować	–	od: ląd
nocować	–	od: noc
spacerować	–	od: spacer

Czasowniki odimienne tworzy się przez dodanie do tematu wyrazu podstawowego (rzeczownika, przymiotnika, liczebnika itd.) różnych prefiksów, które wprowadzają określoną modyfikację semantyczną, oraz sufiksów.

A. Czasowniki prefiksalno-sufiksalne

Tworzy się je przez dodanie do tematu rzeczownika lub przymiotnika różnych prefiksów, które wprowadzają określoną modyfikację semantyczną, oraz sufiksu.

Przykłady:

odśnieżyć	(od-	śnieg	-yć)
zadrzewić	(za-	drzewo	-ić)
uintensywnić	(u-	intensywny	-ić)
polepszyć	(po-	lepszy	-yć)
ocieplić	(o-	ciepły	-ić)

Cechą charakterystyczną czasowników prefiksalno-sufiksalnych jest to, że nie mają odpowiedników bezprzedrostkowych, a także to, że występują często w parach antonimicznych, np.

zaśnieżyć	–	odśnieżyć
urealnić	–	odrealnić

B. Czasowniki sufiksalne

Tworzą je sufiksy:

-eć (-nieć)

siwy	–	siwieć
mądry	–	mądrzeć
biały	–	bieleć
gęsty	–	gęstnieć

-nąć

chudy	–	chudnąć
ślepy	–	ślepnąć

-ować

chory	–	chorować
film	–	filmować
piła	–	piłować
linia	–	liniować
noc	–	nocować

Czasowniki te mają swoje odpowiedniki dokonane utworzone w taki sam sposób, w jaki tworzy się formy dokonane od innych czasowników, np.

chudnąć	–	schudnąć
chorować	–	zachorować
siwieć	–	posiwieć

Rzeczowniki odliczebnikowe
(ćwiczenia XIV–XV)

Od liczebników można tworzyć rzeczowniki, które oznaczają na przykład:
- numery tramwajów, autobusów;
- nominały banknotów;
- rozmiary;
- oceny szkolne;
- numery szkół;
- numery pokoi hotelowych, biurowych, szpitalnych, stolików w restauracji, kas itp.;
- nazwy kart do gry;
- „numery" zębów.

Przykłady rzeczowników odliczebnikowych:

jeden	–	jedynka
dwa	–	dwójka
trzy	–	trójka
cztery	–	czwórka
pięć	–	piątka
sześć	–	szóstka
siedem	–	siódemka
ósmy	–	ósemka

W pozostałych przypadkach rzeczowniki te tworzy się od liczebników porządkowych za pomocą sufiksu *-ka*.

dziewięć	–	dziewiąty	–	dziewiątka
dziesięć	–	dziesiąty	–	dziesiątka
dwanaście	–	dwunasty	-	dwunastka
piętnaście	–	piętnasty	–	piętnastka
dwadzieścia	–	dwudziesty	–	dwudziestka
sto	–	setny	–	setka
dwieście	–	dwusetny	–	dwusetka
pięćset	–	pięćsetny	–	pięćsetka

UWAGA:
Nie od wszystkich liczebników można utworzyć rzeczowniki tego typu, na przykład – nie jest to możliwe w przypadku:
czterysta, siedemset, osiemset, tysiąc itp.

Ćwiczenia

I. Proszę zadać pytania do następujących zdań.

Przykład: Rozmawiałam z kolegami, którzy jutro mieli wyjechać.
   Z którymi kolegami rozmawiałaś?

1. Byli zadowoleni z wycieczki, na której byli w zeszłym tygodniu.
2. Dostała od niego zegarek, o jakim zawsze marzyła.

3. Rozmawialiśmy o filmie, który tydzień temu wszedł na ekrany.
4. Ania podeszła do dziewczyny, która wydała jej się sympatyczna.
5. Janek wydał na aparat pieniądze, które dostał od rodziców.
6. Dotyczy to szczególnie ludzi, którzy zajmują odpowiedzialne stanowiska.
7. Kupiła proszek, który ostatnio reklamuje telewizja.
8. Wszyscy starali się pomagać koledze, który miał nogę w gipsie.
9. Nie mam zaufania do lekarza, który na wszystkie dolegliwości przepisuje aspirynę.
10. Pojedziemy drogą, którą zwykle chodzę do pracy.
11. Kupisz czekoladki, które nam tak smakują?
12. Wszystkie zakupy zrobiliśmy w sklepie, który otwarto tydzień temu.
13. Nie lubię ludzi, którzy ciągle narzekają.
14. Chcę koniecznie pójść do kawiarni, w której spotykali się znani artyści.
15. Nie piłaś koktajlu, który przygotował Marek?

II. Podane pary zdań proszę połączyć w jedno:

Przykład:

a. Dorota kupiła sobie filiżankę. Ta filiżanka od dawna jej się podobała.
   Dorota kupiła sobie filiżankę, która od dawna jej się podobała.
b. Lekarz zapisał mi syrop. Tego syropu bardzo nie lubię.
   Lekarz zapisał mi syrop, którego bardzo nie lubię.

1. To był wspaniały dzień. Ten dzień zostanie mi zawsze w pamięci.
2. Przyjedzie do mnie koleżanka. Tej koleżanki nie widziałam od lat.
3. To jest cukiernia. W niej można kupić świetne ciastka.
4. Przyjechał autobus. Na ten autobus czekało dużo ludzi.
5. To jest moja kuzynka. O niej ci opowiadałam.
6. Dzwonił do ciebie kolega. Temu koledze obiecałeś pożyczyć książkę.
7. Zaprosiliśmy znajomych. Ci znajomi byli niedawno w Chinach.
8. W Sukiennicach wisi miecz. Tym mieczem brat zabił brata.
9. Co to za kobiety? Z nimi rozmawia Piotr.
10. Czy wiesz coś o tym chłopcu? Tego chłopca poznałeś wczoraj.
11. Znasz tych państwa? Tym państwu twój brat pomaga nieść bagaże.
12. Musimy pójść na koncert tego pianisty. On wygrał międzynarodowy konkurs.
13. Włóż te buty. W tych butach będzie ci najwygodniej.
14. Często wspominam spacer. Na tym spacerze byliśmy razem.
15. Zbyszek dostał prezent. Z tego prezentu bardzo się ucieszył.

III. Podane pary zdań proszę połączyć w jedno:

1. Zaprowadzę cię do lasu. Tam na pewno znajdziesz grzyby.
2. Orkiestrę poprowadzi dyrygent. O tym dyrygencie ostatnio dużo się mówi.
3. Żałuję, że wysłałem ten list. Na ten list nigdy nie dostałem odpowiedzi.
4. Krystyna występuje w obronie zwierząt. Na tych zwierzętach przeprowadza się doświadczenia.
5. On zawsze ma takie pomysły. Na takie pomysły nikt inny by nie wpadł.
6. Musimy wyjechać na wakacje. Na tych wakacjach wszyscy dobrze wypoczniemy.
7. Przyjedzie do nas kuzynka. Tę kuzynkę widziałem ostatnio piętnaście lat temu.
8. Znany aktor zagrał rolę. Tej roli nie powinien był przyjąć.
9. Trudno jest kupić samochód. Ten samochód będzie dobry i tani.
10. Fryzjerka wybierze ci fryzurę. W tej fryzurze będzie ci do twarzy.
11. Bardzo chętnie pójdę na kolację. Na tę kolację zaprosił mnie Adam.
12. Trzeba przygotować salę. W tej sali odbędzie się zebranie.
13. Janusz wysłał pracę na konkurs. W tym konkursie główną nagrodą jest wycieczka po Morzu Śródziemnym.
14. Czekał na to spotkanie z wielką emocją. Tej emocji nie potrafił ukryć.
15. Czy kupiłeś jarzyny? O te jarzyny prosiłam.

IV. Zaimki podane w nawiasach proszę napisać w odpowiedniej formie.

Przykład: To były wakacje, o *jakich* (jaki) zawsze marzyłem.

1. To jest problem, ... (który) nigdy nie rozwiążecie. 2. Czy to na pewno jest taka herbata, ... (jaka) pija królowa angielska? 3. Oglądaliśmy program o kierowcach, ... (który) brali udział w ostatnim rajdzie. 4. Wisła to rzeka, nad . . . . (która) leżą Warszawa i Kraków. 5. Krystyna dostała bluzkę w kolorze, ... (który) nie lubi. 6. Czy pamiętasz dowcip, ... (który) opowiadał wczoraj Marcin? 7. Zrób nam takie śniadanie, ... (jakie) zwykle jadasz. 8. Czyje są te samochody, ... (który) się tak przyglądasz? 9. Na tej wystawie było tylko kilka obrazów, ... (który) naprawdę mi się podobały. 10. Basia marzy o lalce, ... (która) chodzi i mówi. 11. Widziałeś psa, ... (który) kupili sobie Beata i Wojtek? 12. Znowu włożyłeś krawat, ... (który) nie pasuje ci do marynar-

ki. 13. Już nigdy nie pójdziemy do restauracji, w . . . . (która) wczoraj jedliśmy kolację. 14. Nic nie pomaga mi lekarstwo, ... (które) przepisał mi lekarz. 15. Piotruś zbiera pieniądze na rower, o . . . . (jaki) marzy.

V. Zaimki podane w nawiasach proszę napisać w odpowiedniej formie.

1. Co myślicie o propozycji, ... (jaka) przedstawił Dominik?
2. Wreszcie nadeszła odpowiedź, na . . . . (która) czekaliśmy miesiąc. 3. Nie podoba mi się sposób, w . . . . (jaki) Łukasz traktuje swoją siostrę. 4. Ciągle mam przed oczami wypadek, ... (który) byłam świadkiem. 5. Dziennikarzowi naszego pisma udało się porozmawiać z aktorką, ... (która) bardzo niechętnie udziela wywiadów. 6. Znajomi namawiają Jadwigę na opublikowanie wierszy, ... (który) pisze od dawna. 7. Jedliśmy obiad w karczmie, w . . . . (która) podobno Twardowski spotkał diabła. 8. Babcia pokazała nam album, w . . . . (który) były jej najcenniejsze fotografie. 9. Firma zatrudni sekretarkę, ... (która) zna język hiszpański. 10. Rodzice chcą poznać kolegę, z . . . . (który) Jacek wybiera się w góry. 11. Mieszkańcy wsi patrzyli z niepokojem na rzekę, ... (która) poziom ciągle się podnosił. 12. Reżyser poszukuje do filmu statystów, ... (który) mają ponad 1,80 m wzrostu. 13. Zbyszek nie pamiętał imienia dziewczyny, z . . . . (która) tańczył cały wieczór. 14. Mecz zakończył się wynikiem, ... (który) nikt się nie spodziewał. 15. Dzisiaj wypijemy wino, ... (które) przywiózł Tomasz.

VI. Podane zdania proszę skonstruować tak, aby zdanie podrzędne rozdzieliło zdanie nadrzędne.

Przykład: Powiesiłem koło okna obrazek, który dostałem na imieniny.
Obrazek, *który dostałem na imieniny*, powiesiłem koło okna.

1. Mocno pachniały kwiaty, które stały na stole.
2. Głośno krzyczały dzieci, które bawiły się na podwórku.
3. Na tamtej półce leży książka, której szukasz.
4. Przed chwilą wyszedł nauczyciel, o którego pan pytał.
5. Dawno już opadły liście z drzew, które rosną przy ulicy.
6. Bardzo dobre jest ciasto, które upiekłaś.
7. Lepszą pracę może znaleźć człowiek, który zna kilka języków.
8. Wspaniała była potrawa, którą przyrządzili nasi koledzy.
9. Podoba mi się bardzo miasto, które ostatnio zwiedzałem.
10. Zepsuło się radio, które niedawno kupiłeś.
11. Trudny jest język, którego się uczymy.

12. Wspaniałe były wakacje, które spędziliśmy razem.
13. Znaliśmy dokładnie wszystkie anegdoty, które opowiadał wujek.
14. Oglądaliśmy z zaciekawieniem film, który reżyserował nasz przyjaciel.
15. Kupiłam w czasie pobytu w Wenecji filiżankę, której się przyglądasz.

VII. Proszę dokończyć następujące zdania:

Przykład: Pożyczyłem książkę, którą zawsze chciałem przeczytać.

1. To jest film o ludziach, którzy . . . .
2. Byliśmy na wystawie, która . . . .
3. Zapraszam was do kawiarni, w której . . . .
4. Z daleka widać było las, nad którym . . . .
5. W tej sztuce gra aktorka, którą . . . .
6. Gdzie jest ten pacjent, któremu . . . .
7. To jest dziewczyna, z którą . . . .
8. Turyści oglądali zabytki, o których . . . .
9. W pokoju leżał pies, który . . . .
10. Do Krakowa przyjedzie dyrygent, o którym . . . .
. . . .
11. Czekam na przyjaciół, z którymi . . . .
12. Posłuchaj tej piosenki, którą . . . .
13. Czy to nie jest ten piłkarz, którego . . . .
14. Spotkałem znajomych, którym . . . .
15. Tam na pewno znajdziesz informacje, które . . . .
. . . .

VIII. Od jakich wyrazów zostały utworzone podane czasowniki?

Przykład: odśnieżyć – *śnieg*

zalesić	bieleć	uwrażliwić
odrealnić	chorować	upaństwowić
korkować	gęstnieć	zgłodnieć
pogorszyć	programować	uniewinnić
uczulić	siwieć	planować

IX. Do poniższych zdań proszę wstawić podane czasowniki w odpowiedniej formie.

żółknąć, sędziować, zalesić, odśnieżyć, podróżować, asfaltować, reżyserować, polepszyć, zimować, powiększyć się, uciszyć, posmutnieć, schudnąć, zmądrzeć, ufarbować

l. W nocy spadło dużo śniegu. Nie możemy wyjechać, dopóki służby miejskie nie . . . . dróg. 2. Ten arbiter pierwszy raz . . . . międzynarodowy mecz. 3. Stan chorego znacznie się . . . . Niebezpieczeństwo minęło. 4. Nauczyciel nie mógł . . . . dzieci. Wszystkie głośno krzyczały. 5. Dziadek, kiedy był młody, dużo . . . . Był nawet na Madagaskarze. 6. Tę sztukę . . . . (*czas przeszły*) nasz znajomy. 7. Bociany . . . . w ciepłych krajach. 8. Dzięki hojnemu ofiarodawcy stan biblioteki szkolnej . . . . o 200 książek. 9. Kilka lat temu wycięto tu wszystkie drzewa. Trzeba koniecznie . . . . te tereny. 10. Zbyszek . . . . , kiedy dowiedział się, że Ewa nie może iść z nim do kina. 11. Może wreszcie nie będzie tu błota. Robotnicy zaczęli . . . . drogę. 12. Zaczyna się jesień. Liście . . . . na drzewach. 13. Po tej diecie Krystyna . . . . 5 kilogramów. 14. Czy on nigdy nie . . . .?! Znowu zrobił straszne głupstwo. 15. Zosia . . . . (*czas przeszły*) sobie włosy na rudo.

X. Wyrazy w nawiasach proszę zastąpić czasownikami odimiennymi.

Przykład: Droga jest zamknięta, bo robotnicy *asfaltują* (pokrywają asfaltem) jezdnię.

1. Dzieci . . . . (zabrudziły błotem) podłogę w przedpokoju.
2. Musisz . . . . (nałożyć pastę na buty).
3. Kasia płacze, bo pszczoła ją . . . . (ukłuła żądłem).
4. . . . . (zjechaliśmy na bok) z trasy.
5. On mnie za wszystko . . . . (winić).
6. Ekipa ratownicza już . . . . (usuwa gruz) cały teren.
7. Trzeba . . . . (połączyć klejem) kawałki rozbitego wazonu.
8. Od szóstej rano . . . . (biją w dzwony) na mszę.
9. Ten spadochroniarz zawsze . . . . (osiada na lądzie) bez upadku.
10. Gdzie te zwierzęta . . . . (spędzają zimę)?
11. Od jak dawna pan . . . . (ma gorączkę)?
12. . . . . (zatkaj korkiem) butelkę i włóż ją do lodówki.

XI. Wyrazy w nawiasach proszę zastąpić czasownikami odimiennymi.

1. Chcielibyśmy trochę . . . . (uczynić świeżym) nasze mieszkanie.
2. Mój mąż . . . . (jest prezesem) temu stowarzyszeniu już 7 lat.

3. W jaki sposób należy . . . . (uczynić wiarygodnym) wyniki badań?

4. Kiedy Tomek zobaczył Justynę, zupełnie . . . . (stał się baranem)!

5. Cieszymy się, że na mistrzostwach świata . . . . (jest sędzią) też Polak.

6. Ostatnio Krzysiek . . . . (stał się poważny).

7. . . . . (jestem pośrednikiem) w tej transakcji.

8. Kierownik pragnie . . . . (uczynić atrakcyjnym) i . . . . (uczynić nowoczesnym) system pracy w naszym biurze.

9. Czy da się jakoś . . . . (uczynić prostym) tę instrukcję?

10. Staramy się . . . . (uczynić jednolitym) wszystkie kryteria oceny.

11. W tej hali . . . . (nalewa się do butelek) soki.

12. Trzeba jeszcze . . . . (położyć tynk) dom i można się wprowadzić.

XII. Proszę zastąpić wyrazy w nawiasach czasownikami odimiennymi w odpowiedniej formie.

Przykład: Szef gangu akurat *porcjował* (dzielił na porcje) narkotyki, gdy weszła policja.

– Zobacz, kto idzie!

– Gdzie?

– Tam, koło fontanny.

– Tadzio z Bożenką!

– No właśnie! Czy nie wydaje ci się, że ona ostatnio . . . . i . . . . (stała się piękna i młoda)?

– Chyba tak. I jakby . . . . (stała się chudsza).

– Powinna jednak inaczej się ubierać, bo ten kolor ją . . . . (czyni starą), nie sądzisz?

– Zdecydowanie tak. W ogóle to ona nie jest zbyt zgrabna, więc ta krótka spódniczka...

– No właśnie! A Tadzio jakoś . . . . (stał się mały) i . . . . (stał się brzydki). Nie jest taki atrakcyjny jak dawniej!

– Ale ciągle . . . . (opowiada dowcipy) i śmieje się z byle czego!

– Czy wiesz, że on od roku . . . . (ma garaż) blisko mnie?

– Naprawdę? A właściwie to gdzie ta Bożenka . . . . (spędza noc), jak tu przyjeżdża – chyba nie u Tadzia?

– Nie, u Dorotki. Czy wiesz, że Dorotka od niedawna . . . .
(jest sąsiadką) z panem S.?

– Z panem S.? Z tym muzykiem?

– Z tym samym. Opowiadała mi, że ostatnio cała orkiestra . . . .
(dawała koncerty) w Australii, a wkrótce będzie . . . .
(dawać występy) w Kanadzie.

– No tak, niektórym ludziom to się powodzi. Na przykład Wacek –
pamiętasz go?

– Ten artysta?

– Artysta?! Na moje oko to on cały czas . . . . (jest leniuchem),
potem niby maluje, wiesz, to się nazywa, że . . . .
(robi portrety) dzieci. Od lat . . . . (jest kibicem)
„Zielonym", więc ciągle siedzi na stadionie, ogląda mecze i treningi.

– I taki zarabia kupę pieniędzy, a człowiek musi się liczyć z każdym gro-
szem!

XIII. Proszę wstawić wyrazy z ramki w wykropkowane miejsca:

> odbudowana, rozbudowuje się, budują, obudowa, wybudować,
> pobudował się, wbudować, zabudowany, przebudowywana,
> zbudowano, dobudować, *podbudowanie*, nadbudować

1. . . . Podbudowanie . . . . piwnic w klasztorze okazało się bardzo kosztowne.
2. Felusiakowie zamierzają . . . . sobie letni domek w okolicach Żywca. 3. Filharmonia została . . . . po pożarze
dość szybko dzięki międzynarodowej pomocy finansowej. 4. Ten pusty
teren między rzeką a lasem będzie wkrótce całkiem . . . .
5. Książę chce . . . . jeszcze jedno skrzydło w swoim pałacu.
6. Nasza rodzina bardzo się powiększyła, więc musimy . . . .
jeszcze jedno piętro. 7. . . . . to osiedle już trzy lata i końca nie
widać! 8. Chcielibyśmy . . . . szafy w ściany – będzie o wiele
więcej miejsca. 9. Ciągle trwa . . . . placu, więc
obowiązuje tam zakaz wjazdu. 10. Józik teraz żałuje, że . . . .
tak blisko morza. 11. To maleńkie miasteczko . . . .
w tak szybkim tempie, że niedługo okoliczne wioski staną się jego dziel-
nicami. 12. W tej katedrze widoczna jest duża rozmaitość stylów archi-
tektonicznych, gdyż była wielokrotnie. 13. „Nie
od razu Kraków . . . .".

XIV. Podane w nawiasach liczby napisane cyframi proszę zamienić na odpowiednie rzeczowniki. Proszę uważać na formy gramatyczne.

Przykład: Czy daleko jest przystanek *siódemki* (7)?

1. Jak dojedziemy do teatru? – Najlepiej . . . . (17).
2. Do którego liceum chodziłeś? – Do . . . . (21).
3. Mam asa, króla i . . . . (9).
4. Proszę poprosić pokojówkę, żeby posprzątała . . . . (14).
5. Niestety, nie ma już większych rozmiarów, zostały tylko . . . . (1).
6. Zbyszek jest bardzo dumny, bo dostał . . . . (6) z matematyki.
7. – Panie doktorze, ukruszył mi się ząb – to chyba . . . . (8).
8. Nie mam drobnych, mam całą . . . . (100).
9. Pan Karol od dawna gra w Lotto i nigdy nie trafił nawet . . . . (4).
10. To był strzał w . . . . (10)!
11. . . . . (13) – to podobno pechowa liczba.
12. Żeby rozpocząć grę, trzeba wyrzucić dwie . . . . (5).

XV. Wyrażenia podane w nawiasach proszę zamienić na odpowiednie rzeczowniki. Proszę uważać na formy gramatyczne.

Przykład: Dwa kotlety do *ósemki* (stolika numer osiem)!

1. Zuzanna chodzi do . . . . (liceum numer 15).
2. Czy może mi pani rozmienić . . . . (banknot pięćsetzłotowy)?
3. Pani spod . . . . (16) prosiła o dodatkowy koc.
4. Pacjent z . . . . (pokoju numer 12) prosi o zastrzyk.
5. Cała nasza . . . . (trzyosobowa grupa) została przyjęta przez pana dyrektora.
6. Wiesz, że Karol robi . . . . (drugi stopień specjalizacji) z chirurgii?
7. Poproszę . . . . (pięćdziesięciogramowy kieliszek) koniaku.
8. Czy są cieńsze deski? Tak, mam jeszcze . . . . (dwudziestomilimetrowe).
9. Czy są wolne . . . . (pokoje jednoosobowe)?
10. Nie mogę odkręcić tej śruby. Podaj mi . . . . (klucz numer 18).

173

11. Do tej lampki potrzebna jest . . . . (żarówka o mocy 40 W).

12. Alina ma zamiar obchodzić swoją . . . . (30. urodziny) tylko w gronie pań.

Notatki

. . . .

. . . .

. . . .

. . . .

. . . .

. . . .

. . . .

. . . .

. . . .

. . . .

. . . .

. . . .

. . . .

Perswazja

Wojna domowa

Tylko 13 proc. młodych mężatek jest pewnych, że teściowe nie mają żadnego wpływu na ich życie, 26 proc. stara się go bagatelizować. Niestety, większości ta taktyka się nie udaje.

Są tematy, które bez względu na okoliczności i upływający czas nigdy nie tracą obyczajowej atrakcyjności. Zawsze chwytliwe i na pierwszy rzut oka nieskomplikowane w swej oczywistości, budowane na powtarzanych przez pokolenia stereotypach i obyczajowych zbitkach. Gdy jeszcze całość poleje się „sosem" życiowych mądrości, powstają prawdy niezbywalne. Jedną z nich jest bez wątpienia sława, jaką cieszy się „instytucja" teściowej. Sława zła. Pod każdą szerokością geograficzną każdy wie, co powinien o teściowej mówić i myśleć. I mimo że wszyscy są w sprawie doskonale zorientowani, to tak naprawdę teściowa jako taka bardzo rzadko stawała się przedmiotem naukowych rozprawek. Amerykanka Lucy Rose Fisher jest jednym z nielicznych na świecie socjologów, zajmujących się dogłębnym śledzeniem wzajemnych relacji między teściową a synową, a także ich druzgocącym wpływem na przyszłe funkcjonowanie rodziny. Z badań Lucy Fisher wynika m.in., że tylko 13 proc. młodych mężatek jest pewnych, iż teściowe nie mają

żadnego wpływu na ich prywatne życie. Z kolei 26 proc. stara się ten wpłwu za wszelką cenę bagatelizować. Niestety, aż 63 proc. synowych taka taktyka się nie udaje. Co więcej, nieukrywają one, że ze strony teściowych nieustannie narażone są na „psychiczne represjonowanie". Dzieje się tak, mimo deklaracji i najlepszych intencji teściowych, których większość – jak twierdzi monachijski terapeuta Ernest Heimeran – jest przekonana, że w najmniejszym stopniu nie odpowiada wizerunkowi złej teściowej – konfliktowej, stale dobrze i najlepiej doradzającej i do końca życia cierpiącej z powodu bolesnej „utraty" syna. To najistotniejsze powody, które sprawiają, że kontakty teściowej z synową narażone są na stałe wahania. Jednego dnia teściowa perfekcyjnie wciela się w rolę najlepszej przyjaciółki, by drugiego stać się złym duchem małżeńskiego stadła.

Okazuje się, że w wyniku matczynej edukacji młodzi mężczyźni – gdy się już bardzo postarają – w ciągu tygodnia są w stanie poświęcić niecałe dwie godziny na gotowanie, niecałą godzinę na mycie naczyń i dwadzieścia minut na prasowanie. Przy takim światopoglądzie przyszłego pana domu nietrudno wyrosnąć na superegoistę. Egoizm ten staje się wprost proporcjonalny do siły uczucia, jakim matka darzyła syna.

W książce „Teściowa i synowa, czyli trudny związek" Regine Schneider i Clemens von Luck piszą, że w tej chwili „co dwudziesta niemiecka młoda para mieszka z jednym albo z dwojgiem rodziców pod wspólnym dachem. Najczęściej »nową« mamusią jest właśnie teściowa". Konflikt w takiej sytuacji jest nieunikniony. To tylko kwestia czasu.

Niestety, w większości wypadków działa on na niekorzyść synowej. Jak udowadniają wspomniani wyżej autorzy, młodej mężatce rzadko grozi niebezpieczeństwo ze strony teścia. Ten woli się koncentrować na problemach wielkiej polityki niż na domowych wojnach.

Wprost nr 9, 1996

Stara panna
Niebezpieczna granica

W rzeczywistości jednak niewiele dojrzałych kobiet wiedzie samotne życie z własnego wyboru. Jeśli nawet niektóre zdecydowały się pójść tą drogą, to większość z nich zaczyna później żałować, że nie założyły rodziny. Niestety, po przekroczeniu pewnej „magicznej" granicy nie tak łatwo jest znaleźć „mężczyznę na całe życie". Dlatego dziś coraz więcej samotnych pań odrzuca fałszywą skromność i próbuje pomóc swemu szczęściu. Czasem kilka dobrze sformułowanych zdań wysłanych do rubryki towarzyskiej pomaga im spotkać tego, którego szukają.

Samotność wbrew woli przeraża, budzi rozpacz, w najlepszym razie żal. Mimo wszystko nie bójmy się życia w pojedynkę. Tak naprawdę powinnyśmy się bać jedynie osamotnienia. Jeśli nie mamy przyjaciół, znajomych, nie pamiętamy o rodzinie, to warto zrewidować swój stosunek do świata i ludzi. Kiedy otworzymy się na innych i podzielimy się z nimi cząstką swojego życia: okażemy im swą serdeczność, przyjaźń, pomoc, wtedy, choć bez męża i dzieci, mamy szansę dożyć swoich dni w spokoju i zadowoleniu.

Przyjaciółka 5 I 1995

Ogłoszenia

Lekarka, 35/158/55, panna, bez nałogów i zobowiązań, ładna, kobieca, pozna pana na poziomie, stanu wolnego, z wyższym wykształceniem (niekoniecznie medycznym), w wieku 32–42 lata, najchętniej z woj. lubelskiego. Jestem szczerą, ciepłą osobą. Panowie niezdecydowani i niepewni wszystkiego – proszę nie pisać – szkoda czasu. Szukam dorosłego mężczyzny. Biorę także pod uwagę czasowy wyjazd za granicę – razem byłoby łatwiej.

40-letnia, wyglądająca na młodszą, dentystka z Poznania, ładna, zgrabna, atrakcyjna, wzrost 169 cm, inteligentna, z klasą. Romantyczka, pisząca wiersze i grająca na pianinie, umiejąca jednocześnie doskonale odnaleźć się w obecnym świecie, pełna humoru, lubiąca podróże i taniec, pozna odpowiedniego dla siebie partnera.

Poważny biznesmen, rozwiedziony, lat 42, przystojny brunet, z zobowiązaniami ojcowskimi, kulturalny, bez nałogów, niezależny materialnie, odpowiedzialny, z poczuciem humoru, ceniący przyjaźń i partnerstwo. Pozna atrakcyjną panią do lat 33, bez nałogów, najchętniej lekarza, lek. stomatologa lub z innym wykształceniem medycznym, wyrozumiałą, akceptującą własną i partnera przeszłość rodzinną, poważnie myślącą o dobrym związku we dwoje z przyszłością. Dziecko nie stanowi przeszkody. Najchętniej z Trójmiasta lub okolic.

Kawaler, 31/187/80, z wyższym wykształceniem, uczciwy i odpowiedzialny, pogodny, bez nałogów i zobowiązań, ustabilizowany zawodowo i materialnie, lubiący muzykę, gotowanie, sport i turystykę, z przyjemnością pozna pannę w wieku do 31 lat, najchętniej z Warszawy lub okolic, z wyższym wykształceniem, chętnie medycznym, o dobrym charakterze i usposobieniu oraz miłej aparycji, ceniącą wartości rodzinne i zainteresowana stałym związkiem.

Gazeta Lekarska, nr 4, 2005

Żona biznesmena

Mój i Twój Mąż-Biznesmen to ktoś taki, o kim wiesz, że jest twoim mężem, bo masz na to pisemne dowody (świadectwo ślubu), choć widujesz go rzadziej niż w czasach narzeczeńskich, gdy mieszkaliście w różnych miastach.

Mąż biznesmen to gatunek dochodzący (nie mylić z pomocą domową), dolatujący, dojeżdżający – co jest rodzajem pośrednim pomiędzy marynarzem a inkasentem. Dowodami pośrednimi na posiadanie męża biznesmena mogą też być dzieci.

Rasowy biznesmen biegle posługuje się komputerem, choć w domu nie naprawi żelazka; wspaniale mówi o celach i zamierzeniach, ale nie potrafi pomóc dziecku w wypracowaniu, perfekcyjnie wypełni zeznanie podatkowe, ale nie ma pojęcia, ile kosztuje kostka masła.

Rasowy biznesmen nie ma niedziel i wolnych sobót (wyłącznie święta światowe), a jeśli już mu się zdarzy (odwołane spotkanie lub lot), to natychmiast z tego nieplanowanego lenistwa zapada na zdrowiu i jest to poważna choroba.

Charakterystyczne objawy to nerwowość i rozdrażnienie.
– Dlaczego ten stół tutaj stoi?! (stoi tak od ostatniej wspólnej niedzieli sprzed pół roku),
– Dlaczego ta deska tak skrzypi?! (bo proszę cię o jej umocowanie od trzech miesięcy),
– Dlaczego dzieci jedzą tyle słodyczy?! (jedzą wyłącznie w soboty, od poniedziałku do piątku ich nie widujesz).

Rasowy biznesmen ma troje przyjaciół:
– komputer – punktualny, nie biorący zwolnień, cierpliwy,
– wierną i niezawodną sekretarkę,
– samochód, aczkolwiek dla biznesmena-perfekcjonisty nie jest to przyjaźń bez mankamentów. Odpowiednim partnerem byłby samochód, samo-jedź i samo-park.

Jednak najwspanialszym i najbardziej praktycznym wynalazkiem dla biznesmena jest ŻONA. Żona biznesmena jest niezawodna i ma wiele zastosowań:
– sama się programuje

– dba o biznesmena i pielęgnuje go
– prowadzi jego dom
– wychowuje jego dzieci
– dba o współpracowników i partnerów handlowych biznesmena.

Żona biznesmena ma wyższość nad wszystkimi elektronicznymi urządzeniami najnowszej generacji, bo:
– jako pralka jeszcze poprasuje i rozłoży odpowiednio w szafach
– jako odkurzacz ma wbudowane samonaprowadzanie i magiczne oko na kąty
– jako robot opiekuńczy typu niania posiada dodatkowo czułki emocjonalne (da klapsa, przytuli), pójdzie na zebranie, wysadzi w nocy
– jako robot kuchenny zrobi jeszcze zakupy, skomponuje menu
– jako komputer domowy nie tylko przypomni o terminach i okazjach, ale i nabędzie stosowne upominki
– itd., itd.

Zakup tej wysoce wyspecjalizowanej, wielofunkcyjnej aparatury zostaje dokonany w dniu ślubu, a okres gwarancji obejmuje cały czas trwania związku.

Elżbieta J. Bartosik-Trebicka
Przekrój nr 46, 1996

Wypalony człowiek

W obowiązki współczesnego człowieka coraz częściej i bardziej nieubłaganie wpisane jest samodoskonalenie. Powinniśmy być ładniejsi, chudsi, mądrzejsi, bogaci, akceptowani, szczęśliwi. Wspinać się szybko na kolejne szczyty kariery zawodowej i osiągać sukces. Ciągle więc działamy pod presją czasu oraz piętrzących się zadań. Tacy prymusi w szkole życiowych „zaklęć", gdzie nie ma miejsca na zmęczenie, wątpliwości, rozczarowania. Wiele ambitnych osób (szczególnie młodych) stara się sprostać tym wymaganiom. W rezultacie nie mogąc zatrzymać się w biegu, żyją w ciągłym stresie i coraz częściej cierpią na tzw. syndrom wypalenia.

Żyjąca maszyna

– Syndrom wypalenia, inaczej chronicznego zmęczenia, jest chorobą, której nie wolno ignorować – mówi Jagna Ambroziak, psycholog i psychoterapeuta.

To mała epidemia XXI wieku, zważywszy na ilość cierpiących na nią osób.

Towarzyszą jej:
• ciągłe uczucie wyczerpania, zmęczenia przy najmniejszym wysiłku fizycznym lub psychicznym;
• mała odporność na infekcje;
• senność lub bezsenność;
• drażliwość, obniżony nastrój, niezadowolenie z siebie;
• niemożność koncentracji, zapamiętywania;
• lęk.

Za podstawową (choć niejedyną) przyczynę tego stanu uważany jest nadmierny i długotrwały stres, zarówno obiektywny, niezależny od nas, jak też będący produktem naszego własnego umysłu – autostres. Fundujemy go sobie sami, mając skłonność do negatywnej, zagrażającej interpretacji zadań życiowych. Prowadzi on do pesymistycznego patrzenia na świat, utraty sensu, celu, poczucia, że „na co", „po co"...

Ponieważ ciało nie odróżnia wirtualnej rzeczywistości naszych myśli od tego, co prawdziwe, autostres odbierany jest przez nie jako realne, fizyczne zagrożenie. Podążając za zestresowanym umysłem, ciało zaczyna chorować, ustawiając się do walki. Początkowo w czasie nerwowej sytuacji boli brzuch, po pewnym czasie występują wrzody żołądka, dwunastnicy, niewydolność krążenia, nadciśnienie, alergie, infekcje, choruje skóra, włosy, paznokcie.

Pracoholik lub zawiedziony

– Scenariusz dochodzenia do syndromu wypalenia – wyjaśnia Jagna Ambroziak, jest zwykle taki: młody, zaangażowany, pełen energii człowiek eksploatuje (początkowo bezkarnie) swój organizm. Zachowuje się tak, jakby dane mu było wieczne życie, zdrowie, energia. Nie zauważa obniżonego nastroju, spadku energii, zmęczenia. Pracuje coraz więcej, wymaga od siebie bardzo dużo, nie zwraca uwagi na nieśmiałe szepty ciała: jestem wyczerpane, potrzebny mi sen, odpoczynek, boli mnie głowa. Dopiero wrzód żołądka, zawał serca, schorzenia jelit lub chroniczna bezsenność sprawiają, że puka do gabinetu lekarza, oczekując pigułki, która bez pomocy psychologa nie zawsze pomaga.

Syndrom wypalenia może dotknąć też osobę dojrzałą (nawet sędziwą), robiącą przegląd swego życia i celów, które osiągnęła. Ma on związek z brakiem satysfakcji, dużym wysiłkiem i małymi zyskami (niekoniecznie finansowymi), tak częstymi np. w pracy nauczyciela lub lekarza. Mechanizm ten jest wzmacnia-

ny przez nieudane życie osobiste, działając na zasadzie sprzężenia zwrotnego. Osoby wypalone gdzieś po drodze zaniedbały związki i relacje rodzinne, a potem nie mają oparcia w bliskich sobie ludziach.

Powrót do życia

– Lekarzem człowieka wypalonego – podkreśla Jagna Ambroziak – powinien być psycholog. Jego pomoc polega na:
• uświadomieniu pacjentowi, jak psychika oddziałuje na ciało, powodując konkretne objawy, które często wymagają również leczenia przez specjalistę medycyny;
• nauczeniu konstruktywnych sposobów radzenia sobie ze stresem, trudnymi sytuacjami, z którymi się stykamy. Psychoterapeuta stara się zmienić patrzenie pacjenta na zadania do wykonania. Uczy go oraz podpowiada, jak lepiej korzystać z zasobów własnej energii, unikać niekorzystnych bodźców, poprawić jakość oraz komfort życia i dbać o siebie.

Praca z psychologiem nie musi trwać długo. Czasami wystarcza kilka spotkań. Oczywiście, do sukcesu potrzebna jest chęć osoby zainteresowanej. Pacjent musi chcieć zmienić swoje życie, jego jakość, i wierzyć, że ma na to wpływ.

Notowała: Danuta Brylska
Medycyna dla ciebie
Nr 1, 2003

O zmęczonych pracą

NAJCIĘŻEJ PRACUJĄCY MAJĄ DOŚĆ. UCIEKAJĄ Z KORPORACYJNYCH MOLOCHÓW DO SENSOWNIEJSZEJ PRACY, Z WIELKICH MIAST NA WIEŚ. CZY W FIRMACH NADCHODZI REWOLUCJA?

Dlaczego ludzie rzucają kariery? Zwykle z powodu niezadowalającej odpowiedzi na pytanie: Daję z siebie wszyst-

ko, a co dostaję w zamian? Większe pieniądze nie są w stanie wynagrodzić życia pod presją, problemów ze snem, braku czasu na cieplejsze relacje z ludźmi.

Problem dotyczy głównie elit, a nie całego społeczeństwa. Ludzi wykształconych, bardziej rozwiniętych intelektualnie i kreatywnych – tych, którzy są loko-motywą gospodarki. Ich decyzje mogą zmienić zwyczaje firmowe. Pracownicy banków, marketingu, handlowcy, wydaw-cy, dziennikarze czy przedstawiciele nowych technologii po kilku latach by-cia rekinami biznesu chcą spędzać czas inaczej, niż tylko pracując.

Kto nie ma dość tyrania po 12 go-dzin dziennie i długich dojazdów do pracy? Zalazł ci za skórę kolejny genial-ny szef? Nie wolisz zarabiać trochę mniej, ale bardziej cieszyć się życiem? Jeśli tak, jesteś potencjalnym kandydatem do ucieczki z firmy.

Brytyjczycy nazywają taki skok w nie-znane dziwnym słowem *downshifting.* Dosłownie oznacza ono redukcję biegów podczas jazdy samochodem. Tu – życiową rewolucję, zwolnienie tempa za-wodowego, świadomy zjazd na wolniej-szy pas.

Można próbować łagodnie, stop-niowo wyrywając z dnia pracy chwile dla siebie – lunch bez biznesowych spotkań, spacer po parku. Albo chodzić po fir-mie z papierami w garści, pozorując za-angażowanie w obowiązki – jak radzi Francuzka Colinne Maier, autorka książ-ki „Witaj, lenistwo", która staje się świa-towym bestsellerem i biblią zbuntowa-nych pracowników.

Można ograniczyć liczbę służ-bowych nasiadówek i częściej mówić „nie", gdy zanosi się na dociążenie obo-wiązkami. Wreszcie – zmienić pracę na mniej obciążającą albo pójść na całość, wybierając najbardziej ryzykowną ścież-kę: życie od nowa.

Moda na 14-godzinny dzień pracy wcale nie oznacza, że jest ona twórcza. Wiele osób odkrywa, że siedzą w robo-cie, bo inni siedzą. I tylko marnują czas. Najłatwiej uciec, gdy ma się odłożone pieniądze.

Najłatwiej uciec z wielkomiejskiej korporacji do drobnych usług w mia-steczku lub na wsi. Kiedyś najbardziej przedsiębiorczy uciekali w odwrotnym kierunku. Dziś cywilizacyjny trend się odwraca.

Exodus na wieś już spowodował wzrost cen nieruchomości w wielu ma-lowniczych hrabstwach Anglii. Liczbę Brytyjczyków, którzy w 2004 roku uciek-ną od miejskiego stresu, szacuje się na 200 tysięcy. Trzy miliony Brytyjczyków tylko się zastanawia: własna firma, pół etatu czy ucieczka na wieś – twierdzi fir-ma ubezpieczeniowa Prudential.

Boom na ceny nieruchomości w ostatnim 10-leciu sprawił, że przecięt-ny posiadacz domu czy mieszkania zaro-bił kilkadziesiąt tysięcy funtów. Według szacunków wielkiego banku i ubezpie-czyciela Standard Life w ciągu najbliż-szej dekady własne firmy z pieniędzy ze sprzedaży domów chce założyć około miliona brytyjskich 30-latków.

Statystyki wskazują jeszcze jedną przyczynę buntu. Anglicy pracują naj-dłużej w Europie. 12 godzin pracy plus trzygodzinny dojazd potrafią wypompo-wać najtwardszych. A pracownicy bywają traktowani gorzej niż biurowe meble. W wielu firmach ludzie dostają dwu-tygodniowe kontrakty. Pod koniec tego okresu zamiast nadziei na etat zastają swoje rzeczy w plastikowych workach albo kartonach. To znak, by się wynosili.

Ucieczka z firmy to zjawisko nie tyl-ko brytyjskie. Według szacunków Pru-dentiala w całej Unii Europejskiej w 2007 roku downshifting będzie roz-ważało około 12 milionów ludzi.

Francuzi uważają, że ich firmy każą pracownikom przestrzegać wewnętrznie sprzecznych zasad, stawiają im nierealis-tyczne i niewykonalne zadania. Menedżerowie usiłowali wprawdzie zracjonalizować zasady działania francuskich firm, ale większość z nich jest uczulona na anglosaskie recepty i język. Globalizacja postępuje, ale napotyka wielkie trudności w zderzeniu z lokalnym partykularyzmem.

W innych krajach bunt ma czasem formy humorystyczne. W Berlinie od 1996 roku działa Stowarzyszenie Szczęśliwych Bezrobotnych. Uważają, że grupowe zwolnienia wpływają na wzrost zysków akcjonariuszy i to właśnie bezrobotni pobudzają wzrost gospodarczy. Dlatego głoszą: „Szczęśliwy bezrobotny chce być wynagradzany za swoją niepracę".

W Belgii trzy lata temu grupa studentów z Liège założyła międzynarodówkę dimanszystów, czyli zwolenników niedziel. Walczą o powszechny minimalny dochód, który pozwoliłby obywatelom wybierać życiowy status: między etatowcem a wolnym człowiekiem.

W Stanach Zjednoczonych downshifting jest jeszcze zjawiskiem marginalnym. Być może dlatego, że Amerykanie nie mają takiej ochrony socjalnej jak Europa, na przykład – powszechnych ubezpieczeń zdrowotnych. Kiedy Michael Johnson, dziennikarz z Europy, chciał kupić w księgami w Nowym Jorku książkę o downshiftingu, księgarz bezradnie rozłożył ręce i posiedział: – Sorry, ale w tym kraju zajmujemy się upshiftingiem (czyli przyśpieszaniem tempa).

W Polsce zawsze się zdarzali ludzie, którzy szukali alternatywnego sposobu na życie: zakładali hipisowskie wspólnoty, wyjeżdżali na wieś mieszkać w szałasie, olewali mało przydatny dyplom, by podjąć pracę stróża. W PRL-u miało to swój sens: było buntem przeciw życiu kontrolowanemu przez komunę. Ale wtedy nie było szans na zostanie tuż po studiach prezesem ze służbowym autem i pensją równą wartości samochodu. „Wyścig szczurów" był terminem związanym z bogatszym, lepszym światem i gdy pojawiła się szansa na udział w nim, wielu młodych Polaków ochoczo wystartowało.

Rezygnowanie z niego dzisiaj nie jest kontestacją, raczej wynikiem rozczarowania i przemęczenia. 67 procent młodych, zapracowanych Polaków w wieku 18–35 lat twierdzi, że w pracy są nieszczęśliwi. Socjologowie Henryk Domański i Mirosława Marody przyznają, że downshiftingu w Polsce nikt jeszcze nie bada, bo jest to zjawisko nowe.

Pracoholizm nie jest piękny

Mówi Katarzyna Korpolewska, doktor psychologii, szefowa firmy doradczej Profesja Consulting:

– Rzadko, ale przychodzą do nas ludzie, mówią, że już mają dosyć, proszą, żeby im znaleźć inną pracę – nawet za dużo mniejsze pieniądze. Najczęściej to szefowie w dużych firmach, którzy chętnie przenieśliby się do firmy niewielkiej. Nie ma widocznego odpływu z wielkich korporacji, ponieważ one zaczęły dostawać wytyczne ze swoich central, że trzeba oduczać ludzi pracoholizmu. Szefowie sami by na to nie wpadli, że ich pracownicy padają na nos, ale skoro „góra" każe zmienić postępowanie, to zmienią. Organizujemy więc pierwsze szkolenia dla przemęczonych i wypalonych menedżerów średniego stopnia o tym, czym jest „work-life balance" – równowaga między życiem osobistym a zawodowym – i w jaki sposób ją osiągnąć.

Aldona Krajewska, Marek Rybarczyk
Wykorzystaliśmy fragmenty raportu francuskiego tygodnika „Nouvel Observateur" z 23 września 2004
Przekrój nr 43, 2004

Margines życia. Samotność na ulicy

O BEZDOMNYCH PRZYPOMINAMY SOBIE NA OGÓŁ ZIMĄ, SŁYSZĄC, ŻE KTÓRYŚ Z NICH ZAMARZŁ NA DWORZE. CZUJEMY SIĘ ZAŻENOWANI, GDY PROSZĄ NAS NA ULICY O PIENIĄDZE. ILU ICH JEST I SKĄD SIĘ BIORĄ? CZY STAJĄ SIĘ BEZDOMNI Z WŁASNEJ WINY? CZY Z BEZDOMNOŚCIĄ MOŻNA SKUTECZNIE WALCZYĆ?

Do rozmowy zaprosiliśmy Jolantę Koczurowską, szefową Monaru, oraz reżysera Piotra Trzaskalskiego, twórcę głośnego filmu „Edi", opowiadającego historię dwóch bezdomnych złomiarzy.

Ilu Polaków jest bezdomnych?

Jolanta Koczurowska: – Dokładnych danych nie ma, szacunkowe mówią o kilkudziesięciu do kilkuset tysięcy ludzi. Policzonych tylko na takiej podstawie, że są to ci, którzy zwrócili się po pomoc. Tak naprawdę, ilu ich jest, nikt do końca nie wie.

Piotr Trzaskalski: – Biorąc pod uwagę choćby widok Dworca Centralnego w Warszawie czy dużych dworców w Polsce, takich jak Wrocław, Łódź Fabryczna czy Kaliska, to mamy ewidentnie problem z bezdomnymi, z ludźmi, którzy z jakichś względów życiowych stracili grunt pod nogami.

Jak stają się bezdomnymi?

Jolanta Koczurowska: – Jak wynika z badań socjologicznych, zawsze znajdą się ludzie pozostający na marginesie życia. Jak duży może być ten margines? W moim odczuciu, u nas ludzi bezdomnych czy bezrobotnych, co często idzie w parze, jest jednak sporo za dużo...

Piotr Trzaskalski: – Człowiek traci pracę, idzie w wódę, żona czy bliscy wyrzucają go z domu lub sam odchodzi i zaczyna się poniewierka. Może też być tak, że zawsze pił, nigdy nie chciał pracować i odpowiada mu szwendanie się po

śmietnikach, zbieranie makulatury czy złomu i chlanie denaturatu. Młodsi idą w narkotyki. Nie ma jednego klucza. Współautor scenariusza „Ediego", Wojtek Lepianka, robił film dokumentalny o schronisku brata Alberta – tam są bardzo różne biografie, bardzo ciekawe i bardzo dramatyczne często problemy. Najczęściej jest tak, że wóda, a potem bruk, niepłacone komorne, jakieś barłogi, meliny i później ląduje się na dworcu.

Jolanta Koczurowska: – Jest złożona i różnorodna wielość przyczyn, które powodują bezdomność. Absolutnie nie zgadzam się z takim poglądem, że człowiek chce być bezdomny, chce być narkomanem czy alkoholikiem. Pracuję jako terapeuta ponad 30 lat i nie spotkałam nigdy kogoś takiego.

Jak im pomagać?

Jolanta Koczurowska: – Tak naprawdę zupełnie nie zastanawiamy się, szykując sposoby pomocy, co dzieje się z człowiekiem, który jest czegoś pozbawiony. Raczej reagujemy na konkretną potrzebę. Nie ma mieszkania, więc próbujemy dać mu schronienie, nie ma co jeść – dajemy mu zupę. Nie zastanawiamy się, co robi z człowiekiem poczucie odarcia z podstawowych potrzeb i godności.

Piotr Trzaskalski: – Jeśli chodzi o doraźną socjologię, to powinny się tym zająć odpowiednie służby, czyli nasze państwo. A jeśli o głębszą analizę czy zajęcie się psychologiczną stroną problemu, to na pewno artyści – pisarze, filmowcy – powinni się z tym problemem zdecydowanie zmierzyć.

Jolanta Koczurowska: – Dla mnie pomaganie bezdomnym polega bardziej na aktywizowaniu tych ludzi do walki o własną godność, niż na biernej pomocy

społecznej czy socjalnej. Uważam, że dawanie bezdomnym wyłącznie takich form pomocy, powoduje w nich jeszcze większą bezradność i bezsiłę. Powoduje też to, że przyzwyczajają się do tego, iż już nic nie mogą, czyni ich zupełnie pozbawionymi własnej aktywności, chęci do działania. Należałoby zajmować się nimi tak, żeby byli gotowi do szukania pracy, do powrotu do społeczeństwa dzięki własnej aktywności, przywracając im wiarę i nadzieję. Bez tego się nie da.
Piotr Trzaskalski: – Niektórym wystarczy dać pracę. Znam faceta, kumpla, który grał u mnie w „Edim" i się podniósł. Znaleźliśmy mu właśnie schronisko brata Alberta i to był początek. Za kasę, którą dostał za film, kupił sobie ubranie, jakieś fajne rzeczy. Poznał dziewczynę, zamieszkał u niej, pracuje. A był to człowiek wielokrotnie karany, recydywista.

Henryk Gołębiewski
tytułowy Edi z filmu Piotra Trzaskalskiego

Wiadomo, jaki jest system, i tego na razie nie zmienimy. Ludzie myślą, że mają pracę, pracodawca zapewnia ich, że będą ją mieli do końca życia. Biorą kredyt pod zastaw mieszkania i nagle zostają pozbawieni pracy, mieszkanie tracą, a dług rośnie. Wiele osób staje się bezdomnymi na własne życzenie; nawet jeżeli zarabiają te parę groszy, wpadają w hazard lub alkohol. Dawanie pieniędzy nie załatwi sprawy. Jest bardzo dużo ludzi fak-

tycznie potrzebujących, którzy wstydzą się prosić. Widziałem na ulicy człowieka zbierającego datki, który na tabliczce miał napisane, że w zamian posprząta mieszkanie, nauczy dzieci grać na fortepianie. Nie chciał czegoś za nic. Jest też wiele spraw, których nie widzimy, sąsiad u sąsiada. Powinniśmy najpierw rozejrzeć się wokół siebie.

Dr Jerzy Głuszyński
socjolog

Jest kategoria ludzi, mających pewien zestaw cech, który ich do bezdomności predestynuje, jako że niekoniecznie chcą albo potrafią funkcjonować w określonym miejscu, pod określonym adresem. W tym sensie jest to zjawisko uniwersalne. W Polsce, w sytuacji załamania się socjalnego charakteru PRL-owskiego państwa i wejścia w fazę chaotycznie kształtującego się kapitalizmu, bezdomność stała się jedną z konsekwencji przemian. Poza tym nie mamy w Polsce jakiejś filozofii polityki społecznej. Organizacje takie jak Monar czy instytucje kościelne nastawiają się raczej na łagodzenie skutków, a nie rozwiązywanie problemów. Na pewno recept systemowych nie dostarczają partie polityczne – jeśli nawet się o bezdomności mówi, to z powodów doraźnych.

Rozmawiał Michał Tyliński
Teletydzień, grudzień, 2004

PERSWAZJA – zwroty i wyrażenia

Zadawanie pytań

• (Zastanawiam się) (czy) wziąłeś pod uwagę ... (+ *biernik*)?
Wzięliście także pod uwagę nastawienie twoich rodziców?

• (Ciekawe) (czy) zdajesz sobie sprawę, | że ...?
| z ...(+ *dopełniacz*)
Ciekawa jestem, czy zdaje sobie pan sprawę z konsekwencji tej deklaracji?

• Zgodzisz się chyba, że ...
• Czy to na pewno dobry pomysł?

Wprowadzanie dodatkowych informacji

• Trzeba | także | wziąć | pod uwagę | (+ *biernik*)
| jeszcze | | pod rozwagę |
Trzeba również wziąć pod uwagę koszty tego przedsięwzięcia.

• Jeśli spojrzeć | na to | z innej strony...
• Patrząc | | od strony (+ *dopełniacz*)
Patrząc na to od strony kontrahenta, trzeba się jeszcze raz nad tym zastanowić.

• W świetle tego, co zostało powiedziane...
• Gdybym był na twoim miejscu ...
• W twoim interesie leży ... (+ *mianownik*)
W moim interesie leży jak najszybsze opublikowanie wyników badań.

Zapewnienie

• Nie ma powodu do obaw...
• Mogę cię (pana) zapewnić, | że ...
| o (+ *miejscownik*)
Możemy was zapewnić o naszej lojalności.

• Rozumiem twoje (pana) obawy, ale ...

- Niepotrzebnie się | martwisz, | ponieważ
  | denerwujesz, | bo
  | obawiasz, | gdyż

Wyrażanie obawy

- Mam (pewne) obawy co do (+ *dopełniacz*)
Mam uzasadnione obawy co do terminu realizacji tego projektu.

- Obawiam się, że | taka decyzja...
- Boję się, że | takie rozwiązanie...

- Muszę się nad (+ *narzędnik*) zastanowić.
Musimy się zastanowić nad proponowanym rozwiązaniem.

- Daj mi trochę czasu.
- Byłbym ostrożny...

- (W żadnym | razie) | nie można | podjąć pochopnych |
  | wypadku) | nie chciałbym | podejmować | decyzji
  | | nie powinniśmy | pospiesznych |

Ćwiczenia

I. Proszę napisać w odpowiedniej formie:

Przykład: Zastanawiam się, czy wzięliście pod uwagę *wagę i wymiary* (waga i wymiary) wszystkich bagaży.

1. Trzeba jeszcze wziąć pod uwagę . . . . (zmiana czasu) z zimowego na letni.
2. Jeśli spojrzeć na to od strony . . . . (klienci), oferta nie jest zbyt atrakcyjna.
3. Patrząc na to od strony . . . . (dyrekcja), trzeba przyznać, że innego wyjścia nie ma.
4. W twoim interesie leży . . . . (dokładna analiza) sytuacji.

5. Mam pewne obawy co do . . . . (skutki) tej akcji.
6. Muszę się zastanowić nad . . . . (inne możliwości).
7. Zastanów się poważnie nad . . . . (wybór rozwiązania).
8. Mogę cię zapewnić o . . . . (moja całkowita dyskrecja).
9. Czy zdajesz sobie sprawę z . . . . (niebezpieczeństwo)?
10. Dyrektor miał słuszne obawy co do . . . . (osoba) kandydata.

II. Proszę połączyć wyrażenia z kolumn A i B i przepisać je.

A	B
1. Trzeba	a. na twoim miejscu
2. Nie ma powodu	b. co powiedziałeś
3. Mam	*c. wziąć pod uwagę*
4. Gdybym był	d. się obawiasz
5. W świetle tego	e. obawy
6. Daj mi	f. do obaw
7. Zdajesz sobie	g. trochę czasu
8. Niepotrzebnie	h. sprawę

III. Proszę dokończyć zdania, używając zwrotów podanych w ramce

> nie ma powodu do obaw, nieuczciwości partnera, będzie niekorzystna, jeszcze raz przemyślałbym wszystkie możliwości, duży błąd, następne rozmowy z dyrekcją, W żadnym wypadku, Daj mi trochę czasu, wszystkimi propozycjami, wszystkie aspekty tej sprawy

1. Zastanawiam się, czy państwo wzięli pod uwagę . . . .
2. Czy zdajesz sobie sprawę, że to był . . . .?
3. Za późno zdali sobie sprawę z . . . .
4. Gdybym był na twoim miejscu, ...
5. W naszym interesie leżą . . . .
6. Niepotrzebnie się niepokoicie. Naprawdę . . . .
7. Obawiam się, że taka decyzja . . . .
8. Musimy się poważnie zastanowić nad . . . .
9. nie powinniśmy podejmować pochopnych decyzji.
10. Wiesz dobrze, że takiej decyzji nie można podejmować szybko. . . . .

Nie wracają na obiad

W pokoju, jaskrawie rozświetlonym zachodzącym słońcem, cztery kobiety grają w brydża.

Trzy nie są już młode. Od wielu lat przynajmniej dwa razy w tygodniu zbierają się tutaj przy pokrytym zielonym suknem stoliku, żeby udawać, że nie żałują – naprawdę nie żałują – tego wszystkiego, czego brakowało w ich życiu, że uważają je za całkiem zwykłe i normalne, takie, jak życie innych kobiet. Julia, która jest gospodynią tego domu i jej przyjaciółki, Maria i Joanna, już to dobrze umieją, ale czwarta wśród nich, ta najmłodsza, ta, tak bardzo nieodpowiednio i niewłaściwie młoda przy tym stoliku – ona jeszcze tego nie umie. Nie nauczyła się myśleć o tym, o czym myśleć nie powinna, przywoływać na twarz skore uśmiechy, nucić podczas zamyśleń przy brydżowych licytacjach, nawet w karty dobrze grać się nie nauczyła, nie obchodzi ją to, co ma w ręku, spogląda co pewien czas na uchylone drzwi do drugiego pokoju, co w końcu denerwuje Julię.

– Elżbieto! – upomina. – Gramy piki!

Młoda kobieta zwraca ku niej oczy, przez chwilę nic nie rozumie.

– Przepraszam – szepcze ze skruchą.

– Staraj się skupić.

– Ależ staram się.

– Nie widać tego. – I nie nasłuchuj wciąż telefonu. Zapewniam cię, że jeśli zadzwoni, wszystkie to usłyszymy. Poza tym jeszcze za wcześnie. Powinnaś już wiedzieć, że my rozmawiamy ze swoimi mężami nocą.

– Przepraszam – powtarza Elżbieta.

– To ja przepraszam. – Julia, niezadowolona z siebie zaczyna tasować karty. Ale jednak powie jeszcze i to, czego powiedzieć nie powinna i przed czym powstrzymuje się jedynie króciutkim wahaniem:

– Mówiłam ci, żebyś wyszła za lekarza, inżyniera, albo – szewca. Brałaś to za moją niechęć do ciebie, myślałaś, że nie lubię cię, bo zabierasz mi syna, a to była życzliwość. Życzliwość, moja droga!

Elżbieta podnosi wysoko karty, stara się za nimi ukryć.

– Wiem – mówi cicho.

– Ach, wiesz! Może dopiero teraz dochodzisz do tego wniosku. Ale przyznasz, że dwie kobiety pod jednym dachem, czekające wciąż na telefon…

Teraz Elżbieta ma okazję do ataku i wykorzystuje ją:

– Przecież mama – nie czeka. Mama już się przyzwyczaiła. W końcu... tyle lat...

Julia milczy przez chwilę. Przymyka oczy.

– Przyzwyczaiłam się. Oczywiście. Zresztą... ojciec dopiero co wczoraj dzwonił. I wkrótce... zawsze już będzie w domu.

Joanna i Maria uważają za słuszne włączyć się do rozmowy. Joanna, tęga i dobroduszna, czyni gest, jakby chciała pogładzić Elżbietę po głowie, uśmiecha się do niej pokrzepiająco.

– To jest trudne tylko na początku. Przekona się pani.

– Tylko na początku – potwierdza Maria. Na chwilę składa karty i również stara się uśmiechnąć do Elżbiety, ale nie może przy tym pokonać gorzkiego skrzywienia ust. – A brydża warto pokochać – dodaje szybko. – Przydaje się na długie wieczory, kiedy dzieci wychowane, okna pomyte, podłogi wyfroterowane, pralka wyprała ostatni kawałek brudnej bielizny, nie ma się interesującej książki, a w telewizji wciąż kopią piłkę.

Julia rzuca karty.

– Gramy, czy rozmawiamy?

Maria stara się zachować spokój.

– To przecież ty zaczęłaś. Ty, moja droga.

* * *

– Piki – mówi Julia.

I tego letniego wieczora cztery kobiety grają w brydża w pokoju z widokiem na morze. Na bulwarze w dole wciąż spacerują ludzie, choć na redzie rozbłysły już światła statków i coraz wyraźniejsza staje się smuga księżyca na nieruchomej płaszczyźnie zatoki.

– Karo – mówi Joanna.

Czekają teraz, co powie Elżbieta. Czekają z pobłażliwym zniecierpliwieniem. I nagle Elżbieta je zadziwia.

– Szlem bez atu!

– Czy jesteś pewna...? – odzywa się z niedowierzaniem Julia, która gra z Elżbietą.

– Najzupełniej!

– Ja powiedziałam piki.

– Ależ wiem, mamo!

Rozkładają karty, Elżbieta gra ze zdumiewającą pewnością siebie, podśpiewuje nawet – i wygrywa.

– No, no – mruczy Julia. – Podszkoliłaś się!

– Mama pewnie myśli, że grywam w szpitalu podczas dyżurów. A ja po prostu – postanowiłam się nauczyć.

– To brzmi jak… rezygnacja – zauważa Joanna.

Elżbieta zachowuje pogodny wyraz twarzy.

– I może jest nią.

Co to znaczy rezygnacja? – to sformułowanie nie podoba się Marii. – Czy rozsądek jest rezygnacją?

– Ale może nią być – mówi Joanna z naciskiem.

– Najlepiej w ogóle niczego nie nazywać – wzrusza ramionami Julia. – Czy życie nazwane staje się od razu spokojniejsze, lepiej zrozumiane? (...)

– Drzwi zostaw otwarte!

– Oczywiście – mówi Elżbieta. I dodaje: – Choć wiem, że on nie zadzwoni.

– Jest jeszcze ojciec w morzu!

– Ojciec jest już chyba w Hongkongu, a na tyle jestem już wciągnięta w życie rodzinne, żeby wiedzieć, że z portów się nie rozmawia.

– Masz rację, ojciec już pewnie jest w Hongkongu.

– A co z panem Stefanem? – pyta niedyskretnie Joanna. – Mała sprzeczka małżeńska na odległość?

– Coś w tym rodzaju – mruczy Julia wymijająco i zaczyna tasować karty.

– Nie widzę powodu, żeby to ukrywać – Elżbieta wypija swój koniak, jakby był zwyczajną wódką. – To ma być kara dla mnie, to milczenie. Mogłam popłynąć w ten rejs ze Stefanem i nie popłynęłam. Wyobrażał sobie, że powinnam zostawić szpital – na dwa, trzy miesiące, nie troszcząc się, czy w ogóle przyjmą mnie tam po powrocie. A przecież sam leżał w tym szpitalu i wie, że jestem tam potrzebna.

– Po prostu chciał, żebyś była razem z nim.

– Mama go oczywiście broni.

– Nie mam powodu. Powinnaś się cieszyć, że chciał być z tobą i nie może ci wybaczyć, że to – słusznie, czy niesłusznie – zepsułaś.

S. Fleszarowa-Muskat, *Czarny warkocz*
(Glob, Szczecin 1985)

Objaśnienia do tekstu

brydż – gra w karty (w cztery osoby)
licytować – tu: zapowiadać kolejno coraz wyższą grę
sukno – tkanina wełniana
skory – chętny, skwapliwy, ochoczy
nucić – śpiewać półgłosem samą melodię (bez słów)
skupić się – skoncentrować się
tasować – mieszać karty przed rozdaniem
pokrzepiająco – w sposób dodający odwagi, sił; pocieszająco
bulwar – tu: ulica nadbrzeżna (przy brzegu morza)
reda – pas morza przylegający do portu
smuga – światło (dym, ogień) w postaci wydłużonej, przypominającej wstęgę
płaszczyzna – powierzchnia płaska
pobłażliwie – wyrozumiale
sprzeczka – ostra wymiana słów, spór, kłótnia
wymijająco – wykrętnie, nieściśle, niepewnie
rejs – podróż, którą odbywa statek
karo – jeden z czterech kolorów w kartach oznaczony czerwonym rombem
kiery – oznaczony czerwonym serduszkiem
piki – oznaczony czarnym sercowatym listkiem
trefle – oznaczony czarnym listkiem koniczyny
atu, atut – kolor w kartach umownie przyjęty przez graczy, którego karty biją inne;
     kolor najsilniejszy, wiodący
szlem – wzięcie wszystkich 13 lew
lewa – karty zebrane jednorazowo przez zabicie karty przeciwnika
szlem bez atu – wzięcie wszystkich lew w grze, w której atut nie został wybrany
talia kart – komplet kart do gry (52)

Uwaga na słowa!

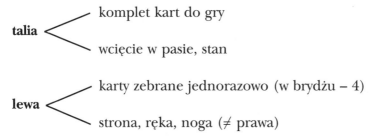

talia — komplet kart do gry
          — wcięcie w pasie, stan

lewa — karty zebrane jednorazowo (w brydżu – 4)
          — strona, ręka, noga (≠ prawa)

Ćwiczenia

I. Proszę uzupełnić tabelkę ilustrującą związki rodzinne postaci występujących w tekście:

Julia	żona „Ojca"	matka	. . . . Elżbiety
. . . .	żona	synowa	. . . . „Ojca"
„Ojciec"	. . . . Julii	ojciec	teść . . . .
. . . .	. . . . Julii	. . . . „Ojca"	. . . . Elżbiety

II. Proszę wybrać i zaznaczyć prawidłową odpowiedź.

1. Cztery kobiety grają w brydża   a. rano
                                       b. pod wieczór
                                       c. w południe

2. Trzy niemłode już kobiety
a. udają, że spędzają czas jak inne kobiety.
b. grywają w brydża regularnie jak wszystkie normalne kobiety.
c. udają, że uważają swoje życie za normalne.

3. Julia, Maria i Joanna nauczyły się
a. nie myśleć o tym, o czym nie powinny.
b. dobrze śpiewać podczas gry w brydża.
c. uśmiechać do kart.

4. Elżbieta, najmłodsza z grających,
a. nieodpowiednio się zachowuje przy stole, bo nie umie grać.
b. nie może się skupić na grze, bo czeka na telefon.
c. nie wie, co ma w ręku, bo spogląda co chwilę na uchylone drzwi.

5. Żony marynarzy
a. nie odzywają się do mężów w nocy.
b. nie rozmawiają z mężami w ciągu dnia na temat ich pracy.
c. kontaktują się z nimi w nocy.

6. Julia
a. ostrzegała Elżbietę przed poślubieniem marynarza.
b. kłóci się z Elżbietą z powodu męża.
c. nie chciała, żeby Elżbieta była jej synową.

7. Maria
a. przekonuje Elżbietę, że brydża warto pokochać.
b. przekonuje Elżbietę, że takie życie, jakie wiodą wszystkie cztery, jest trudne od początku.
c. zapewnia Elżbietę, że później będzie lepiej znosić rozłąkę.

8. Elżbieta
a. gra z rozsądną rezygnacją.
b. gra pewnie i dobrze.
c. licytuje dobrze i zdumiewająco pogodnie.

9. Julia
a. uważa, że wszystko, co nazwane, lepiej da się zrozumieć.
b. martwi się, że Elżbieta niepotrzebnie poddała się rezygnacji.
c. jest zadowolona, że Elżbieta dopasowuje się do stylu życia żon marynarzy.

10. Elżbieta posprzeczała się ze Stefanem, bo
a. nie chciała porzucić pracy, żeby popłynąć z nim w rejs.
b. zepsuła mu pobyt na wakacjach.
c. nie chciała z nim być przez trzy miesiące.

III. Proszę utworzyć przymiotniki od podanych rzeczowników.

słońce	*słoneczny*	książka	. . . .
życie	. . . .	telewizja	. . . .
ręka	. . . .	piłka	. . . .
karta	. . . .	morze	. . . .
chwila	. . . .	szpital	. . . .
lekarz	. . . .	rozsądek	. . . .
kobieta	. . . .	małżeństwo	. . . .
telefon	. . . .	spokój	. . . .
wieczór	. . . .	księżyc	. . . .

IV. Proszę uzupełnić poniższe zdania przymiotnikami w odpowiedniej formie z ćwiczenia III.

Przykład: Już od progu czuć było *szpitalny* zapach.

1. Umieściliśmy wszystkie kwiaty w najmniej . . . . pokoju.
2. Między godziną 10 a 13 mogą następować . . . . braki
prądu. 3. Wolińscy musieli przeprowadzić się do Gdańska, gdyż lekarz
zalecił ich dzieciom przebywanie w . . . . klimacie . 4. Jeśli
jesteś człowiekiem honoru, spłacaj zawsze . . . . długi. 5. Jutro
w telewizji jest transmisja z międzypaństwowego meczu . . . .
6. W każdy wtorek wieczorem będzie nadawany . . . . film
produkcji polskiej. 7. Zbyszek to prawdziwy mól . . . . – chyba
nie ma książki wydanej w ostatnich latach, której on by nie przeczytał.
8. Gdy parkujesz, musisz zaciągnąć . . . . hamulec. 9. Czy
można odbyć . . . . sprzeczkę przez telefon? 10. Rekord
w skoku w dal Pietrzyka, to jego . . . . sukces.11. Tak, to jest
bardzo . . . . decyzja. 12. Zapakuj też . . . .
strój – w programie sympozjum jest elegancki bankiet.

V. Proszę określić czy podane pary wyrazów mają znaczenie podobne
(=), czy przeciwne (≠)

1. zachód	≠	wschód	8. uchylone	niedomknięte
2. przyjaciel		wróg	9. atak	obrona
3. skory		niechętny	10. pobłażliwie	wyrozumiale
4. denerwować		irytować	11. sprzeczka	kłótnia
5. nucić		śpiewać	12. kara	nagroda
6. skupiony		rozkojarzony	13. przywyknąć	przyzwyczaić się
7. skupiony		skoncentrowany		

Wyrażenia idiomatyczne

KARTA/GRAĆ
- domek z **kart** – coś nietrwałego, nierealnego
- postawić (stawiać) wszystko na jedną **kartę** – ryzykować
- *grać w* otwarte **karty** – postawić sprawę jasno, szczerze; wyjawić
swoje plany

- *grać* pierwsze skrzypce – być najważniejszym, mieć duże znaczenie, wpływy

GRA

- podwójna (nieczysta) *gra* – postępowanie fałszywe, nieszczere
- *gra* nie warta świeczki – sprawa błaha nie zasługująca na zajmowanie się nią
- *gra* warta świeczki – sprawa bardzo ważna, mogąca się opłacić
- wchodzić w *grę* – być branym pod uwagę, mieć znaczenie

Domek z kart

- *gra* słów – użycie wyrazów mających wiele znaczeń

NOC

- brzydki jak *noc* – bardzo brzydki
- (podobny) jak dzień do *nocy* – zupełnie niepodobny; przeciwieństwo
- dniem i *nocą* – bez przerwy
- od świtu do *nocy* (od rana do *nocy*) – cały dzień

Ćwiczenie

Proszę uzupełnić poniższe zdania wyrażeniami z ramki:

> dniem i nocą; gra jest warta świeczki; na jedną kartę; gra pierwsze skrzypce; domek z kart; *zagrajmy w otwarte karty*; brzydki jak noc; wchodzi w grę; jak dzień do nocy; podwójną grę

1. ....Zagrajmy w otwarte karty.... i wyjaśnijmy sobie jakie są twoje i moje plany. 2. Musisz te sprawę omówić z babcią – wiesz przecież, że w naszej rodzinie to ona . . . . 3. Narzeczony Haliny jest . . . ., ale bardzo sympatyczny. 4. Robotnicy pracują . . . ., żeby naprawić

drogi uszkodzone przez powódź. 5. – Czy twoi bracia są do siebie podobni? – ....! Nie, są zupełnie różni! 6. Jerzy postawił
wszystko ....: zwolnił się z pracy, sprzedał dom
i samochód i wyruszył na poszukiwanie złota do Australii. 7. „Miłość bez
szczypty zaufania, to mniej niż ....".
8. Okazało się, że Karol prowadził .... – chodził
z dwiema dziewczynami naraz i obydwóm zaproponował małżeństwo.
9. – Przeniesienie pana na wyższe stanowisko w ogóle nie ....
.... 10. Zastanawiałem się właśnie nad tą propozycją
zamiany mieszkań i dochodzę do wniosku, że ....
....

Tematy do ćwiczeń pisemnych i ustnych

1. Proszę wyrazić swoją opinię na temat „Rodzina wielopokoleniowa pod
   jednym dachem".
2. Jak Pan/i rozumie określenie „małżeństwo komórkowe" i „rodzina
   weekendowa"? Czy to model rodziny XXI wieku?
3. Rodzina czy praca? Czy ten dylemat jest trudniejszy dla mężczyzn czy
   dla kobiet?
4. Proszę wskazać różnicę między modelem rodziny swoich dziadków
   i własnym (obecnym lub planowanym).
5. Proszę przygotować wypowiedź na temat: „Różnice oblicza samotności".
6. Gra w karty – to sposób na nudę, ćwiczenie, czy hazard?

Władysław Broniewski

KABAŁA

Ten walet schnie z miłości, a ty go dręczysz wzgardą,
dwa serca wyrwał z piersi i przekłuł halabardą.

Żołędny król go wezwał. W karecie z dzwonków pędzi.
Ach!... Czeka go w podróży nieszczęście od żołędzi.

Już wjechać ma w dąbrowę, a jeszcze się ogląda,
on nie wie, że przy tobie dzwonkowy, jasny blondyn.
Nie ufaj blondynowi, choć list czerwienny wyśle,
spal złoty włos nad świecą, a poznasz jego myśli.

On brzęczy dzwonnym złotem, do ucha pięknie szepce,
uśmiecha się do ciebie, a serce dał brunetce.

Brunetka jest zazdrosna i ciebie źle wspomina.
Wystrzegaj się tej damy. Ach, nie pij tego wina!

To wino jest zatrute miłosnej łzy diamentem,
z dziesięciu serc czerwiennych okrutnie wyciśnięte.

Pijany czarnym winem, twój walet w snach się błąka,
z rozpaczą szuka serca – w żołędziach, w winie, w dzwonkach.

W. Broniewski, *Wiersze i poematy*,
PIW, Warszawa 1977

Zdania okolicznikowe

Zdanie podrzędne okolicznikowe pełni funkcję niewyrażonego lub ogólnie wskazanego okolicznika zdania nadrzędnego. Wyróżnia się kilka typów zdań podrzędnych okolicznikowych.

Zdania okolicznikowe czasu
(ćwiczenia I–III i VII)

część III

Zdania okolicznikowe czasu podkreślają (lokalizują) w czasie wydarzenia opisywane przez wypowiedzenie nadrzędne.

Odpowiadają na pytania: *kiedy?, jak długo?, odkąd?, do kiedy? (dopóki?)*. Rozpoczynają się najczęściej od zaimków względnych: *kiedy, jak długo, odkąd, dokąd, dopóki,* oraz od spójników: *aż, gdy, jak, jak tylko, zanim (nim).*

Np.

Żony marynarzy często grają w brydża, *kiedy* ich mężowie są na morzu.

Dopóki nie nauczysz się czekać, nie odnajdziesz spokoju.

Kiedy wszedł nauczyciel, wszyscy zamilkli.

Wszyscy zamilkli, *jak tylko* wszedł nauczyciel.

Odkąd zapuścił brodę, stał się bardziej ponury.

Nie pójdziesz na trening, *aż* zrobisz zadanie.

Dopóki nie zrobisz zadania, nie pójdziesz na trening.

Gdy skończysz kolację, przygotuj Maćkowi kąpiel.

Zanim Maciek się wykąpie, sprawdź mu zadanie.

Funkcję podrzędnych zdań czasowych mogą pełnić konstrukcje z imiesłowami przysłówkowymi.

Np.

Wchodząc, nauczyciel potknął się o próg. (kiedy?)

Wszedłszy do sali, nauczyciel przedstawił się. (kiedy?)

Zdania okolicznikowe miejsca
(ćwiczenia IV–VIII)

Zdania okolicznikowe miejsca określają przestrzeń, w której rozgrywa się wydarzenie stanowiące treść wypowiedzenia nadrzędnego. Odpowiadają na pytania: *gdzie?*, *skąd?*, *dokąd?*, *którędy?* (Są wprowadzane za pomocą tych samych wyrazów).

Np.

Nie chciała pojechać tam, *gdzie* pojechał jej mąż.

Ojciec jest teraz tam, *skąd* marynarze zwykle nie dzwonią.

Weronika poszła tam, *gdzie* „król chodzi piechotą".

Pochodzę stamtąd, *gdzie* rosną baobaby.

Którędy byśmy nie poszli, i tak przemoczymy buty.

Samochodem dojedziesz tam, *dokąd* autobus nie dojeżdża.

Patrzyliśmy stąd, *skąd* widać wejście do domu.

Przymiotniki odprzymiotnikowe
(ćwiczenia IX–XI)

Przymiotniki pochodzące od przymiotników mogą oznaczać uintensywienie lub osłabienie cechy.

Tworzeniu przymiotników oznaczających **uintensywnienie** cechy służą sufiksy:

-utki	mały – malutki
-uteńki	mały – maluteńki
-uchny	mały – maluchny
-usieńki	mały – malusieńki
-uśki	mały – maluśki

Sufiksy te nadają wyrazom wartość ekspresywną.

Przymiotniki o znaczeniu **intensywnym** tworzy się również za pomocą prefiksów:

prze-	miły	– przemiły (bardzo miły)
przy-	krótki	– przykrótki (zbyt krótki)
nad-	wrażliwy	– nadwrażliwy(nadmiernie wrażliwy)
arcy-	zabawny	– arcyzabawny (ogromnie zabawny)
hiper-	poprawny	– hiperpoprawny (zbyt poprawny)
super-	doskonały	– superdoskonały
ultra-	krótki	– ultrakrótki
ekstra-	mocny	– ekstramocny

W wyniku derywacji mogą również powstać wyrazy antonimiczne.

nie- – ładny – nieładny   głupi – niegłupi

Przymiotniki oznaczające **osłabienie** cechy tworzy się przede wszystkim za pomocą sufiksu -*awy*.

brudny   – brudnawy   (nie całkiem brudny, trochę brudny)
gruby   – grubawy   (niezupełnie gruby, trochę gruby)
łysy   – łysawy   (niezupełnie łysy)

Rzeczowniki prefiskalne
(ćwiczenia XII–XIII)

Rzeczowniki prefiksalne

Rzeczowniki te, występujące dotąd w języku polskim stosunkowo rzadko, pojawiają się obecnie coraz częściej, co tłumaczy się wpływem języków obcych. Mogą oznaczać zaprzeczenie, przeciwieństwo tego, na co wskazuje podstawa (np. nieład, kontrargument), zwiększenie lub zmniejszenie cech przedmiotu (np. arcymistrz, nadczłowiek, niedorozwój), czasem nadrzędność lub podrzędność względem pojęcia oznaczonego przez podstawę (np. nadtyp, podzbiór).
Najczęściej używane prefiksy:

nie-	– porządek – nieporządek, przyjaciel – nieprzyjaciel
anty-	– bodziec – antybodziec
kontr-	– argument – kontrargument
przeciw-	– wskazanie – przeciwwskazanie
arcy-	– dzieło – arcydzieło
super-	– forteca – superforteca
nad-	– ciśnienie – nadciśnienie
pod-	– oficer – podoficer
wice-	– dyrektor – wicedyrektor
współ-	– autor – współautor
pra-	– dziadek – pradziadek
eks-	– mąż – eksmąż (uwaga na pisownię)

Ćwiczenia

I. Na podane pytania proszę odpowiedzieć pełnymi zdaniami stosując wyrazy: *kiedy, odkąd, dokąd, dopóki, aż, gdy, jak, jak tylko, zanim*

Przykład: Kiedy go poznałaś?

Poznałam go wtedy, *kiedy* odbywał się Festiwal Filmów Krót-kometrażowych.

1. Odkąd masz psa?
2. Kiedy poznałeś Marię?
3. Do kiedy będziesz się tego uczyła?
4. Jak długo uprawiasz narciarstwo?
5. Kiedy nie należy pływać w morzu?
6. Odkąd pani dobrze sypia?
7. Od kiedy Ela nosi okulary?
8. Do kiedy musisz zażywać syrop?
9. Jak długo będziemy czekać na Jurka?
10. Kiedy przestaniecie palić?
11. Od kiedy twój wujek zaczął tyć?
12. Kiedy pan przetłumaczy tę pracę?
13. Jak długo teściowie będą u ciebie?
14. Kiedy im oddamy te pieniądze?
15. Kiedy państwo mogą nas odwiedzić?

II. Proszę dokończyć lub rozpocząć zdania.

Przykład: Posprzątaj pokój, *zanim* wróci mama.

1. Kiedy . . . ., wrócili z wycieczki. 2. Nie jadłam pizzy, odkąd . . . . 3. Nie możesz prowadzić samochodu, gdy . . . . 4. Jak tylko . . . ., przestali tańczyć. 5. Jedliśmy właśnie kolację, gdy . . . . 6. Paweł bardzo się zmienił, odkąd . . . . 7. Nie zamykajcie drzwi, dopóki . . . . 8. Zanim . . . ., chcę państwu przedstawić naszą nową sekretarkę. 9. Odkąd . . . ., moje dzieci ciągle chorują.

10. Nie wygrasz z nim, dokąd . . . .
11. Franek pije herbatę bez cukru, odkąd . . . .
. . . . 12. Będą u nas mieszkać, aż . . . .
. . . . 13. Nauczycielka była bardzo wzruszona, kiedy . . . .
. . . . 14. Proszę powiedzieć pani
Jankowskiej, żeby do mnie przyszła, jak . . . .
15. Jak tylko . . . ., zrobimy w domu
remont.

III. Podane zdania proszę przekształcić w zdania złożone. Dla ułatwienia podano w nawiasie wyraz, którego można użyć.

Przykład: Po skończeniu pracy usiedli przed domem. (kiedy)
Kiedy skończyli pracę, usiedli przed domem.

1. Po wyjściu z kina poszli do kawiarni. (kiedy)
2. Przed wyjazdem Iza zostawiła swój adres sąsiadom. (zanim)
3. Po usłyszeniu wiadomości przez radio Jurek zadzwonił do znajomych. (kiedy)
4. W czasie trwania spektaklu nie można wchodzić na widownię. (kiedy)
5. Przed zamknięciem garażu sprawdź, czy alarm jest włączony. (zanim)
6. Musimy poczekać do zakończenia konferencji. (aż)
7. Od momentu poznania Andrzeja Beata nie może skoncentrować się na pracy. (odkąd)
8. Postanowił, że nie wyjdzie z domu do czasu zakończenia ostatniego rozdziału swojej książki. (dopóki – nie)
9. Zaraz po dostaniu pieniędzy kupię sobie ten album. (jak tylko)
10. W czasie oglądania melodramatów zawsze się wzruszam. (gdy)
11. Nie zaczyna się kolacji wigilijnej do czasu pojawienia się na niebie pierwszej gwiazdy. (dopóki – nie)
12. Po wyjściu na szczyt góry postanowili odpocząć. (kiedy)
13. Przed wejściem do muzeum musiałyśmy zostawić płaszcze i torebki w szatni. (zanim)
14. Zaraz po telefonie Teresy pojechaliśmy do niej. (jak tylko)
15. W czasie deszczu dzieci się nudzą. (kiedy)

IV. Na podane pytania proszę odpowiedzieć pełnymi zdaniami stosując wyrazy: *gdzie, skąd, dokąd, którędy.*

Przykład: Którędy szliście?
Szliśmy *tędy, którędy* jeżdżą samochody.

1. Którędy musimy jechać?
2. Dokąd prowadzi ta droga?
3. Gdzie rośnie pieprz?
4. Skąd najlepiej widać scenę?
5. Gdzie teraz mieszkasz?
6. Gdzie najlepiej ci się śpi?
7. Skąd pan dzwoni?
8. Gdzie się spotkamy?
9. Którędy można tam wejść?
10. Gdzie nie można śmiać się głośno?
11. Skąd będzie dobrze słychać koncert?
12. Dokąd pan mnie wiezie?
13. Przepraszam, gdzie jest plaża?
14. Gdzie państwo chcą usiąść?
15. Gdzie czuje pan najsilniejszy ból?

V. Proszę dokończyć zdania.

Przykład: Idź, gdzie *chcesz.*

1. Będziemy pływać tam, gdzie . . . . 2. Czekali na mnie tam, gdzie . . . . 3. Złodzieje weszli tędy, którędy . . . . 4. Dzieci mogą się bawić tam, gdzie . . . . 5. Jutro zaprowadzę was tam, skąd . . . . 6. Musimy jechać tędy, którędy . . . . 7. Ptaki odleciały tam, dokąd . . . . 8. Chciała-bym spędzić urlop tam, gdzie . . . . 9. Sceny do tego filmu były kręcone tam, gdzie . . . . 10. Uciekali przed policją tamtędy, którędy . . . . 11. Zanieś te kwiaty tam, dokąd . . . . 12. Ludzi było pełno wszędzie tam, gdzie . . . . 13. Postaw samochód tam, gdzie . . . . 14. Droga prowadziła tamtędy, którędy . . . . 15. Nie mogli pojechać tam, dokąd . . . .

VI. Proszę rozpocząć zdania.

Przykład: Idź, gdzie chcesz.

1. . . . . gdzie zawsze jest ciepło.
2. . . . . którędy jest najbliżej.

3. . . . . skąd pochodzi jej ojciec.
4. . . . . gdzie jest miejsce.
5. . . . . którędy zwykle chodzimy na plażę.
6. . . . . skąd najlepiej można obserwować
gniazdo słowika.
7. . . . . gdzie zatrzymaliśmy się na obiad.
8. . . . . gdzie jest najwięcej poziomek.
9. . . . . dokąd radzili nam Kowalscy.
10. . . . . którędy kursują autobusy.
11. . . . . skąd go przyniesiono.
12. . . . . gdzie mieszka Justyna.
13. . . . . gdzie jest najjaśniej.
14. . . . . dokąd kazał ci szef.
15. . . . . którędy słonie chodzą nad rzekę.

VII. Proszę zapytać o podkreślone zdania.

Przykład: Palę fajkę, *odkąd lekarz zabronił mi palić papierosy.*
Odkąd (od kiedy) palisz fajkę?

1. *Kiedy deszcz przestał padać,* wyszliśmy z kawiarni.
2. Czekajcie na mnie tam, *gdzie zawsze się spotykamy.*
3. *Gdy byliśmy w Rzymie,* postanowiliśmy się pobrać.
4. Nie wolno przechodzić przez jezdnię, *jak jest czerwone światło.*
5. Będziemy czekać na ciebie tak długo, *aż przyjdziesz.*
6. Czekajcie na mnie, *dopóki nie przyjdę.*
7. Zawiozę was, *dokąd tylko chcecie.*
8. Zawiozę was tam, *skąd widać całą okolicę.*
9. Mieszkam sam, *odkąd skończyłem studia.*
10. *Zanim wróci ojciec,* muszę z tobą porozmawiać.
11. Szliśmy tędy, *którędy codziennie chodzimy.*
12. *Jak tylko skończy się zebranie,* zadzwonię do was.
13. Poszukaj encyklopedii tam, *gdzie stoją słowniki.*
14. *Gdzie zaszliśmy,* tam częstowano nas herbatą.
15. „*Jak długo na Wawelu Zygmunta bije dzwon,* tak długo nasza Wisła do Gdańska płynie stąd".

VIII. Proszę połączyć fragmenty zdań z części A z fragmentami z części B, tak aby powstały przysłowia.

A	B
1. Dopóty dzban wodę nosi,	1. tam wióry lecą.
2. Myszy tańcują,	2. gdzie pieprz rośnie.
3. Gdzie drwa rąbią,	3. tam nie ma co jeść.
4. Gdzie się dwóch bije,	4. gdy płoną lasy.
5. Gdzie diabeł nie może,	5. gdy kota nie czują.
6. Iść,	6. gdzie nas nie ma.
7. Gdzie kucharek sześć,	7. dopóki mu się ucho nie urwie.
8. Nie czas żałować róż,	8. tam babę pośle.
9. Wszędzie dobrze,	9. tam trzeci korzysta.
10. Uciekać,	10. dokąd oczy poniosą.

IX. Do zdań proszę wstawić podane w ramce przymiotniki. (Proszę pamiętać o odpowiedniej formie gramatycznej.)

> kwaśnawy, wąziutki, superzdolny, białawy, nadpobudliwy, przydługi, przezabawny, ultrakrótki, słodkawy, nadludzki

1. Spektakl był . . . . Wszyscy śmiali się cały czas.
2. Nie smakuje mi to wino – jest . . . .
3. Trzeba skrócić tę sukienkę. Jest . . . .
4. To nie jest angina. Nie ma . . . . nalotów na migdałach.
5. Miasteczko jest malownicze. Śliczne są te . . . . uliczki!
6. To radio nie odbiera fal . . . .
7. Ten psycholog zajmuje się . . . . dziećmi.
8. Nauczyciel mówi, że Konrad jest . . . . Powinien mieć indywidualny system nauki.
9. . . . . wysiłkiem podniósł ciężar.
10. Lubię . . . . zapach jaśminu.

X. Podane w nawiasach przymiotniki proszę zamienić na przymiotniki oznaczające uintensywnienie lub osłabienie cechy.

Przykład: Czy twój nowy sąsiad jest sympatyczny? – Tak, jest *przemiły* (miły)!
Nasz ulubiony aktor powinien się odchudzić. Jest *grubawy* (gruby).

1. „Był sobie raz . . . . (mały) kotek . . . .
(biały) jak śnieg."
2. Napój jest . . . . (gorzki). Trzeba dosypać trochę
cukru.
3. Niepotrzebnie wymawiasz wszystkie głoski tego wyrazu. To jest wymowa . . . . (poprawna).
4. Chyba przytyłem! Te spodnie są . . . . (ciasne). (przy-)
5. On nie jest całkiem łysy. Jest tylko . . . . (łysy).
6. Celina jest . . . . (wrażliwa). Bardzo łatwo ją urazić.
7. Program radiowy „Akcja" jest nadawany na falach . . . .
(krótkie). (ultra-)
8. Na wystawie pokazano . . . . (nowoczesny) model
samochodu. (ultra-)
9. Nie myślisz, że trzeba zmienić obrus? Ten jest już . . . .
(brudny).
10. Zachwycamy się widokiem. Jest . . . . (piękny)!

XI. Proszę zamienić przymiotniki w nawiasie na przymiotniki wzmac-
niające cechę, a napisane kursywą – na przymiotniki osłabiające cechę.

Przykład: Janek jest (wrażliwy) *nadwrażliwy*.
Ten chleb jest (*twardy*) *twardawy*.

– Widziałaś narzeczonego Hanki?
– Tak, delikatnie mówiąc jest (*gruby*) . . . ., (*niski*) . . . .
i (*stary*) . . . . W ogóle mi się nie podoba!
– Mnie też, ale za to jest (bogaty) . . . . !
– To że ma pieniądze, nie interesuje mnie. Ale jak on wygląda! Nosi
zawsze (krótkie) . . . . spodnie i jakieś (stare) . . . .
krawaty.
– A widziałaś jego samochód? (Nowoczesne) . . . . BMW!
– Ale Hanka nie wychodzi za mąż za samochód, tylko za (*nudnego*)
. . . . i – krótko mówiąc – (*brzydkiego*) . . . . mężczyznę.

XII. Od podanych rzeczowników proszę utworzyć rzeczowniki prefik-
salne.

Przykład: porządek – nieporządek (superporządek);

przyjaciel . . . .   ciśnienie . . . .
atak . . . .   minister . . . .

dzieło . . . .   klasa . . . .
dyrektor . . . .   lokator . . . .
twórca . . . .   reklama . . . .
dziadek . . . .   ciała . . . .
łaska . . . .   mistrz . . . .
wskazanie . . . .   liga . . . .

XIII. Do poniższych zdań proszę wstawić podane wyrazy w odpowiedniej formie.

> współautor, nadwaga, nieczuły, arcydzieło, prześliczny,
> ultrafioletowy, praczłowiek, nieludzki, antyrządowy, wiceminister,
> przyciasny, niebrzydki, nadnaturalny, kontrargument, ekstraklasa

1. W tych grotach znaleziono ślady . . . . 2. Ta drużyna piłkarska zrobiła ostatnio znaczne postępy. W następnym sezonie z pewnością awansuje do . . . . 3. Lekarz powiedział, że jestem stanowczo za gruby i muszę się pozbyć . . . . 4. Ten obraz jest wspaniały! To prawdziwe . . . .! 5. Ojciec był dla niego bardzo . . . . , a on tak potrzebował uczucia! 6. Promienie . . . . są niewidoczne dla oka. 7. Nasz przyjaciel robi dużą karierę polityczną. Ostatnio został . . . . przemysłu. 8. Nad tym projektem pracowało kilka osób. Jednym ze . . . . jest mój brat. 9. Joasia ostatnio bardzo urosła i wszystkie ubrania są na nią . . . . 10. Nie wiem, dlaczego nie podoba ci się ta torebka. Według mnie jest całkiem. . . . . 11. Po długiej dyskusji, kiedy Zbyszek nie mógł już znaleźć . . . . (l. mnoga), musiał przyznać nam rację. 12. Muszę mieć tę sukienkę. Jest . . . .! 13. To straszne, że w naszych czasach słyszy się jeszcze o . . . . traktowaniu zwierząt. 14. Uczestnicy manifestacji wznosili . . . . okrzyki. 15. Bohaterowie niektórych filmów obdarzeni są . . . . siłą.

Notatki

....

....

....

....

....

....

....

....

....

....

....

....

....

....

....

....

....

....

....

....

....

....

....

....

....

....

....

....

....

....

....

....

....

....

Dyskusja
(powtórzenie)

Na tropach zbrodni

NIE MA PRZESTĘPCÓW DOSKONAŁYCH. KAŻDY ZOSTAWIA JAKIEŚ ŚLADY, NAWET GDY SĄDZI, ŻE PRZECHYTRZYŁ WSZYSTKICH.

Policjanci zabezpieczają miejsce przestępstwa tak, by ślady nie zostały zadeptane i zatarte. „Każdy kontakt zostawia ślad" – twierdził dr Edmond Locard, twórca jednego z pierwszych laboratoriów kryminalistycznych we Francji. Zadaniem specjalistów jest znaleźć ten ślad, zabezpieczyć go, a potem już „tylko" ustalić, kto go zostawił i kiedy.

Ekipa techników kryminalistycznych najpierw zabezpiecza te ślady, które łatwo można zniszczyć i które szybko ulegają samodestrukcji: zapachowe i cieplne. Wykrywanie tych ostatnich umożliwia kamera termowizyjna. To bardzo czułe elektroniczne urządzenie, dzięki któremu można ustalić, które przedmioty mają inną temperaturę niż otoczenie, a więc mogły być stosunkowo długo trzymane przez przestępcę w ręku, za paskiem lub w kieszeni. Pozwala też wskazać meble, na których ktoś ostatnio siedział.

W tych miejscach rozpoczyna się poszukiwanie zapachów, śladów biologicznych, mikrowłókien oraz pyłków. Technicy wyjałowioną gazą pocierają miejsca, gdzie siedzieli złodzieje, po czym zamykają ją w hermetycznych słoikach. Nawet kilka miesięcy później pies może „chwycić" trop i doprowadzić do sprawcy.

Następny etap – ślady biologiczne: mikrokrople potu, śliny i krwi, złuszczony naskórek, włosy. Tapicerkę kanapy, zasłony, dywany i blaty mebli jeden z techników „sprząta" małym odkurzaczem, przypominającym samochodowy. Nawet najmniejsze drobiny i strzępki trafią wkrótce pod mikroskopy w laboratorium.

Teraz pora na fotografa: w dokumentacji fotograficznej utrwala się ułożenie przedmiotów, miejsca znalezienia śladów. Zdjęcia pomagają w odtworzeniu przebiegu zajścia i pozwalają skonfrontować zeznania świadków lub podejrzanych z wynikami badań.

Wszelkie odciski – palców, całych dłoni, także stóp, uszu, ust, a nawet rękawiczek – stają się widoczne gołym okiem, kiedy badana powierzchnia posypana zostanie drobnoziarnistymi proszkami (np. argentoratem, grafitem, sadzą, tlenkami cynku i magnezu, azotanem srebra, czasem – rozkruszonym popiołem z cygara lub papierosa), które „przyklejają się" do substancji tłuszczowej. Ślady takie utrwala się, naklejając na nie przezroczystą folię.

Jeśli ślady daktyloskopijne pozostawiono na papierze lub innych chropawych powierzchniach, technicy zabierają materiał do laboratorium.

Przestępcy nasłuchują i podsłuchują. Przez drzwi, meble, ściany. Nieświadomie zostawiają odciski uszu. W celu identyfikacji „właściciela" ucha analizuje się jego kształt, budowę indywidualną oraz cechy charakterystyczne. Metoda dr. Jerzego Kasprzaka z Centralnego Laboratorium Kryminalistycznego Komendy Głównej Policji polega na podzieleniu śladu ucha na 24 pola i oznaczeniu na nich charakterystycznych elementów. Zidentyfikowanie tylko 6 czytelnych pól wystarcza do wydania pozytywnej ekspertyzy. Rocznie wydaje się w Polsce około 20 takich ekspertyz, które są potem wykorzystywane jako dowody procesowe.

Badania odcisków obuwia korzystały z technik mechanoskopijnych (szczegółowe badania mikrośladów znajdujących się na podeszwach butów podejrzanego i porównywanie ich z odciskami znalezionymi na miejscu przestępstwa).

Ślady obuwia zabezpiecza się odlewami gipsowymi lub silikonowymi, czasem proszkami i folią. Jednak ślady te traktowano zazwyczaj jako pośrednie. Znalezione u podejrzanego buty można było porównać z odciskami znalezionymi w miejscu przestępstwa, ale trzeba było udowodnić, że to właśnie on nosił je w chwili dokonywania przestępstwa. A złodzieje bywają bardzo sprytni: podczas napadów „występowali" w nowych butach, najczęściej kradzionych tuż przed właściwym skokiem, niezostawiających charakterystycznych śladów.

Polscy specjaliści udowodnili, że sposób stawiania stóp mamy tak samo niepowtarzalny, jak odciski palców. Wykorzystują w swych badaniach podo-metr, dwumetrową płytę z bardzo precyzyjnym urządzeniem pomiarowym. Pozwala ono uzyskać dynamiczny odcisk stopy z zaznaczonymi punktami nacisku i rozkładem sił w poszczególnych fazach ruchu.

Każdy człowiek ma inną budowę ciała, inną wagę, odmienną długość kończyn, wady postawy i wiele innych cech osobniczych. Cechy te wpływają na specyficzny sposób zdzierania obcasów i zelówek, deformowanie obuwia, ale przede wszystkim na kształt śladów i wgłębień w podłożu, po którym idziemy. Inna jest także siła, z którą naciskamy na podłoże. Dzięki polskiej metodzie stwierdzono, że prawdopodobieństwo powtórzenia trzech takich samych cech u dwóch osób wynosi 1 do 683 miliardów!

Odkąd możliwe stało się identyfikowanie osób na podstawie kodu DNA, większe są szanse wykrycia przestępcy. Kwas deoksyrybonukleinowy jest składnikiem jądra każdej komórki ludzkiego ciała. Nie występuje jedynie w czerwonych krwinkach (znajduje się w białych krwinkach, tkankach miękkich, szpiku kostnym, łuszczącym się naskórku, cebulkach włosowych, nasieniu, zębach oraz w wydzielinach takich jak ślina czy mocz). Nasze DNA zostawiamy przez dotyk, otarcie się, kichanie, nawet oddychanie. Znajdziemy je na meblach, ubraniu, przedmiotach i – oczywiście – na narzędziach przestępstwa.

Do identyfikacji wystarczy zaledwie kilka komórek – technika określana skrótem PCR (polimerowa reakcja łańcuchowa) pozwala je mnożyć. Materiał porównawczy (wymaz) jest pobierany z tylnej części jamy ustnej podejrzanych. Obecnie informacje te są archiwizowane w elektronicznych bazach danych. Polska policja tworzy taką bazę od 1997 roku wspólnie z Unią Europejską. Dzięki temu nasi specjaliści mają dostęp do „kartotek" identyfikujących miliony ludzi. Sami wykonują w ciągu roku do 350 takich ekspertyz.

Czasami – na przykład w przypadkach porwań dla okupu – jedynym śladem, który może naprowadzić na ślad przestępcy, jest jego głos. Czy na podstawie zniekształconego przez telefon nagrania można zidentyfikować człowieka, a potem udowodnić mu winę? Czy takie nagranie może być dowodem w sądzie? Tak.

Analizą i identyfikacją osób na podstawie ich głosu (także badaniem nagrań, stwierdzaniem ich autentyczności, identyfikacją sprzętu nagrywającego i pomieszczeń pod względem akustycznym) zajmuje się fonoskopia kryminalistyczna.

Metoda identyfikacji osób oparta na analizie mowy, opracowana już w 1968 roku przez Stanisława Błasikiewicza, umożliwia nie tylko bezbłędne wskazanie rozmówcy, ale też stwierdzenie, czy jego wypowiedzi nie są sugerowane przez inne osoby lub odczytywane z przygotowanej wcześniej kartki. Na podstawie wypowiedzi eksperci potrafią określić wiek mówiącego, wykształcenie, środowisko, z którego się wywodzi i w którym przebywa, a nawet niektóre choroby, na które cierpi. Dźwięki towarzyszące rozmowie wskazują miejsce, w którym w danym momencie przebywa rozmówca. Mogą to być odgłosy miasta, pojazdów, odgłosy maszyn, dźwięki wydawane przez zwierzęta.

Technika przekracza granice wyobraźni, a metody stosowane przez powieściowego Sherlocka Holmesa nadal stanowią wzór. „W tej pracy ciągle ważne są intuicja i doświadczenie. Klasyczne metody nie odejdą do lamusa, nie wszędzie da się podłączyć maszyny i komputery. Urządzenia ułatwiają znalezienie śladów, ich selekcjonowanie, ale i tak człowiek decyduje, co komputer ma analizować i jak interpretować wyniki badań" – twierdzi podinspektor Robert Duchnowski z Laboratorium Kryminalistycznego Komendy Stołecznej Policji.

Krzysztof Mich
Fokus 8/2003

Funkcjonariusz Rex

Psi węch, ponad stukrotnie wrażliwszy od ludzkiego, jest nieocenionym narzędziem w walce z przestępczością. „Psie etaty" zaczęto przydzielać przed stu laty w Londynie – tropicielami bandytów zostało kilka ogarów. Dziś psy pracują w policjach niemal wszystkich krajów. Za najlepsze do patrolowania i pościgów uznaje się owczarki niemieckie, a do szukania narkotyków – spaniele. Szkolenie psa rozpoczyna się po skończeniu przez niego pierwszego roku życia i trwa od 12 do 30 tygodni. W tym czasie uczy się on nie reagować na strzały, unikać ciosów, słuchać rozkazów, odnajdywać ukryte przedmioty. Cały czas przebywa z opiekunem, który go wychowywał i który będzie jego przewodnikiem. Po szkoleniu podstawowym każdy z psów zdaje egzamin, który kwalifikuje go do służby. Najsłynniejszym psem policyjnym był Rex III. Wyszkolony w poszukiwaniu narkotyków, doprowadził do aresztowania ponad 120 osób.

Szare komórki do wynajęcia

JEST BRANŻA, KTÓREJ SŁUŻY RECESJA. TO POLICJA. DO SŁUŻBY WCHODZI POKOLENIE MŁODYCH, GRUNTOWNIE WYKSZTAŁCONYCH ZAPALEŃCÓW. BĘDĄ ZARABIAĆ SKROMNIE, ALE BĘDĄ.

Dlaczego policjant kazał sobie postawić piec na samym środku pokoju? Żeby mieć centralne ogrzewanie. Co robi policjant, gdy dostanie narty wodne? Szuka pochyłego jeziora. Dlaczego policjanci mają guziki na rękawach? Żeby nie wycierali w nie nosów. A dlaczego guziki tak się błyszczą? Bo i tak wycierają.

Policjanci, obok blondynek i mieszkańców Wąchocka, są najczęstszymi bohaterami niewybrednych dowcipów. Polscy mundurowi, zwłaszcza na niższych stanowiskach, nigdy nie grzeszyli erudycją. Do policji trafiało wiele osób słabo wykształconych, niekompetentnych, których nikt inny nie chciał zatrudnić.

Wyższa szkoła policji w Szczytnie nie prowadzi już rekrutacji wśród maturzystów. Uczy tylko absolwentów cywilnych uczelni. Tu przechodzą ośmiomiesięczne szkolenie.

Na początku 2000 roku wykształceniem magisterskim legitymowało się 18 proc. spośród 100 tys. policjantów. Dziś – ledwie trzy lata później – jest to już blisko 24 proc. Kandydatów do policji jest tak wielu, że na posadę mogą liczyć prawie wyłącznie absolwenci szkół wyższych. Podania o pracę składają m.in. prawnicy, ekonomiści, informatycy, chemicy – specjaliści pożądani w każdej nowoczesnej policji świata. W tym roku były już dwa nabory: w styczniu i lipcu. Do pracy w jednej tylko komendzie wojewódzkiej w Opolu zgłosiło się aż 434 magistrów, o jedną trzecią więcej niż rok wcześniej.

Współczesnym orężem mundurowych w walce z bandytami nie są pałki, a szare komórki. Ujęcie seryjnego gwałciciela i zabójcy, który dwa lata temu grasował w okolicach Świnoujścia, możliwe było wyłącznie dzięki analizie setek próbek DNA, pobranych od osób podejrzewanych o zbrodnię. W policji zaczynają działać najnowocześniejsze systemy komputerowe. Dzięki centralnemu systemowi porównywania odcisków palców analiza linii papilarnych zajmuje dziś kilka minut. Przed uruchomieniem bazy danych trwało to nawet kilkanaście dni. Ale nowoczesnymi technikami ścigania bandytów mogą posługiwać się tylko ludzie wykształceni.

I te właśnie kadry ciągną do policji. A jeszcze kilka lat temu było całkiem inaczej. Zwłaszcza w dużych miastach były wakaty, na które brakowało chętnych. Do służby przyjmowano prawie wszystkich, którzy przeszli testy sprawnościowe. To, co kandydat miał w głowie, schodziło na plan dalszy. W 1999 roku w garnizonie warszawskim 1,3 tys. stanowisk było nie obsadzonych, dziś wolnych miejsc praktycznie nie ma.

W czasach recesji, bezrobocia przekraczającego 20 proc. i bankructw kolejnych przedsiębiorstw służba państwowa staje się dla młodych ludzi atrakcyjna.

Absolwenci wyższych uczelni pchają się do policji nie tylko w województwach o najwyższym bezrobociu, takich jak warmińsko-mazurskie, gdzie wskaźnik osób bez pracy przekracza 27 proc. W roku 2001 w komendzie stołecznej tylko 20 proc. policjantów miało tytuł magistra, dane z listopada tego roku mówią już o 35 proc. absolwentów wyższych uczelni.

Droga do służby w policji jest skomplikowana. Najpierw trzeba złożyć podanie do komendy wojewódzkiej najbliższej miejscu zameldowania. To jednostki terenowe decydują, ile osób w danym roku może być przyjętych do służby. Na początku kandydat odbywa rozmowę kwalifikacyjną, podczas której sprawdzane są jego motywacje, potem przechodzi testy sprawnościowe (m.in. bieg na czas i podciąganie na drążku) i badanie psychologiczne, które eliminuje osoby zbyt impulsywne. Na koniec komisja lekarska.

Zdaniem prof. Brunona Hołysta, kryminologa, zmiany w policyjnych kadrach mogą znacznie poprawić ich skuteczność. – A to dlatego, że zmienia się też obraz przestępczości. Coraz mniej jest opryszków, którzy rabując, biją ofiarę po głowie, coraz więcej bandytów inteligentnych, drobiazgowo planujących i kamuflujących swoją przestępczą aktywność. Dotyczy to zwłaszcza zorganizowanych grup, handlarzy narkotyków – wyjaśnia profesor. – Mam nadzieję, że nowe pokolenie policjantów dotrzyma kroku nowoczesnym przestępcom – dodaje.

Dla Adama i Krzysztofa, mieszkańców Lidzbarka Warmińskiego, nauka to nie pierwszyzna. Obaj są absolwentami Uniwersytetu Warmińsko-Mazurskiego. Pierwszy jest magistrem systemów jako-ści, drugi zarządzania produkcją. Obaj też z łatwością posługują się komputerem i doskonale znają język angielski. W wojewódzkiej komendzie w Olsztynie istnieje od niedawna zespół zarządzania jakością w policji, którego zadaniem jest poprawa sprawności działania poszczególnych jednostek. Zarówno Adam, jak i Krzysztof mogą się kiedyś świetnie w tym zespole sprawdzić. Nic dziwnego, że w przyszłości chcieliby trafić do pionu przestępczości gospodarczej, a zwłaszcza do Centralnego Biura Śledczego, które walczy z przestępcami gospodarczymi grubego kalibru. – Nasze wykształcenie na pewno się do tego przyda – mówią.

Ale na początku, tuż po szkole, trafią do oddziałów prewencji w Olsztynie. Będą więc pełnić zwyczajną służbę patrolową.

Dla Krzysztofa Masiula i Adama Wangina perspektywa kilkuletniej służby na dole policyjnej hierarchii nie jest niczym strasznym. – Kontaktujemy się z kolegami ze studiów na uniwersytecie. Niektórzy znaleźli marne państwowe posady, inni jeszcze gorsze fuchy w firmach prywatnych. Nie zarabiają więcej niż my będziemy mieli na początek w policji. Co więcej, my mamy pewność, że nasz pracodawca nie splajtuje – mówią.

Igor Ryciak
Współpraca Rafał Badowski
Newsweek 30.11.2003

Spokojnie, to tylko napad

PRACOWNICY BANKÓW MUSZĄ NIE TYLKO UMIEĆ LICZYĆ PIENIĄDZE, ALE TAKŻE ODRÓŻNIAĆ PISTOLET OD REWOLWERU.

Niespełna tydzień po sylwestrowych fajerwerkach, szóstego stycznia po 18.00, do oddziału Kredyt Banku w Otwocku weszło dwóch mężczyzn. Sterroryzowali obsługę, zabrali kilkanaście tysięcy złotych i uciekli. – Pracownicy zachowali się spokojnie, nie spanikowali, wcisnęli alarmy. Przepadły tylko pieniądze, ale nikomu nie spadł włos z głowy. To zasługa szkolenia – mówi Ewa Krawczyk z biura prasowego Kredyt Banku.

Pracownicy wiedzieli, że trzeba wykonywać polecenia bandytów, nie utrudniać ucieczki i w miarę możliwości obserwować ich zachowanie, ale nie prowokować, aby ze strachu nie zaczęli strzelać. – Pieniądze są ubezpieczone – mówi Piotr Gajdziński, rzecznik prasowy Banku Zachodniego WBK. – Pracownikom życia nikt nie zwróci. Oprócz czysto ludzkich względów, ma ono dla banków także wymierne znaczenie. Jeśli będą ofiary, firmy muszą się liczyć z wysokimi odszkodowaniami dla rodzin. I tu już w grę wchodzą nie tysiące, ale miliony złotych. Sumy znacznie większe niż straty poniesione w wyniku kradzieży.

Szkolenia antynapadowe zawsze były prowadzone w polskich bankach, ale najczęściej pozostawały w sferze teorii, bo i napady były teoretyczne. W 1990 r. w Polsce doszło zaledwie do trzech napadów, w 2000 r. było ich 91, a straty wyniosły ponad dwa miliony zł. Gdy liczba napadów zaczęła wzrastać, szefowie banków zwiększyli wydatki na bezpieczeństwo. Powstało kilkadziesiąt firm szkolących bankowców. Największe wzięcie mają te prowadzone przez byłych antyterrorystów i żołnierzy jednostek specjalnych.

To brzmi jak dowcip, ale antyterroryści głównie uczą, jak spełniać żądania napastników, nie odbierać bez ich zgody telefonów i zachować spokój podczas wydawania pieniędzy.

Głównym punktem szkolenia jest symulowanie napadu. Do banku wpada trzech rosłych mężczyzn z bronią. „Wszyscy na podłogę! Dawaj pieniądze!" – ktoś mierzy do kasjera. Ten roztrzęsionymi rękami otwiera kasę. „Co się tak grzebiesz" – ponagla napastnik. Kasjer wyrzuca pieniądze w powietrze. Kiedy opadają na ziemię, jeden z bandytów zdejmuje kominiarkę i patrzy uważnie na kasjera. – No i co pan robi? Jakby to naprawdę był napad, już by pan nie żył – poucza instruktor. Tłumaczy, że w razie strzelaniny najlepiej położyć się na brzuchu i osłonić głowę rękami. Trzeba uważnie obserwować napastników, żeby potem opisać ich policji, a jak tylko nadarzy się okazja, włączyć alarm.

Jan Kulik, szef wydziału bezpieczeństwa Banku Ochrony Środowiska, przyznaje, że udział w takich ćwiczeniach to stres. – Ale tylko to uzmysławia, jak wyglądają realne napady.

O tym, jakie wrażenie robi symulowany napad, przekonała się Anna Janowska z banku w Krakowie.

– Kiedy trenerzy weszli zamaskowani, z atrapami broni w rękach i zaczęli krzyczeć, nawet nie zauważyłam, że wzięli zakładnika – wspomina. Zdaniem Piotra Mosaka, psychologa z warszawskiego Centrum Zdrowia Poziomy, na szkoleniu powinien być psycholog, który podpowie, jak radzić sobie z emocjami.

Joanna Malinowska, 35-letnia pracownica jednego z dużych banków, przeżyła napad już po szkoleniu. Trwał zaledwie 55 sekund.

– Starałam się odtworzyć w pamięci przebieg szkolenia. Kiedy wybiegli, włączyłam alarm. Zapamiętałam wygląd bandytów – wspomina. Podkomisarz Marcin Szyndler z biura prasowego Komendy Głównej Policji chwali sobie współpracę z przeszkolonymi pracownikami, bo potrafią podać policji rysopisy i zabezpieczyć ślady.

Od tego roku Bank Zachodni WBK planuje szkolenia z psychologami. Mają uczyć pracowników, jak negocjować z napastnikiem i nie wzbudzić jego agresji. Ale wszystkiego nie nauczą bankowców. Zdaniem policjantów, z którymi rozmawialiśmy, łatwiej nauczyć pracowników poprawnej reakcji podczas napadu, niż odzwyczaić do zwykłego niedbalstwa – np. tego, że drzwi do kasy nie powinny być stale otwarte tylko dlatego, że wygodniej wtedy wejść z kubkiem herbaty w ręku.

Krystyna Romanowska
Newsweek 26.01.2003

Młodzieży trzeba wskazać drogę

– MÓWI DR MAŁGORZATA LEŚNIAK Z ZAKŁADU SO-CJOLOGII STOSOWANEJ I PRACY SOCJALNEJ INSTY-TUTU SOCJOLOGII UJ

– Czy nasza młodzież jest gorsza od rówieśników z krajów Europy Zachodniej?
– Dlaczego miałaby być gorsza?
– Bo zewsząd słyszy się narzekania na nią. Niemal powszechny sąd o jej wadach potwierdzają dane statystyczne, z których wynika, że w okresie III Rzeczypospolitej największy przyrost przestępczości zanotowano w grupie wiekowej do 24 lat.
– Nasza młodzież nie jest ani gorsza, ani lepsza niż ich koledzy z innych krajów, co pokazują badania socjologiczne. Żyje podobnymi sprawami, bo od kilkunastu lat stara się podążać w tym samym kierunku, co młodzi ludzie na Zachodzie. W efekcie styka się i stoi przed podobnego typu problemami: szkołą, domem rodzinnym, seksem, marzeniami, przyszłą pracą itp. Zwykle młodzi sami muszą znaleźć drogę w tym szalenie dla nich skomplikowanym gąszczu spraw, a to nie jest proste, gdyż młodość ma to do siebie, że nie zna dokładnie hierarchii wartości. Skąd nastolatek ma wiedzieć, co jest dobre, a co złe? Ponadto, choć udział nieletnich w ogólnej masie przestępstw wzrasta, coraz częściej też obserwuje się wśród nich zachowania dewiacyjne, to jednak podobnego typu zachowania – choć na mniejszą skalę – istniały również w okresie PRL, tylko nie były one wówczas nagłaśniane. Teraz media też zafałszowują obraz, ponieważ z ich przekazu wynika, że żyjemy w świecie pełnym przemocy ze strony nieletnich.
– Pani tłumaczenia nie zmieniają faktu, że młodzi Polacy są coraz bardziej agresywni, częściej niż kiedyś są na bakier z prawem.

– Oczywiście, wszystko to prawda, ale nie wolno zapominać, szukając przyczyn takich zachowań, postaw, o rzeczy fundamentalnej: w młodych ludziach w okresie dojrzewania zachodzą procesy biologiczne, zwiększa się ilość hormonów, głównie testosteronu. Socjolodzy nie mogą zapominać o biologii okresu dojrzewania, bo inaczej ich analizy i wnioski rozminą się z rzeczywistością.
– Proponuje zatem Pani, by machnąć ręką na sprzeczne z prawem i normami społecznymi zachowania młodzieży i poczekać, bo na naturę nie ma rady.
– Broń Boże! Twierdzę jedynie, że nie powinniśmy się dziwić temu, że spora część nastolatków zachowuje się agresywnie. Oni muszą się wyszumieć, bo tak działają na nich hormony. Dorośli ten fakt powinni brać pod uwagę, ale nie zwalnia ich to z odpowiedzialności za zachowanie młodszego pokolenia.
– To ze świata dorosłych otrzymują wzorce, a jednym z podstawowych jest niemal wszechobecnie lansowany konsumpcyjny model życia, mierzący wartość człowieka ilością zgromadzonych dóbr.
– Niestety, tak jest, a skutkiem tego jest wzrost zachowań agresywnych i sprzecznych z prawem, bo wielu młodych ludzi chce osiągnąć sukces w życiu, czyli dorobić się za wszelką cenę. Niebezpieczną rzeczą jest to, że rośnie odsetek młodzieży, która uważa, że jest się tym, co się ma. Czy taka sytuacja byłaby możliwa, gdyby nastolatkowie nie starali się naśladować dorosłych? Moim zdaniem, nie. Temu niedobremu procesowi sprzyja i pogłębia go kryzys tradycyjnej, wielopokoleniowej rodziny, w której przekazywane były wzorce zachowań, wiedza, mądrość, gdzie rola matki w wychowaniu była kluczowa. Obecnie

rodzina zawęża się coraz częściej do rodziców i jednego dziecka.

Zdaję sobie sprawę z tego, że procesów cywilizacyjnych, które mają niebagatelny wpływ na obecny model rodziny i wychowania, nie zatrzymamy. Możliwość błyskawicznego przekazywania informacji powoduje, że ludzie, a przede wszystkim młode osoby, są bardzo podatne na wszelkie nowinki, nowości, wzorce. I dla nastolatków są one istotniejsze od rad, które mogą otrzymać od rodziców, a zwłaszcza od dziadków. Przekonani są, że starzy ludzie nie mogą ich niczego nauczyć, no bo cóż może oferować im ktoś stary, skoro oni widzą świat pełen sukcesu, gdzie bycie młodym jest gwarancją pomyślności.

– *Skoro wszystko wskazuje na to, że świat będzie coraz bardziej skomputeryzowany, stechnicyzowany, a stopień zamożności będzie miarą sukcesu, pozycji, to czy nieuchronną rzeczą jest wzrost wśród młodych ludzi postaw agresywnych, sprzecznych z prawem?*

– Nie można tego wykluczyć. Aby do naszkicowanego przez pana scenariusza nie doszło, konieczne byłoby doprowadzenie do zmiany postaw młodzieży w takim kierunku, by fundamentalne wartości dla nich miały istotne znaczenie. Zmiany postaw nie dokona się jednak z dnia na dzień. To musi trwać lata, co pięknie obrazuje powiedzenie: „Chcesz planować na rok – posiej zboże. Chcesz planować na 10 lat – posadź sad. Chcesz planować na sto lat – zajmij się wychowaniem człowieka". By jednak mądrze zająć się młodymi ludźmi, trzeba ich rozumieć, wiedzieć, jakie mają aspiracje, problemy. Nie wolno im pokazywać jako wzorca czasów dawno minionych, gdzie krajem rządzono w sposób autorytarny, a większość Polaków o cywilizacji zachodniej niewiele wiedziała.

– *Co zatem trzeba robić?*

– Dorośli nie powinni za cel mieć nauczenie młodszego pokolenia, bo praktycznie żaden człowiek przez teoretyczną naukę nie jest w stanie w pełni ukształtować drugiego człowieka. Należy młodym ludziom pokazać drogę. Tyle i aż tyle.

– *Ale kto miałby wskazać drogę młodym?*

– Tu tkwi problem, bo nie ma autorytetów, które mogłyby tego dokonać. Przecież polityk, ksiądz, nauczyciel czy rodzice, nie są autorytetami dla większości młodych ludzi. Sprawę pogarsza to, że dorośli publicznie łają młodzież, wytykają im to i owo, ale nie potrafią zaproponować czegoś dla nich cennego. Ograniczają się jedynie do stwierdzenia, że za ich czasów takie zachowanie byłoby nie do pomyślenia.

– *Socjolodzy i psycholodzy na ogół zgodnie twierdzą, że dla młodych podstawową jednostką odniesienia jest grupa rówieśnicza. Koledzy są często ważniejsi niż rodzice.*

– Owszem, młodzi ludzie najchętniej przebywają w grupie rówieśniczej, bo takie jest zarówno prawo natury, jak też wynika to z braku akceptacji, szacunku i miłości w rodzinie. Jeśli nastolatek nie ma oparcia w kręgu najbliższych, to szuka go gdzie indziej, zwykle wśród rówieśników, którzy nieraz sami są na bakier z prawem. Młody człowiek, który znajdzie się w takiej grupie, nie ma wyjścia: musi się dostosować do obowiązujących w niej reguł.

Rozmawiał: Włodzimierz Knap
Dziennik Polski, 18 I 2002

Po stronie życia

*– BYŁAM PRZERAŻONA, IDĄC NA PIERWSZE SPOTKA-
NIE W ROLI WOLONTARIUSZKI – WSPOMINA MARIA
Z TYŃCA – KUPIŁAM NA TARGU BUKIECIK KWIA-
TÓW... „SKĄD PANI WIEDZIAŁA, ŻE TAK LUBIĘ NA-
STURCJE?" – PRZYWITAŁA JĄ KOBIETA, ZŁOŻONA
ŚMIERTELNĄ CHOROBĄ. I LODY PRYSŁY.*

Podobno młodzi zostają wolonta-
riuszami z entuzjazmu, a ludzie dojrza-
li, bo poszukują sensu życia. W tym środowisku uważa się, że ten drugi powód
jest najistotniejszy.

Z zaświadczeniem ukończenia kur-
su *Towarzystwa Przyjaciół Chorych „Hospi-
cjum"* nigdzie poza nim – i własną rodziną – nie można spożytkować nabytych
umiejętności. A zdobywa się rozliczne:
w domu podopiecznego trzeba sobie
radzić z gruntowną toaletą osoby obłoż-
nie chorej, zmienić opatrunek, podać
środki przeciwbólowe i nie przegapić
momentu, gdy interwencja lekarza lub
pielęgniarki jest niezbędna. Z braku
doświadczenia rodzina może wyolbrzy-
miać objawy choroby, popadać z błahe-
go powodu w panikę; wolontariusz wy-
posażony jest w wiedzę, która w tych
momentach bywa nieoceniona.

Niemal zawsze nadchodzi taka
chwila, gdy chory chce porozmawiać
o śmierci. Jego bliscy albo zmieniają temat, albo uderzają w płacz. Wolontariu-
sze muszą być przygotowani na ten moment, ale sami nie uprzedzają trudnych
pytań. Gdy podopieczny umiera, to właśnie oni muszą zachować zimną krew.
Potem ostatni raz umyją i ubiorą, choć
im też jest ciężko na sercu. Przyzwyczajają się do chorych, zaprzyjaźniają z nimi.
Nikogo nie dziwi, gdy biorą udział w po-
grzebie, odwiedzają grób. I czuwają, jeśli zajdzie potrzeba, nad osieroconą rodziną…

Nie zawsze też nagrodą jest wdzięcz-
ność podopiecznych. Człowiek nieule-
czalnie chory – a do tego niepogodzony
z wyrokami losu – bywa apodyktyczny,
zaborczy, opryskliwy. Niekiedy te zachowania nie zależą już od jego woli. Może
się tak też manifestować bunt przeciwko unieruchomieniu, uzależnieniu od
innych. I zwyczajne zmęczenie cierpie-
niem oraz bólem…

– Nie ma na to reguły – tłumaczy
jedna z najmłodszych wolontariuszek,
21-letnia Madzia (prośbę o anonimo-
wość uzasadnia: na uczelni uznano by,
że chcę lepiej wypaść w opinii wykładow-
ców) – To zależy, jaki jest bilans życia
chorego. Widziałam ludzi godnie umierających i pogodzonych z losem… jakkolwiek sama śmierć to rzadko zaśnię-
cie. Organizm dramatycznie, po raz ostatni zrywa się do walki. Nieregularny od-
dech, przyspieszone tętno i wiele innych objawów… Nie, nie odczuwam
lęku, trzymając umierającego za rękę…

– Ludzie myślą, że wolontariusz to
jakiś nadczłowiek, bo potrafi pomagać
umierającemu – mówi Ewa Bodek. –
Tymczasem to my wzrastamy, hartujemy
swoje charaktery w kontakcie z chorymi.
Każdy z nas chciałby mieć to szczęście,
żeby go ktoś w ostatnich godzinach życia
trzymał za rękę, przemawiał: zrób ten
krok, nie jest wcale taki trudny.

– Śmierć jest częścią życia; jest tak
naturalna, jak samo życie – tego uczy się
wolontariuszy.

Cracoviana nr 1, 1996

Zagadki kryminalne

Utopiona

Karol Renard przybył do biura komisariatu policji goniąc resztkami sił. Otrząsnął z wody swoje ubranie obficie zraszając podłogę, wybełkotał kilka niezrozumiałych słów, po czym zatoczył się pod ścianę i oparł się o nią, kompletnie wyczerpany. Dopiero po chwili był zdolny do złożenia wyjaśnień.

– Wybraliśmy się z żoną na ślizgawkę po jeziorze pod miastem – mówił. – Ślizgaliśmy się około 15 minut, gdy wtem żona, wyprzedzająca mnie o jakieś dziesięć metrów, wpadła w dużą przeręblę, której nie spodziewaliśmy się... Zniknęła pod lodem, a jest tam głębia... Zdjąłem łyżwy i skoczyłem w dziurę... Nie zdołałem uchwycić żony... Woda jest tak lodowata, że złapał mnie kurcz i musiałem się wynurzyć... Trzy razy nurkowałem w przeręblii, ale na próżno... Wołałem pomocy, ale nie było tam w pobliżu żywej duszy... Zrozumiałem, że sam nie dam rady... Byłem na pół żywy... Nie zdarzył się po drodze żaden samochód, by mnie podwieźć... Dowlokłem się tutaj na piechotę... Błagam, wyślijcie pomoc... Mała nadzieja, ale coś przecież trzeba zrobić!

– Gdzie się to stało? – spytał inspektor Werner.

– W połowie długości jeziora, czyli jakieś sześć kilometrów stąd, niedaleko przystani łódek.

Wysłano ratowników. Akcja była utrudniona z powodu mrozu, który w tej przedwieczornej porze wzmógł się od 20° niżej zera zanotowanych po południu, do 25°. Ekipa ratownicza wróciła po godzinie, przynosząc jedynie łyżwy pana Renarda, znalezione obok przeręblii. Poszukiwania pod lodem były bezowocne. Na tę wiadomość pan Renard zemdlał.

– Spodziewam się, że gdy przyjdzie do siebie, poda bardziej wiarygodną wersję tej całej historii – powiedział inspektor Werner.

Dlaczego twierdził, że zeznanie pana Renarda było kłamliwe?

Inspektor zauważył, że pan Renard, wszedłszy do komisariatu, otrząsnął swoje ubranie z wody. Gdyby wlókł się kilka kilometrów na silnym mrozie, jak zeznał, zmoczone ubranie musiałoby zamarznąć na kamień.

Przekrój nr1234, 1 XII 1968

Ćwiczenie

Proszę uzupełnić tekst słowami z ramki. Uwaga! Są w niej trzy słowa niepotrzebne.

biurze, zwanym, portretem, dowód, planie, zasypany, zamaskowany, oddalonym, piłką, garniturze, samotnie, plaży, oświetlony, udał się, alejkę

Fotografia

Po powrocie ze swego letniego urlopu inspektor Werner zastał w *biurze* wiele zaległych spraw, lecz w pierwszym rzędzie musiał się zająć kwestią aktualną: poprzedniego dnia w południe . . . . osobnik z bronią w ręku wtargnął do willi pewnej bogatej staruszki, mieszkającej . . . . i zrabował kasetkę z całą jej biżuterią. Zapoznawszy się z przebiegiem tego napadu, inspektor od razu pomyślał o dobrze znanym policji bandycie . . . . „Tom Elegant", który w podobny sposób dokonał już poprzednio kilku rabunków.

Adres Toma znany był policji. Inspektor . . . . tam z sierżantem Fittem. Tom z miejsca przedstawił alibi:

– Wczoraj w południe byłem w parku, ... od willi, o której mowa o dobre 15 kilometrów. Oto na . . . . zdjęcie, które zrobił mi uliczny fotograf.

219

Inspektor obejrzał zdjęcie. Był na nim Tom w jasnym . . . .
i kapeluszu panama, na tle parkowego pejzażu. Park był . . . .
słońcem i postać Toma rzucała króciutki cień na . . . .,
okrążającą klomb rozkwitłych narcyzów. Na drugim . . . . widać
było poruszoną sylwetkę dziewczynki bawiącej się . . . .
– Do niczego takie alibi – orzekł inspektor.

Dlaczego tak twierdził?

Zdjęcie na pewno nie pochodziło z poprzedniego dnia: narcyzy kwitną tylko
wiosną, a skoro inspektor był po powrocie z letniego urlopu, to znaczy, że
rzecz działa się późnym latem lub wczesną jesienią.

Przekrój, nr 1205, 12 V 1968

Objaśnienia do tekstu

UTOPIONA

zagadka – tajemnica, szarada
gonić resztkami sił – być bardzo wyczerpanym fizycznie
otrząsnąć – poruszyć czymś gwałtownie, żeby coś odpadło
obficie – dużo, bogato, dosyć
zrosić – skropić, spryskać
wybełkotać – wymówić coś niewyraźnie
zatoczyć się – iść chwiejnie, niepewnie
ślizgawka – lodowisko
przerębla (ż) albo **przerębel** (m) – otwór wyrąbany w lodzie na rzece (stawie, jeziorze)
kurcz – nagły skurcz mięśnia, często bolesny
nurkować – pływać pod wodą
wynurzyć się – wypłynąć na powierzchnię
ani żywej duszy – nie ma nikogo
dowlec się – z trudem, powoli dojść
przystań – mały port
ratownik – człowiek niosący pomoc (= ratunek)
bezowocny – bezskuteczny, daremny
zemdleć – stracić przytomność
przyjść do siebie – odzyskać siły, wrócić do zdrowia
wiarygodny – zasługujący na zaufanie, pewny

FOTOGRAFIA

zaległy – nie wykonany we właściwym czasie
osobnik – osoba, człowiek
wtargnąć – wejść dokądś przemocą (siłą)
zrabować – ukraść
kasetka – skrzynka zamykana, pudełko z pokrywką
napad – niespodziewane najście, atak
z miejsca – tu: od razu, natychmiast
alibi – dowód, że osoba podejrzana nie przebywała w miejscu przestępstwa, w czasie,
   gdy zostało ono popełnione
odbitka – kopia; tu: zdjęcie
kapelusz panama – typ kapelusza: letni, jasny kapelusz
klomb – okrągłe lub owalne miejsce w ogrodzie obsadzone kwiatami
sylwetka – kształt postaci lub przedmiotu
narcyz – pachnący kwiat biały lub żółty

Uwaga na słowa!

letni
    przymiotnik od „lato"
    lekko ciepły

sekcja
    tu: badanie zwłok
    dział (np. sekcja sportowa)

Ćwiczenia

I. Proszę dokończyć „Policyjny raport" w sprawie śmierci żony pana Renarda. Tekst ma być krótki i zawierający fakty.

Na komisariat policji zgłosił się Karol Renard, by zawiadomić o wypadku na ślizgawce na jeziorze. Pan Renard ociekał wodą i sprawiał wrażenie wyczerpanego.

II. Które pary wyrazów mają znaczenie podobne? Proszę tam postawić znak =. Proszę skonsultować odpowiedź ze *Słownikiem wyrazów blisko-znacznych.*

Przykład: sędzia = *rozjemca*

1. adwokat	obrońca	7. rabunek	kradzież
2. bandyta	przestępca	8. szantaż	zeznanie
3. napad	spadek	9. mordować	zabijać
4. prokurator	oskarżyciel	10. świadek	oskarżony
5. wyrok	rozprawa	11. aresztant	więzień
6. morderca	ofiara	12. inspektor	sierżant

III. Do podanych rzeczowników proszę dobrać z ramki odpowiednie czasowniki i z nich utworzyć inne rzeczowniki według podanego przy-kładu.

Przykład: detektyw – *śledzi* – *śledztwo*

> zabija, włamuje się, rabuje, *kradni*e, informuje, zabija się, porywa, szantażuje, morduje, zeznaje

1. złodziej . . . .
2. włamywacz . . . .
3. morderca . . . .
4. świadek . . . .
5. informator . . . .
6. rabuś . . . .
7. zabójca . . . .
8. szantażysta . . . .
9. porywacz . . . .
10. samobójca . . . .

IV. Który wyraz z podanej czwórki nie kojarzy się Panu (Pani) z pozo-stałymi i dlaczego?

Przykład: Pożar – zgliszcza – *napad* – ogień (tylko wyraz „napad" nie kojarzy się z pożarem).

złodziej – bandyta – inspektor – morderca
zwłoki – nieboszczyk – trup – świadek
spadek – alibi – zeznanie – oskarżenie

ślizgawka – kurcz – lód – łyżwy
bełkotać – zatoczyć się – gonić resztkami sił – wtargnąć
willa – dom – adres – biuro
staruszka – brat – żona – kuzyn
kasetka – odbitka – fotograf – aparat
zabić – podpalić – zrabować – zniknąć
łódka – słuchawka – samochód – samolot

Wyrażenia idiomatyczne

SIŁA

- coś przerasta, przechodzi czyjeś *siły* – ktoś nie jest w stanie czegoś zrobić, komuś nie starcza na coś siły
- czuć się na *siłach* (coś zrobić) – uważać, że się ma siły do czegoś, że się może coś zrobić
- ktoś jest w *sile* wieku – ktoś jest dorosły, dojrzały, w pełnym rozkwicie
- opadać z *sił* – tracić siły, słabnąć
- praca ponad *siły* – praca wymagająca większego wysiłku, niż na to pozwalają czyjeś siły bez uszczerbku dla zdrowia

DUSZA

- być chorym na *duszy* – być w stanie depresji, być przygnębionym
- mieć rogatą *duszę* – być hardym, nieustępliwym
- być oddanym komuś, czemuś, należeć do kogoś całą *duszą*, *duszą* i sercem, *duszą* i ciałem – całkowicie, zupełnie, bez zastrzeżeń być oddanym komuś albo czemuś, należeć do kogoś
- czytać w czyjejś *duszy* – domyślać się czyichś myśli, odgadywać czyjeś myśli, zamiary
- odkryć, otworzyć przed kimś *duszę* – wyjawić komuś swoje najskrytsze myśli, zamiary, uczynki
- aż *dusza* rośnie – aż radość wielka ogarnia
- nie mieć grosza przy *duszy* – nie mieć pieniędzy, zwłaszcza przy sobie

CIEŃ

- chodzić za kimś jak *cień* – towarzyszyć komuś wszędzie, nie odstępować kogoś
- bać się własnego *cienia* – być bardzo lękliwym, podejrzliwym, nadmiernie ostrożnym
- blaski i *cienie* czegoś – dobre i złe strony czegoś

Bać się własnego cienia

Ćwiczenie

W wykropkowane miejsca proszę wpisać poniższe wyrażenia idiomatyczne:

> boi się własnego cienia, **sercem i duszą**, na siłach, blaski i cienie, rogatą duszę, dusza rośnie, ponad siły, przerasta moje siły, chodzi za nią jak cień, w sile wieku, dusza rośnie, grosza przy duszy, otworzyć duszy

1. Zaangażowała się w tę pracę . . . . sercem i duszą . . . . 2. Jego wujek to elegancki, wysportowany pan . . . . 3. Nie jesteśmy zadowoleni z tego psa – miał być groźny, a tymczasem . . . . 4. Jest w niej tak zakochany, że nie odstępuje jej na krok – . . . . 5. Pożycz mi trochę pieniędzy, bo nie mam . . . . 6. Jest sympatyczny, ale ma . . . . – trudno się z nim dyskutuje i chyba ciężko się z nim żyje. 7. Czy czujecie się . . . ., żeby tam dojść? 8. Czytaliście wywiad z Anną Dymną pt.: „. . . . . sławy"? 9. To tłumaczenie . . . . – nie znam na tyle dobrze polskiego. 10. Zawsze wykonywał pracę . . . ., dlatego przedwcześnie się postarzał i dużo choruje. 11. Jak się patrzy na te roześmiane, zdrowe dzieci to aż . . . .! 12. Czuł się samotny i brakowało mu życzliwych osób – nie miał przed kim . . . .

Tematy do ćwiczeń pisemnych i ustnych

1. Powieści kryminalne cieszą się dużą popularnością. Jak Pan/i sądzi – dlaczego?
2. Co Pan/Pani sądzi o pracy policji?
3. Czy w Pana/Pani mieście można bez obawy poruszać się wieczorem i nocą?
4. W jaki sposób – zdaniem Pana/Pani – można zmniejszyć przestępczość wśród młodzieży?

Tadeusz Różewicz

RÓŻA

Róża to kwiat
albo imię umarłej dziewczyny

Różę w ciepłej dłoni można złożyć
albo w czarnej ziemi

Czerwona róża krzyczy
złotowłosa odeszła w milczeniu

Krew uciekła z bladego płatka
kształt opuścił suknie dziewczyny

Ogrodnik troskliwie krzew pielęgnuje
ocalony ojciec szaleje

Pięć lat mija od twej śmierci
kwiat miłości, który jest bez cierni

Dzisiaj róża rozkwitła w ogrodzie
pamięć żywych umarła i wiara

T. Różewicz, *Poezje zebrane*,
ZN im. Ossolińskich, Wrocław 1976

Zdania okolicznikowe sposobu
(ćwiczenia I–II)

część III

Zdania okolicznikowe sposobu określają sposób istnienia lub przebiegu faktu podanego w zdaniu nadrzędnym. Odpowiadają na pytania: *jak?*, *w jaki sposób?* i łączą się ze zdaniem nadrzędnym za pomocą wskaźników zespolenia: *jak, jakby, jak gdyby*.

Np.

Jak sobie pościelesz, tak się wyśpisz.
Jak cię widzą, tak cię piszą.
Ona się ubiera, *jakby* miała dopiero 20 lat.
Tom zachowywał się, *jakby* był niewinny.
Jechał tak, *jak gdyby* się paliło.

Zdania okolicznikowe sposobu wyrażające skutek czynności zdania nadrzędnego łączą się z nimi za pomocą spójników: *że, żeby*.

Np.

Śmiała się tak, *że* łzy ciekły jej po twarzy.
Zachowuj się tak, *żeby* nikomu nie przeszkadzać.

Funkcję zdań podrzędnych okolicznikowych sposobu mogą pełnić także konstrukcje z imiesłowem przysłówkowym współczesnym.

Np.

Matka ukarała dziecko, *zabraniając* mu bawić się z kolegami.

Zdania okolicznikowe stopnia i miary
(ćwiczenia III–IV)

Zdania okolicznikowe stopnia i miary określają za pośrednictwem własnej treści stopień lub miarę nasilenia faktu, o którym mówi zdanie nadrzędne. Odpowiadają na pytania: *jak bardzo?*, *w jakim stopniu?* Łączą się ze zdaniami nadrzędnymi za pomocą wskaźników zespolenia: *jak*, *im ... tym*.

Np.

> To nie jest taka prosta sprawa, *jak* się wydaje.
> Im dłużej cię znam, *tym* mniej cię rozumiem.

Zdania okolicznikowe stopnia często wyrażają skutek czynności zdania nadrzędnego i łączą się z nimi za pomocą spójników: *aż*, *że*.

Np.

> Byłyśmy tak głodne, *że* zjadłyśmy po dwie porcje bigosu.
> Pukał do drzwi tak głośno, *aż* Julian się obudził.
> Woda jest tak lodowata, *że* złapał mnie kurcz.

Zdania okolicznikowe stopnia mogą też być przyłączone za pomocą spójnika *żeby*. Orzeczenie może wtedy występować:

a. w formie osobowej

Np.

> Musisz skrócić tę sukienkę tak dużo, żeby ci sięgała do kolan.

b. w bezokoliczniku (zazwyczaj oznacza wtedy skutek ujemny, coś, co nie doszło do skutku)

Np.

> Nie miałem dość silnej woli, żeby rzucić palenie.

Zdania okolicznikowe przyczyny
(ćwiczenia V–VIII)

Zdania okolicznikowe przyczyny określają, wskazując swoją treścią ten fakt, którego następstwem jest treść zdania nadrzędnego. Odpowiadają na pytania: *czemu?*, *dlaczego?*, *z jakiego powodu?*, *z jakiej przyczyny?* Łączą się ze zdaniami nadrzędnymi za pomocą spójników: *bo*, *gdyż*, *ponieważ*, *dlatego, że*.

Np.

Nie kupiłam czekolady, *bo* brakło mi pieniędzy.
Długo do was nie dzwoniliśmy, *gdyż* byliśmy bardzo zajęci.
Inspektor nie był pewien, czy zginął Alfred, *gdyż* ciało było nie do rozpoznania.

Zdania rozpoczynające się spójnikami *bo*, *gdyż* stoją zawsze po zdaniu nadrzędnym, natomiast zdanie rozpoczynające się spójnikiem *ponieważ* może stać zarówno przed, jak i po zdaniu nadrzędnym.

Np.

Ponieważ nie byli przygotowani, nie przystąpili do egzaminu.
Nie przystąpili do egzaminu, *ponieważ* nie byli przygotowani.

Funkcję zdania okolicznikowego przyczyny może pełnić konstrukcja z imiesłowami przysłówkowymi.

Np.

Nie chciała tam wejść, mając przykre doświadczenia z poprzedniej wizyty. (= ponieważ miała przykre doświadczenia ...)
Nie oczekiwał już listu od Iwony, napisawszy jej, że ma teraz inną dziewczynę. (= ponieważ napisał jej ...)

Nazwy miejsc
(ćwiczenia IX–X)

Tworzą je następujące sufiksy:

1.

-nia   pracować – pracownia

oraz postacie rozszerzone sufiksu **-nia**:

-ownia ciepło – ciepłownia
            cukier – cukrownia

-alnia   przymierzać – przymierzalnia
-arnia   kreślić – kreślarnia
             kawa – kawiarnia

2.

-isko (**-owisko**, **-nisko**) (tworzą nazwy miejsc otwartych)
         łowić – łowisko
         kąpiel – kąpielisko
         wrzos – wrzosowisko
         lato – letnisko

Ćwiczenia

I. W wykropkowane miejsca proszę wstawić: *jak, jakby, jak gdyby, że, żeby* lub nic nie wstawiać.

Przykład: Spojrzała na mnie, *jakby* chciała mnie zabić wzrokiem.

1. Zrób tak, ... ci sumienie dyktuje. 2. Dziadzio oparzył się, ... chwytając gorące żelazko. 3. Nasz gość jadł tak, ... od paru dni nic nie miał w ustach. 4. Pawełku, pij tak, ... się nie oblać. 5. Joanna zachowuje się tak, ... miała 14, a nie 18 lat. 6. Pisz uważnie, ... nie trzeba było drugi raz poprawiać. 7. Paulina siedziała tak, ... zasłaniała mi cały ekran. 8. Biegli, ... ich ktoś gonił. 9. Mirek wygląda, ... był po ciężkiej chorobie. 10. Ola uczesała się tak, ... lubi ciocia Lusia. 11. Opowiadał o tym bez ładu i składu, ... był pijany. 12. Krzyczał tak, ... coś się stało. 13. Śnieg padał tak, ... świata nie było widać. 14. Piotr podrywał dziewczyny, ... zmyślając historyjkę o swojej karierze aktorskiej. 15. Mój brat schował te pieniądze tak, ... nie może ich znaleźć.

II. Proszę dokończyć (w części A), a zacząć (w części B) zdania według wzoru.

A.

Przykład: Tańcz tak, żeby *jej nie deptać po nogach.*

1. Zachowywał się przy stole tak, że . . . .
2. Usiądź tak, żeby . . . .
3. Krzywiła się, jakby . . . .
4. Światło padało na nich tak, że . . . .
5. Mówca przemawiał niewyraźnie, jak gdyby . . . .
. . . .
6. Przywitały się tak, jak gdyby . . . .
7. Musimy ubrać się tak, żeby . . . .
8. Prowadził samochód tak, jak . . . .

B.

Przykład: Ksiądz mówił tak, że można było usnąć z nudów.

1. . . . . jak gdyby nic się nie stało.
2. . . . . że można było pęknąć ze śmiechu.
3. . . . . jakby go ząb bolał.
4. . . . . żeby zwrócić na siebie uwagę.
5. . . . . jak cię uczył ojciec.
6. . . . . jakby go spotkało jakieś
nieszczęście.
7. . . . . jakby robił to pierwszy raz.
8. . . . . jakby skończyła szkołę baletową.

III. W wykropkowane miejsca proszę wstawić: *jak, (im) tym, aż, że, żeby*

Przykład:

Nieznajomy wpatrywał się w Hannę tak natarczywie, *aż* się zaczerwieniła.

1. Im dalej w las, ... więcej drzew. 2. Tęcza tak zachwyciła dzieci, ... pootwierały buzie. 3. Im dłużej się tego uczymy, ... mniej rozumiemy. 4. Nie mieli dość czasu, ... do nas wstąpić. 5. Karol przytył ostatnio tak, ... musiał wymienić całą garderobę. 6. Im częściej się z nimi spotykali, ... bardziej ich lubili. 7. Film był tak smutny, ... popłakałyśmy się. 8. To nie są tacy mili ludzie, ... początkowo sądziliśmy. 9. Im jesteśmy starsi, ... gorzej znosimy upały. 10. Wanda tak kłamała, ... sama się w tym gubiła. 11. Mgła była tak gęsta, ... trudno to opisać. 12. Przygotowali się do egzami-

nu tak znakomicie, ... profesor pogratulował im. 13. Pisanie na maszynie nie jest takie trudne, ... myślicie. 14. Musisz smarować to miejsce tak długo, ... egzema zniknęła. 15. Dyrektor tego dnia był tak wściekły, ... nikt nie chciał wejść do jego gabinetu.

IV. Proszę dokończyć (w części A), a zacząć (w części B) zdania według wzoru.

A. Marcin przeciął sobie palec tak głęboko, że *trzeba mu było go zeszyć.*

1. Tomek był tak przystojny, że . . . .
2. Tak bardzo cieszyłyśmy się na to spotkanie, że . . . .
. . . .
3. Ta praca nie jest tak ciekawa, jak . . . .
4. Im rzadziej tam jeździsz, tym . . . .
5. Wrzeszczeli tak głośno, aż . . . .
6. Prosił ją tak długo, aż . . . .

B. *Nie zostaliśmy przyjęci tak serdecznie,* jak oczekiwaliśmy.

1. . . . . tym mniej mi się tu podoba.
2. . . . . że rozbolała mnie głowa.
3. . . . . jak się spodziewaliśmy.
4. . . . . aż się rozpłakała.
5. . . . . tym bardziej był nietolerancyjny.
6. . . . . że nikt nie miał odwagi
   zbliżyć się do niego.

V. Proszę odpowiedzieć na pytania pełnym zdaniem stosując: **bo**, **gdyż**, **ponieważ**, **dlatego że**.

Przykład: Dlaczego nie przyszedłeś wczoraj na zebranie?
        Nie przyszedłem wczoraj na zebranie, *gdyż* bolał mnie brzuch.

1. Dlaczego kąpiesz się w zimnej wodzie?
2. Dlaczego nie przynieśliście kaset video?
3. Z jakiej przyczyny mecz zakończył się przed czasem?
4. Dlaczego ten film tak podobał się Ewie?
5. Czemu otworzyliście drzwi?
6. Z jakiego powodu Piotrowscy się wyprowadzili?
7. Czemu mi nie wierzysz?
8. Dlaczego nie lubicie Edka?
9. Z jakiej przyczyny zmieniono regulamin?

10. Z jakiego powodu Renata odeszła od Staszka?
11. Czemu jesteś taki blady?
12. Z jakiego powodu nie zapłaciłeś jeszcze rachunku za telefon?
13. Dlaczego Wiesiek nigdy nie pije alkoholu?
14. Czemu nie chcesz się z nim widzieć?
15. Z jakiej przyczyny zamknięto sklep?

VI. Proszę dokończyć (w części A), a zacząć (w części B) zdania używając: *bo, gdyż, ponieważ, dlatego że*. W części B proszę też dokonać przekształceń według wzoru.

A. Kolejarze strajkują, *gdyż* są niezadowoleni z warunków pracy.

1. Studenci protestują przeciw tej ustawie, ...
. . . .
2. Nie jadam pikantnych potraw, ...
3. Obrazili się na nas, ...
4. Nie oglądaj tego filmu, ...
5. Spóźniły się do pracy, ...
6. Nie skończyły pisać egzaminu, ...

B. *Byliśmy już wszyscy w piżamach*, nie spodziewając się gości o tej porze. *Ponieważ* nie spodziewaliśmy się gości o tej porze, byliśmy już wszyscy w piżamach.

1. . . . . nie wierząc, że wyzdrowieje.
2. . . . . zapomniawszy kupić masła.
3. . . . . obawiając się mrozu.
4. . . . . bojąc się przytyć.
5. . . . . dowiedziawszy się, że ojciec jest
   w szpitalu.
6. . . . . nie mając pieniędzy.

VII. Proszę zapytać o wyróżnione fragmenty zdań.

Przykład: Tenisista grał tak dobrze, *że nikt go nie pokonał.*
          Jak bardzo? (W jakim stopniu?)

1. Barbara nie gotuje w domu, *gdyż chodzi na obiady do mamy.*
2. Czuj się, *jak u siebie w domu.*
3. Pianista grał tak pięknie, *że słuchacze byli wzruszeni.*
4. Piłkarze grali tak, *jakby im nie zależało na zwycięstwie.*
5. Nie grał w finale, *bo doznał kontuzji kolana.*

6. Szachista grał tak kiepsko, *że po kilku zaledwie ruchach usłyszał od partnera „szach i mat"*.
7. Tak bardzo bała się spotkania z nim, *że trzęsły jej się ręce*.
8. Katarzyna porusza się, *jakby była modelką*.
9. Nie otworzyłam tego listu, *ponieważ był adresowany do Władka*.
10. Jest mu niedobrze, *bo najadł się kremówek*.
11. Podłoga była tak brudna, *że można się było do niej przykleić*.
12. Przyglądała mi się tak, *jak gdyby nie pamiętała, skąd mnie zna*.
13. Niecierpliwił się, *stukając ołówkiem o blat stołu*.
14. Nie mogę ci przetłumaczyć tego artykułu, *dlatego że nie znam dobrze słownictwa medycznego*.
15. Była tak opalona, *że wyglądała bardziej na Włoszkę niż na Szwedkę*.
16. Zamierzam wziąć urlop, *ponieważ czuję się przemęczona*.
17. To miasto tak go oczarowało, *że postanowił wrócić tam z Cecylią*.
18. Palił papierosa, *wydmuchując kółka z dymu*.
19. Wystroiła się tak, *jakby szła na bal*.
20. Policja zatrzymała samochód, *ponieważ przekroczył dozwoloną szybkość*.

VIII. Zaznaczone części zdań (numerowanych) proszę zastąpić podanymi wyrażeniami (literowanymi):

1. Nie mogłem przyjść na zajęcia *z powodu choroby*.
2. *Przyczyną waszych kłótni jest brak zrozumienia.*
3. *Przyczyną jego radości było zdobycie I nagrody* w konkursie.
4. Wyłączono nam telefon *z powodu niezapłacenia* rachunku.
5. *Z powodu manifestacji w centrum miasta* zamknięto wiele ulic.
6. Zachowywała się *po królewsku*.
7. Jola ubiera się *bardzo młodzieżowo*.
8. Musicie zachowywać się *bardzo cicho*.
9. Zareagował *po dziecinnemu*.
10. *Z biegiem lat człowiek nabiera dystansu do życia*.
11. Radość była *nie do opisania*.
12. Jacek wyglądał *bardzo źle*.
13. Artur poruszał się *jak we śnie*.
14. Ojciec rozmawia z dziećmi *jak z dorosłymi*.
15. Musimy kupić *wystarczająco dużo jabłek*.

a. kłócicie się, gdyż się nie rozumiecie
b. jakby miała 20 lat
c. ponieważ w centrum miasta odbywała się manifestacja
d. jakby był dzieckiem

e. tak wielka, że trudno to opisać

f. tyle jabłek, żeby dla wszystkich wystarczyło

g. tak, jak zachowują się królowe

h. im człowiek starszy, tym ma większy dystans do życia

i. cieszył się, bo zdobył I nagrodę

j. tak, żeby nikomu nie przeszkadzać

k. tak, jakby był chory

l. jakby spał

m. bo nie zapłaciliśmy

n. bo byłem chory

o. jak się rozmawia z dorosłymi

IX. Proszę podać, od jakich wyrazów zostały utworzone następujące nazwy miejsc.

Przykład: kawiarnia – od – *kawa*

lodowisko	kwiaciarnia	księgarnia
palarnia	wrzosowisko	piwiarnia
uzdrowisko	ciastkarnia	herbaciarnia
jadalnia	lotnisko	zajezdnia
śmietnisko	stolarnia	piekarnia

X. Wyrazy z ćwiczenia IX proszę wstawić do podanych niżej zdań (proszę pamiętać o formie gramatycznej).

1. Czy zamówiłeś w . . . . bukiet dla pani profesor?
2. W . . . . teatralnej wykonuje się wszystkie dekoracje z drewna.
3. W nocy w . . . . myje się wszystkie tramwaje. 4. Osoby, które chcą zapalić papierosa muszą przejść do . . . . 5. W tej . . . . są wspaniałe babeczki z bitą śmietaną. 6. Wujek wybiera się do sanatorium do znanego . . . . 7. Prosimy do . . . . Obiad jest już podany. 8. Z powodu mgły . . . . nie przyjmowało samolotów. 9. „Niestety, nie mogę podać panu kawy. W naszej. . . . . podajemy tylko herbatę." 10. Nie wierzę, żebyś znalazł na . . . . za miastem swoje notatki, które wyrzuciłeś wczoraj do kosza. 11. W tej . . . . jest wspaniały chleb. 12. Lubisz jeździć na łyżwach? Możemy pójść na . . . . 13. Tak bardzo lubię książki, że z przyjemnością pracowałabym w . . . . 14. W tej . . . . jest około piętnastu rodzajów piwa. 15. Bardzo lubię wrzosy. Chciałabym mieć obraz przedstawiający . . . .

Notatki

....

....

....

....

....

....

....

....

....

....

....

....

....

....

....

....

....

....

Kompromis

Właściciele zwierząt żyją dłużej

Dzieci rozwijają się lepiej mając u swego boku zwierzę, pełniące rolę symbolu identyfikacyjnego, pocieszyciela, nieprzekupnego i konsekwentnego wychowawcy. Dzieci wzrastające w obecności zwierząt przejawiają więcej poczucia odpowiedzialności, siły, intuicji oraz zdolności współczucia.

Właściciele zwierząt domowych żyją zdrowiej i dłużej. Już sama obecność zwierzęcia i obserwowanie go obniża ciśnienie krwi i stabilizuje pracę serca oraz całego układu krążenia. W przeciwieństwie do tego, obecność drugiego człowieka, nawet bardzo lubianego, może spowodować wzrost ciśnienia krwi.

Miłośnicy zwierząt zachowują na starość większą siłę witalną oraz otwartość w stosunku do otoczenia. Są pogodniejsi, bardziej towarzyscy i zadowoleni z życia, niż ich rówieśnicy nieposiadają-cy zwierząt. Apatyczni staruszkowie w domach opieki społecznej odzyskują aktywność w obecności zwierząt.

Zwierzęta korzystnie wpływają na psychikę ludzi samotnych, niepełnosprawnych, bądź z różnych powodów żyjących na marginesie społeczeństwa. W więzieniach, w których zezwolono na posiadanie zwierząt – czy to własnych, czy wspólnych – obserwuje się znaczny spadek agresywności skazanych.

Zdumiewające wyniki przynosi zooterapia w psychiatrii, zwłaszcza dziecięcej. Pacjenci, na których nie działała przedtem żadna ze stosowanych metod terapeutycznych, reagują na zwierzęta i dzięki nim stają się podatni na konwencjonalne sposoby leczenia.

*Jerzy Wojs, One i my, Spar,
Warszawa 1995*

Myślę, że...
zwierzęta mają prawo do obrony

– TWIERDZI ZNANA AKTORKA, Krystyna Sienkiewicz

Pamiętajmy o naturze. Przecież bez niej nie możemy żyć. Przyroda ułożyła wszystko w idealnej równowadze. Gdy nieodwracalnie zakłócimy ten system, staniemy się niebawem ofiarami swojego własnego braku wyobraźni. Świat bez drzew i zwierząt byłby czymś na podobieństwo kwiatu bez płatków. Jeżeli skłócimy się z przyrodą, zginiemy. Wiem, że to, co mówię, nie jest niczym oryginalnym. Ale ważnym. Bardzo ważnym. Tak samo, jak fiolka nitrogliceryny w kieszeni chorego na serce człowieka.

Zastanówmy się też, czy jesteśmy dobrymi opiekunami tego, co kiedyś oswoiliśmy: Burków i Azorów, przywiązanych krótkimi łańcuchami do marnych, walących się bud, kostniejących na mrozie zimą, umierających z pragnienia w promieniach letniego słońca; kocurów, którym dozorcy zamykają piwniczne okienka, skazując tym samym na śmierć głodową. Szczury i myszy zjedzą i zniszczą potem nasz dobytek.

Jeżeli już musimy być dla kogoś obrzydliwi, przynajmniej dajmy mu prawo do obrony.

Oswoiliśmy, przywiązaliśmy do siebie psa czy kota. Nauczmy się ponosić konsekwencje tego. Nasze domowe zwierzę nabrudziło w mieszkaniu. Widać nie zostało wyprowadzone o odpowiedniej porze na spacer. Albo nakarmiliśmy je czymś nieodpowiednim. Czyja to wina?

Przecież ono samo nie potrafi otworzyć sobie drzwi czy przygotować posiłku. Nie ma wyboru. Jest skazane na nas!

Jeśli nie nakarmimy naszego podopiecznego, ukradnie kurę albo kawałek kiełbasy. To jest jego psie czy kocie prawo. Chce żyć, tak samo jak i my.

Czy naprawdę tak trudnym i czasochłonnym zajęciem jest wyrzucenie resztek pożywienia zgłodniałym psom, kotom albo ptakom? Przecież te niepotrzebne nam odpadki powędrują do śmietnika, a wypędzone, nienakarmione stworzenia będą umierać na naszych oczach. Zwierzęta są najlepszymi i najbardziej wyrozumiałymi przyjaciółmi człowieka. Wiem to na pewno, bo sama mam pokaźną gromadkę czworonogów. Traktuję wszystkie, jak tylko potrafię najlepiej, a one odpłacają mi niewyobrażalnie wielką, bezkrytyczną miłością i przywiązaniem. Słuchają mnie i rozumieją dużo więcej aniżeli można to sobie wyobrazić.

Jest taki piękny dwuwiersz napisany przez Adama Mickiewicza, który często cytuję przy okazji tego typu rozważań:

– „*Jeśli chcesz przejść cało, pomiędzy światowym rozruchem,*
Bądź dla zwierząt człowiekiem, a dla ludzi duchem".

(ww)
Przyjaciółka 5 I 1995

Kup Pan słonia

Był taki okres, że ogrody zoologiczne przekazywały sobie wiele zwierząt za darmo albo na zasadach wymiany. Ten drugi sposób wzbogacania zwierzostanu pozostał. Jednak za inne, bardziej deficytowe na rynku zwierzęta, trzeba słono płacić, zwłaszcza handlarzom. Właśnie, ile może kosztować słoń na komercyjnym rynku?

– Taki młody do hodowli ma cenę 25–50 tysięcy euro – dowiadujemy się od Michała Targowskiego, dyrektora Miejskiego Ogrodu Zoologicznego Wybrzeża w Gdańsku Oliwie. Jedno z polskich zoo kupiło sobie to zwierzę. Miało jednak sponsora, który sfinansował transakcję.

Kto ma pieniądze, może sobie sprowadzić niemal każde zwierzę, jeżeli prawidłowo załatwi wszelkie formalności. Kilkanaście lat temu za kondora można było dostać mercedesa. Za jaja tego ptaka – samochód o nieco mniejszej wartości, np. audi. Wówczas oliwskie zoo słynęło z hodowli tych ptaków jako jedno z nielicznych w Europie. Oliwskie kondory uzupełniały zwierzostan m.in. w Anglii, Czechosłowacji.

Rarytasem wśród hodowców w krajach arabskich są sokoły. Za jednego takiego ptaka – wykorzystywanego do polowań – można otrzymać równowartość kilku samochodów. Rzecz w tym, że na legalny wywóz niełatwo byłoby uzyskać zezwolenie. Jako ptaki zagrożone wyginięciem są one pod ścisłą kontrolą, a międzynarodowy handel nimi regulują przepisy konwencji waszyngtońskiej. Bez zezwolenia nie można wywieźć ani żywego, ani wypchanego sokoła, jaj czy jakichkolwiek wyrobów z piór czy innych części tego ptaka.

Lwów w bród

Król zwierząt wcale nie jest drogi. Kilka lat temu lwa można było kupić za około 1000 złotych. Zwierząt tych było bowiem w ogrodach zoologicznych w bród. Teraz trochę podrożały, kosztują około 1500 złotych. Wilki zaś bywają tańsze od rasowych psów. Są też zwierzęta, których niemal żadne zoo nie chce. Tak jest teraz z hipopotamami nilowymi. Samicę bez problemów można dostać za darmo, gdy zaś ktoś weźmie samca, może na dodatek otrzymać butelkę koniaku – mówi Michał Targowski, sekretarz Rady Dyrektorów Polskich Ogrodów Zoologicznych i Akwariów, dyrektor oliwskiego zoo.

Oliwskie zoo nie handluje zwierzętami, natomiast niektóre każdy może tam kupić. Kuce szetlandzkie kosztują od 1,8 do 2 tysięcy złotych za sztukę, kózki kameruńskie są średnio po 400 złotych. Osiołki kosztują tysiąc złotych. Tych zwierzątek jest jednak coraz mniej.

Wymiana zwierząt między ogrodami zoologicznymi na naszym kontynencie odbywa się – z nielicznymi wyjątkami – za darmo. Płaci się tylko za pingwiny – około tysiąca euro. Te pieniądze nie trafiają jednak do kasy żadnego zoo. Przekazywane są na ratowanie pingwinów żyjących w dzikim środowisku. Wiele tych ptaków zginęło ostatnio wskutek katastrof ekologicznych – rozlewów olejów ze statków. Takie zasady wprowadziło EAZA – Europejskie Stowarzyszenie Ogrodów Zoologicznych i Akwariów.

Kazimierz Netka Tytuł oryginalny: „Król jest... tani"
Dziennik Bałtycki Nr 40 (17 II).

Na wolnym rynku	Niezły interes
Słonie – 25–50 tysięcy euro Żyrafy – od 20 tysięcy euro Nosorożce – kilkanaście tysięcy euro Żółwie promieniste – bezcenne, prawie niemożliwe do zdobycia Wielbłądy dwugarbne – 7 tysięcy euro Kondory – 7 tysięcy euro Alpaki – 5,5 tysiąca euro Pingwiny – 1000 euro Antylopy koby – 200 euro	Przemyt zwierząt jest zajęciem bardzo dochodowym. Znajduje się pod tym względem na trzecim miejscu w świecie – po narkotykach i biznesie samochodowym. Legalny obrót od lat siedemdziesiątych jest uregulowany przepisami konwencji waszyngtońskiej. Polska ratyfikowała ją na początku lat 90. Angora nr 10 (7 III 2004)

Kochajmy się jak... gęsi!

Nierozłączki, małe afrykańskie papużki, choć na wolności żyją w dużych stadach, gdzie pokus jest mnóstwo, łączą się w pary dozgonnym węzłem małżeńskim. One właśnie stały się obiektem doświadczeń niemieckiego zoologa R. Stamma. Umieścił je w dużej wolierze i ustalił, które ptaki są sobie bliskie oraz po jakich znakach szczególnych będzie je rozróżniać.

Wierność przez szybę

Jego uwagę zwróciły dwie papużki, które nazwał Romeo i Julia. Obdarzały się delikatnymi pieszczotami przeczesując sobie piórka dziobem, spały przytulone jedna do drugiej, podawały sobie z dzióbka do dzióbka różne smakowitości.

Nagle ich świat się zawalił. Bo oto któregoś dnia ptaki stwierdziły, że woliera, w której dotychczas swobodnie fruwały, została przegrodzona szklaną taflą. Zoolog zadbał zresztą, by rozdzielić szybą także inne stadła i wszystkie poddał skrupulatnej obserwacji.

Romeo i Julia nie zrezygnowali z miłości. Całymi godzinami siedzieli przy sobie po obu stronach przegrody przytuleni do szyby. Nie mogli się już dotykać, za to nawoływali się i patrzyli sobie z oddaniem w oczy. Czas płynął, a ich związek trwał.

Nadeszła pora godów i ptaki zapragnęły mieć dzieci. Instynkt okazał się silniejszy od platonicznej miłości – Romeo i Julia znaleźli nowych kochanków. Ale papużki przylatywały do dawnego partnera, znów wysiadując godzinami po obu stronach szyby. Niezmiennie patrzyły sobie z oddaniem w oczy, jakby chciały powiedzieć: „przecież wiesz, że kocham tylko ciebie".

Czy mogłyby się zachowywać w ten sposób, gdyby rządził nimi tylko głód seksu? Oczywiście że nie! Łączyło je coś znacznie więcej: miłość!

Gdy szyba została usunięta, Romeo i Julia od razu pomknęli ku sobie. Nie istniały już dla nich związki z konieczności. Znowu mogli być razem.

Takich papuzich par było wiele. Jednak nie każde rozdzielone w ramach eksperymentu małżeństwo wytrzymało próbę czasu. Niekiedy obojgu spodobało się w nowych związkach, ale niekiedy miały miejsce prawdziwe dramaty. Oto stęskniona małżonka zjawiała się przy ukochanym, a on – najwyraźniej szczęśliwszy niż dawniej – ignorował ją, poświęcając całą uwagę nowej wybrance. Albo nadal zakochany mąż przekonywał się, że jego połowica odrzuca dowody jego uczuć, zainteresowana wyłącznie kochankiem.

Stamm przekonał się więc, że niektóre pary nierozłączek spaja coś innego niż czysta erotyka, że się sobie nawzajem podobają, lubią się i kochają. Jest tak, jak u ludzi: jednym udaje się trafić w małżeńskim związku doskonale, innym – o tyle o ile, jeszcze innym – wcale. Niektóre nierozłączki są ze sobą, bo jest im razem cudownie, inne tkwią w stadle z braku lepszej możliwości, a nie z powodu silnego uczucia.

Tęsknota aż do zagłady

Czy kochająca się, a zmuszona do rozłąki zwierzęca para rzeczywiście cierpi?

Znany austriacki zoolog Konrad Lorenz zawsze twierdził, że wzorem małżeńskiego oddania są dla niego pary dzikich gęsi. Zaloty odbywają się, gdy ptaki nie są jeszcze zdolne do posiadania dzieci. Mimo to para trzyma się razem przez całą jesień i zimę, aż do nadejścia wiosennego sezonu lęgowego. Czasem ten próbny związek rozczarowuje ptaki, więc się rozstają. Jeżeli jednak dotrwają do godów i dochowają się potomstwa, łączą się w stadła na zawsze. Ale tylko na wiosnę urządzają „ekscesy seksualne", figlują do woli. Co je zatem przyciąga do siebie przez resztę roku, kiedy „te rzeczy" odchodzą w zapomnienie? Odpowiedź brzmi: wzajemne oddanie i pełna akceptacja, czyli właściwie miłość.

W Instytucie Badawczym im. Konrada Lorenza dowiedziono także, że cierpienie zwierzęcia po stracie współmałżonka jest faktem.

Obserwowano jedną z gęsich par. Któregoś dnia, gdy małżonkowie posilali się w najlepsze, samiczka została schwytana, odniesiona na zaplecze i zamknięta tak, by nie słyszała męża. Odbyło się to szybko i cicho. Gąsior dopiero po chwili stwierdził brak ukochanej.

Zdezorientowany, nerwowo dreptał po trawniku, głośno nawołując żonę. Gdy odpowiedź nie nadeszła, rozwinął skrzydła i z powietrza zaczął patrolować teren.

Odtąd codziennie pojawiał się na łączce instytutu. Z biegiem czasu jego poszukiwania słabły. Coraz częściej osowiały przysiadał na trawie. Najwyraźniej

tracił nadzieję. Tymczasem naukowcy...

Każdego dnia kilkakrotnie zbierali odchody ptaka i analizowali ich skład. Od chwili zniknięcia żony wzrosło w nich niepokojąco stężenie hormonów stresu. Gąsior najwyraźniej cierpiał. Cierpiał tak, że mogło to zagrozić jego życiu. I oto pewnego dnia usłyszał głos swojej tak długo poszukiwanej żony. Jak gdyby nigdy nic pływała w instytutowym stawku.

To, co wówczas sfilmowali badacze, pozostanie w ich pamięci na długo: gęsi krzycząc, ruszyły ku sobie trzepocząc szaleńczo skrzydłami. Wykonały na stawie dziki taniec radości, skacząc po kilka metrów w górę i na nowo wpadając w wodę. Potem odleciały. A gdy pojawiły się następnego dnia ustalono, że poziom hormonów stresu w odchodach gąsiora jest już normalny. Ptak był znowu szczęśliwy.

Zwolennicy teorii, że do uczuć są zdolni jedynie ludzie z ich wysoko rozwiniętą korą mózgową, powinni wiedzieć, że za emocje odpowiada przede wszystkim leżąca w głębi starsza część mózgu, tak zwany mózg limbiczny. A jego budową aż tak bardzo się od zwierząt nie różnimy.

Anna Szpiganowicz
Wróżka, nr 3, 2002

Ukryte życie róży

W starożytnym Egipcie róże towarzyszyły zmarłym w dalszej, pozaziemskiej podróży. W Persji, gdzie rozpoczęła się hodowla tych kwiatów i skąd wywodzi się woda różana, ich aromatem odświeżano domy i szafy. Dla Greków róże były symbolem miłości i radości życia. Wieńczono nimi świątynie, posągi bogów

i głowy bohaterów, a także ciała zmarłych. Również rzymskich wodzów dekorowano różanym wieńcem. Za czasów świetności cesarstwa kwiat ten był symbolem luksusu. Płatki róż sypano na biesiadujących gości, sugerując im dyskrecję.

Dla Germanów cierniste krzewy róż były symbolem ognia i końca świata, a pojedyncze kwiaty alegorią śmierci (sadzono je na mogiłach). Kościół katolicki różę poświęcił Maryji Dziewicy, jako symbol jej czystości i cnoty, a w 1208 roku św. Dominik zapoczątkował zwyczaj odmawiania „różańca" na cześć NMP. W filozofii różokrzyżowców siedmiopłatkowy kwiat symbolizuje odrodzenie.

Dziś ofiarowanie komuś róży (zwłaszcza czerwonej) jest symbolem gorącego uczucia. W nieskończoność można by też wymieniać motyw tego kwiatu, przewijający się we wszelkich formach sztuki...

Ponad 200 gatunków

Kwiat krzewu różanego ma kielich zwinięty albo płaski. Jego korona to pięć płatków ułożonych w kształcie serca, pięć działek kielicha i liczne pręciki oraz słupki.

Ich nazwa pochodzi z łaciny – rosa oznacza kolor czerwony, choć możemy również podziwiać białe, żółte, różowe i pomarańczowe odmiany kwiatów tej rodziny różowatych, obejmującej ok. 200 gatunków, rozsianych po półkuli północnej. Pojedyncze gatunki przenikają też w góry tropików.

Róże są skłonne do hybrydyzacji. Najwięcej krzyżówek dokonano w Europie. Tutaj uprawia się też najwięcej krzewów różanych – przodują Holendrzy, Niemcy i Polacy.

Dzikie róże europejskie mają pewną wadę: przez większą część roku to tylko brzydkie kolczaste krzaki. Zaledwie przez kilka tygodni wiosny i początek lata możemy je podziwiać w pełnej krasie.

Joanna Nikodemska
Fokus, 7/2003

KOMPROMIS – zwroty i wyrażenia

Propozycja kompromisu

- A może by
- Czy nie byłoby dobrze   (+ *bezokolicznik*)

A może by jeszcze raz porozmawiać?
Czy nie byłoby dobrze spotkać się z nimi?

- Czy nie nadszedł czas...   (na + *biernik*)
    , (żeby + *bezokolicznik*)

Czy nie nadszedł czas na rozmowę?
Czy nie nadszedł czas, żeby porozmawiać?

- Sądzę, | że
- Uważam,
- Myślę,
- Wierzę,

Sądzę, że to się da wyjaśnić.

- Jestem | przygotowany | (na + *biernik*);
         | chętny | (do + *dopełniacz*)
         | gotowy | (+ *bezokolicznik*)

Jestem przygotowany na tę dyskusję.
Jestem przygotowany do debaty.
Jestem gotowy przeprosić panią Kwiatkowską.

Pytanie o akceptację

- Czy to cię (pana) satysfakcjonuje?
- Czy wydaje | (ci) się (panu) | to możliwe do | (+ *dopełniacz*)
             | (+ *celownik*)

Czy taka definicja wydaje się państwu możliwa do zaakceptowania?

- Czy to brzmi | przekonująco?
               | zachęcająco?

- Mam nadzieję, że | to brzmi
                   | wydaje się (panu)...

Mam nadzieję, że to brzmi wiarygodnie.
Mam nadzieję, że wydaje się to panu możliwe.

Warunkowanie pozytywne

- Jeśli się zgodzę,(to) | mam nadzieję, że
                        | będę oczekiwał
                        | musisz
                        | powinieneś

Jeśli się zgodzę, to mam nadzieję, że więcej o tym nie będziemy mówić.
Jeśli się zgodzę, będę oczekiwał od państwa lojalności.

- Owszem, | zgodzę się, | ale pod warunkiem, że
  | zgadzam się, | ale pod jednym warunkiem

Owszem, zgodzę się, ale pod warunkiem, że sprostuje pan wiadomość, która dostała się do prasy.
Owszem, zgodzę się, ale pod jednym warunkiem: dyrekcja cofnie wymówienie panu Słowikowskiemu.

Warunkowanie negatywne

- Nie | czuję się | przygotowany, chyba że
  | jestem |

Nie czuję się przygotowany, chyba że ktoś mi pomoże.

- Nie | sądzę, | aby to było | możliwe, | chyba że...
  | wydaje mi się, | | konieczne, | no, ale...
  | jestem przekonany, | | potrzebne, |

Nie sądzę, aby to było możliwe, chyba że wyjdą na jaw nowe fakty.
Nie jestem przekonany, aby to było konieczne, no, ale dla dobra zespołu postaram się to przemyśleć.

- Tylko pod warunkiem, że...

Pójście na kompromis

- Nie widzę żadnych | przeszkód,
  | powodów,
  | (+ *dopełniacz*) | aby nie ...

Nie widzę żadnych przeciwwskazań.
Nie widzę żadnych powodów, aby nie poprawić tego tekstu.
Nie widzę żadnych powodów, abyśmy nie mogli poprawić tego tekstu.

- Nic nie stoi na przeszkodzie, aby

- Tak, to bardzo | przekonujące – zgadzam się
  | słuszne

- Zgadzam się na | (twoje | (+ *biernik*)
  | (wszystkie)
  | to

Zgadzam się na twoje propozycje.
Zgadzam się na to rozwiązanie.

Odrzucenie kompromisu

- Przykro mi, ale nie zgadzam się | (z + *narzędnik*)
  | (na +*biernik*)

Przykro mi, ale nie zgadzam się z twoimi argumentami.
Przykro mi, ale nie zgadzam się na twoje warunki.

- Żałuję, ale nie mogę przyjąć (+ *dopełniacz*)

Żałuję, ale nie mogę przyjąć twoich argumentów.

- Nie | przekonałeś mnie
  | czuję się przekonany

- Postawiłeś mnie w trudnej sytuacji, | ale nie mogę się na to zgodzić.
- Rozumiem twój punkt widzenia, |

- Nie, nie przyjmuję...(+ *dopełniacz*)
Nie, nie przyjmuję waszych wyjaśnień.

- Nic z tego

Ćwiczenia

I. Proszę napisać w odpowiedniej formie:

Przykład: Czy nie nadszedł czas na *rozmowę* (rozmowa)?

1. Czy nie nadszedł czas, żeby . . . . (wyjaśnić) nieporozumienie?
2. Jestem przygotowany na . . . . (ta sytuacja).
3. Jestem przygotowana do . . . . (to spotkanie).

4. Jestem gotowa . . . . (zrobić) pierwszy krok.
5. Czy . . . . (pan Kwiatkowski) wydaje się to możliwe do przyjęcia?
6. Nie widzę . . . . (żadne przyczyny), aby nie dojść do porozumienia.
7. Nie widzimy żadnych powodów, abyście nie . . . . (móc) przedyskutować tej sprawy.
8. Zgadzam się na . . . . (twoje warunki).
9. Nie przyjmuję . . . . (takie wyjaśnienie).
10. Po zastanowieniu postanowiłem przyjąć . . . . (wasza propozycja).

II. Proszę połączyć wyrażenia z kolumn A i B i przepisać je.

A	B
1. Nic nie stoi na przeszkodzie,	a. na kupno nowych mebli?
2. Zgadzamy się, ale	*b. abyśmy przyjęli to zaproszenie.*
3. Czy nie nadszedł czas	c. zachęcająco.
4. To brzmi	d. negocjacji
5. Żałuję, ale	e. to musisz mi coś obiecać.
6. Nie jestem przekonana,	f. pod jednym warunkiem.
7. Jeśli się zgodzę,	g. nic z tego.
8. Jesteśmy gotowi do	h. że to będzie takie proste.

III. Proszę dokończyć używając zwrotów podanych w ramce

> możliwe do przyjęcia; To bardzo przekonujące; waszych argumentów; Czy nie nadszedł; na twoje warunki; przekonany; abyście nie mogli współpracować; przeprosić pana dyrektora; twoimi argumentami; to było możliwe

1. . . . . czas na rozmowę?
2. Jestem gotowa . . . .
3. Czy wydaje się to panu . . . . ?
4. Nie sądzę, aby . . . .
5. Nie widzę żadnych powodów, ...
6. . . . ., co pan mówi, więc zgadzam się.
7. Nie mogę się zgodzić . . . .
8. Dobrze, zgadzam się z . . . .
9. Nie możemy przyjąć . . . .
10. Nie czuję się . . . .

Bracia mniejsi

Odkąd rozpoczął się mój dość już długi spacer przez życie, na którąkolwiek z przebytych dróg sięgnę wspomnieniem, wszędzie otaczają mnie zwierzęta, nasi bracia mniejsi, różni wielkością, barwą, kształtem, w rozmaitych sytuacjach, lecz jeśli odważę w tych kontaktach smutki i radości po stronach obu, wypadnie mi przyznać ze skruchą i wstydem, że ja krzywdziłem, zaś doznałem krzywd bardzo niewiele.

A z Puzonem było tak: kiedy opłakałem poprzednika jego, srebrno-czarnego spaniela, który opuścił mnie w wieku bardzo sędziwym, przez cały psi żywot będąc kłapouchem aniołem, niezdolnym zrobić nic złego nawet musze – powiedziałem sobie, że jego następca musi być zupełnym przeciwieństwem z wyglądu i z charakteru. Skoro zaś udałem się pod adres wskazany przez Związek Kynologiczny, ze stadka małych jamników, które ssały właśnie matkę, oderwał się jeden, warcząc podbiegł i ugryzł mnie w czubek buta. To ten! – rzekłem, i tak się stało.

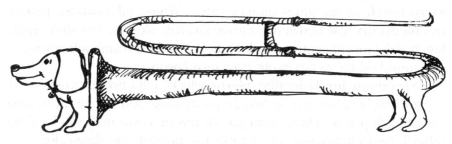

Zostałem właścicielem potwora, postrachu okolicy, tyrana w domu, satrapy, który traktuje kota i mnie jak służących, kontroluje, co jem, a jeśli to lubi, zostawia mi resztki; który w nocy nie pozwala mi przewrócić się z boku na bok i zaraz warczy, ale sam przerywa kilka razy sen, żeby dla zdrowia zrobić mały spacerek po mnie!…

Życie mojego psa to właściwie jedno, nieskończenie długie czekanie. Kiedy pewnej nocy był ciężko chory, zatruty i zdawało się, że skona nad ranem, siedział przede mną, coraz bezsilniej słaniając się to w lewo, to w prawo i oczyma, które zachodziły mgłą, patrzył we mnie bez przerwy – czekał cierpliwie, aż zechcę mu jakoś pomóc, zaś ja, pełen rozpaczy, nie mogłem powiedzieć mu, że już telefonowałem i lekarz jest w drodze.

Co dnia, gdy piszę, on kładzie się przed biurkiem na podłodze – długa, ruda parówka – i czeka, żebym skończył. W oczach ma na zmianę wyraz zniecierpliwienia, znużenia, nadziei i zdziwienia, co też robię najlepszego... Przecież każdy rozsądny pies wie, że dzień planowany sensownie powinien składać się z samych spacerów, a takie zwierzę, pochylone nad płytą z drewna, o tyle większe i nic nie wie: matoł, dureń, pokraka!

Zdarza się wreszcie tak, że Puzon czeka na mnie przez miesiąc lub jeszcze dłużej, gdy wyjeżdżam z Warszawy. Wtedy całymi godzinami tkwi pod drzwiami wejściowymi do mieszkania, nasłuchuje windy, kroków na schodach i przechyla łepek, wpatrzony uważnie w drzwi, których nikt od zewnątrz nie otwiera. Zresztą psy, a także inne zwierzęta, mają nadzwyczaj silnie w porównaniu z ludźmi rozwinięty zmysł telepatii. Wracając z Paryża, siadałem do samolotu na lotnisku Le Bourget, a on w Warszawie o tym wiedział! Zaczął szaleć, tańczyć, skomląc biegał od balkonu do drzwi wejściowych i z powrotem, przez trzy godziny, póki nie znalazłem się w domu. Wtedy to powitanie, to łyskanie zębami w uśmiechach spod uniesionych w górę warg, ta radość szalona... My tak nie potrafimy się cieszyć!

Bądźmy dla zwierząt lepsi, opiekujmy się szczerym sercem tymi naszymi braćmi mniejszymi! Pamiętajmy, że każdego może czekać chwila samotności, gdy odstąpią i najbliżsi, aby zostawić nas własnemu losowi, wyrzuconych na margines społeczeństwa. Wtedy, jakiekolwiek przewiny i piętna dźwigać będziemy, zawsze znajdzie się pies, kot albo i ptak, którzy dalej wiernie patrzeć będą w nasze oczy, z sercami pełnymi uczucia, gotowi oddać za nas swoje zwierzęce żywoty.

Nie pomnę już, który film, pewno włoski, gdyż był po prostu wzruszający i piękny, kończył się tak, że pustą szosą oddalał się mężczyzna z psem. Szli przed siebie, trzymając się razem, coraz mniejsi i bardziej odlegli, aż do momentu, gdy na ekranie pojawiło się słowo „Koniec". Każdego z nas – niech tylko dobije starości! – czeka chwila wejścia na tę ostatnią szosę i ruszania w podróż, z której nie ma powrotu. A ja muszę się przyznać, że noszę w sercu niedorzeczne marzenie, aby mi wówczas towarzyszyli Puzon i Kot. Dobrze byłoby też mieć parę ptaków nad głową i żeby jeszcze z nami szedł żółw. Wtedy odchodzić będziemy powoli i wystarczy czasu, abym dobrych kilka razy odwrócił głowę i obejrzał się na życie – jakiekolwiek było – z miłością i żalem.

Jerzy Waldorff, *Wybór pism*, t. 1,
WP, Warszawa 1993

Objaśnienia do tekstu

bracia mniejsi – tu: zwierzęta
skrucha – głęboki żal za popełnione winy, za błędy, za wyrządzone zło
krzywdzić – wyrządzać niezasłużoną szkodę moralną, fizyczną lub materialną
sędziwy – stary, podeszły w latach, poważny wiekiem
kłapouchy – mający obwisłe, „kłapiące" uszy (zwykle o ośle)
satrapa – despota, tyran
skonać – umrzeć, zakończyć życie
łepek = łebek – mały łeb, u zwierzęcia – mała głowa
skomleć – o psie: piszczeć żałośnie, skowyczeć
łyskanie – tu: pokazywanie, obnażanie zębów
przewina – przewinienie, wykroczenie
piętno – znak, znamię, ślad, „cecha charakterystyczna", plamka na skórze
nie pomnę = nie pamiętam
niedorzeczne – pozbawione logiki, sensu, bezsensowne, niemądre

Uwaga na słowa!

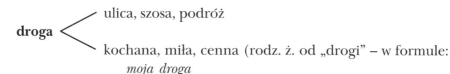

droga ulica, szosa, podróż

kochana, miła, cenna (rodz. ż. od „drogi" – w formule:
moja droga

Ćwiczenia

I. W podanym niżej streszczeniu proszę wybrać jedną z trzech możliwości (zgodnie z tekstem) i podkreślić ją:

Przed Puzonem miałem spaniela, który zdechł, bo był bardzo (*kłapouchy, chory, stary*). Długo nie mogłem się pogodzić z jego stratą, a potem postanowiłem, że jego następca musi być (*trochę do niego podobny, do niego bardzo podobny, jego przeciwieństwem*). Spośród stadka małych jamników wybrałem tego, który ugryzł mnie w czubek (*buta, nosa, ucha*). I tak zostałem właścicielem potwora i postrachu (*okolicy, kotów, jamników*).

Życie Puzona to właściwie jedno nieskończenie (*nudne, długie, cierpliwe*) czekanie. Gdy ja piszę przy biurku, on kładzie się na podłodze i dziwi się zapewne, że nie wiem o tym, że planowany (*dziwnie, sensownie, niecierpliwie*) dzień powinien się składać z samych spacerów... Gdy (*wyjeżdżam, wychodzę, wypływam*) z Warszawy, Puzon całymi (*dniami, godzinami, nocami*) tkwi pod drzwiami i nasłuchuje kroków na schodach. Psy mają w porównaniu (*ze zwierzętami, z kotami, z ludźmi*) nadzwyczaj silnie rozwinięty zmysł telepatii.

Pamiętajmy, że każdego z nas może czekać chwila samotności, gdy (*odjadą, odstąpią, odejdą*) najbliżsi, aby zostawić nas własnemu losowi. Zawsze jednak znajdą się koło nas jakieś zwierzęta gotowe oddać za nas swoje (*uczucia, serca, żywoty*).

Pewien włoski film (*zaczynał, kończył, przerywał*) się tak, że pustą szosą oddalali się mężczyzna z psem. Mam takie (*niedorzeczne, ostatnie, wzruszające*) marzenie, aby (*na szosie, w drodze, w podróży*), z której nie ma powrotu, towarzyszyli mi Puzon i Kot.

II. Proszę połączyć czasowniki z kolumny A z rzeczownikami z kolumny B w pary, odszukać i zaznaczyć je w tekście.

A	B
_i_ *1. nasłuchiwać*	a. przed siebie
__ 2. opłakać	b. resztki
__ 3. doznać	c. właścicielem
__ 4. zostać	d. mgłą
__ 5. odwrócić	e. krzywd
__ 6. iść	f. sen
__ 7. zachodzić	g. poprzednika
__ 8. patrzeć	h. głowę
__ 9. zostawiać	i. *kroków*
__ 10. przerywać	j. w oczy

III. Proszę uzupełnić tabelkę:

rzeczownik	przymiotnik	przysłówek	czasownik
wścieklizna	wściekły	wściekle	wściekać się
senność			
		powierzchownie	
	towarzyski		
			nastroić
	smutny		
			radować się
choroba			
	zatruty		
		mgliście	
szaleństwo			
		staro	

IV. Proszę określić, czy podane pary wyrazów mają znaczenie podobne =, czy przeciwne ≠

1. zupełny = całkowity
2. potwór   tyran
3. ponury   radosny
4. odległy   bliski
5. droga   szosa
6. rozpacz   radość

7. wściekły   zły
8. stadko   gromadka
9. skonać   umrzeć
10. satrapa   anioł
11. niedorzeczny logiczny
12. sędziwy   młody

Wyrażenia idiomatyczne

BRAT

- za pan **brat** – poufale, jak równy z równym, w bliskiej znajomości
- **bratnia** dusza – pokrewna, podobna
- **braterski** uścisk – serdeczny, przyjacielski
- podać, wyciągnąć **braterską** dłoń – okazać życzliwość, pomoc

PIES

- zły jak *pies* – bardzo zły, rozzłoszczony, wściekły
- jak *psu* z gardła wyjęty – pomięty, pognieciony
- *pies* z kulawą nogą (nie przyszedł, nie zainteresował się) – nikt
- żyć ze sobą jak *pies* z kotem – żyć w niezgodzie, w nienawiści
- czuć się pod (zdechłym) *psem* – czuć się kiepsko, źle
- pogoda pod *psem*, *psia* pogoda – kiepska pogoda, niepogoda
- *psy* na kim wieszać – obmawiać kogoś
- zejść na *psy* – zubożeć, zepsuć się, zmarnieć
- użyć jak *pies* w studni – źle spędzić czas
- *psi* los, *psie* (*pieskie*) życie – marny los, ciężkie, podłe życie
- *psie* pieniądze – tanio, bezcen

Pogoda pod psem

Ćwiczenie

Proszę uzupełnić poniższe zdania wyrażeniami z ramki:

> za pan brat; pies z kulawą nogą; **jak pies w studni**; jak pies
> z kotem; zeszła na psy; pod psem; za psie pieniądze; bratnia dusza;
> zły jak pies; psu z gardła wyjęte

1. Mój znajomy pojechał na wakacje nad morze, ale użył . . jak pies . . . . .w studni., bo nie dość, że cały czas lało, to jeszcze w połowie pobytu się rozchorował. 2. Położę się dziś wcześniej spać i wezmę aspirynę, bo czuję się . . . . 3. Pan też jest kibicem Legii? No, nareszcie jakaś . . . . w tym towarzystwie! 4. Po tym kursie jestem z komputerami . . . . 5. Wczoraj udało mi się kupić zimowy płaszcz . . . . 6. Henryk oblał egzamin i jest . . . .

7. Po rozpakowaniu walizki okazało się, że wszystkie ubrania wyglądają
jak . . . ., więc zabrałam się za prasowanie.
8. Gdy Karolina leżała chora, ... nie zainteresował się, czy ona w ogóle ma co jeść. 9. Sąsiedzi z II piętra żyją ze sobą
. . . . – ciągle się kłócą! 10. Ostatnio ta restauracja
bardzo . . . . – jedzenie jest niesmaczne, mały
wybór dań, kiepska obsługa i sala jest ciągle niedogrzana.

Tematy do ćwiczeń pisemnych i ustnych

1. Czy zgadza się Pan/i ze stereotypowym określeniem: „Pies jest przy-
jacielem człowieka (Pies jest wierny), a kot jest fałszywy"?
2. „Jestem miłośnikiem zwierząt" – co według Pana (Pani) oznacza taka
deklaracja?
3. Proszę wyrazić swoją opinię na jeden z tematów:

    a) polowanie   c) zwierzęta w ZOO
    b) łowienie ryb   d) zwierzęta w cyrku

Zbigniew Herbert

KOT

Jest cały czarny, lecz ogon ma elektryczny. Gdy śpi na słońcu, jest najczarniejszą rzeczą, jaką sobie można wyobrazić. Nawet we śnie łapie przerażone myszki. Poznać to po pazurkach, które wyrastają mu z łapek. Jest strasznie miły i niedobry. Zrywa z drzew ptaszki, zanim dojrzeją.

Z. Herbert, *Hermes, pies i gwiazda*,
Wyd. Dolnośląskie, Wrocław 1997

Zdania okolicznikowe przyzwolenia
(ćwiczenia I–IV)

część III

Zdania okolicznikowe przyzwolenia to zdania podrzędne wyrażające okoliczności niesprzyjające zdarzeniu będącemu treścią zdania nadrzędnego, która jednak nie przeszkadza w jego realizacji, a więc przyzwala na następstwo zawarte w zdaniu nadrzędnym. Łączą się ze zdaniem nadrzędnym za pomocą wyrazów: *choć, chociaż, choćby, mimo że, pomimo że, jakkolwiek, aczkolwiek, nawet gdy*.

Chociaż wyszliśmy z domu wcześnie, spóźniliśmy się do kina.

Roman przyszedł na imieniny Eli, *choć* nie był zaproszony.

Pomimo że Puzon nie akceptuje moich godzin spędzanych nad biurkiem, czeka cierpliwie.

Mimo że Puzon był bardzo chory, siedział i czekał cierpliwie na pomoc.

Jakkolwiek jest to niedorzeczne, marzę o tym, aby w ostatniej drodze towarzyszyli mi Puzon i Kot.

Zdania okolicznikowe warunkowe
(ćwiczenia V–IX)

Zdania podrzędne warunkowe to zdania wyrażające pewien warunek, od którego spełnienia zależy inna okoliczność, czynność.

Innymi słowy – zdanie okolicznikowe podaje fakt koniecznie potrzebny, aby się mogła dokonać lub dokonywać treść wypowiedzenia nadrzędnego.

Zdania podrzędne oznaczające warunek łączą się ze zdaniami nadrzędnymi za pomocą spójników: *jeżeli, jeśli, gdyby, żeby, kiedy, jak (jeżeli)*.

Orzeczenie zdania podrzędnego warunkowego może być wyrażone za pomocą:

1. form trybu przypuszczającego:
   Gdybym miał czas, poszedłbym do kina.

2. form trybu oznajmującego we wszystkich czasach:
   Jeżeli będzie ładna pogoda, pójdziemy na spacer.
   Jeżeli jest ładna pogoda, chodzimy na spacery.
   Jeżeli była ładna pogoda, chodziliśmy na spacery.

3. bezokolicznika:
   Jeśli się przyjrzeć bliżej, widać małe listeczki.

Na ogół formy trybu w obu zdaniach – podrzędnym i nadrzędnym
– bywają ze sobą zgodne, ale nie jest to regułą obowiązującą:

   Jeślibyście chcieli, opowiedziałbym wam.
   Jeślibyście chcieli, opowiem wam.
   Jeśli chcecie, opowiem wam.
   W zdaniu nadrzędnym w stosunku do zdania warunkowego może
występować:

a. tryb przypuszczający:
   Jeślibym się pomylił, *poprawiłbyś* mnie.

b. tryb oznajmujący:
   Jeślibym się pomylił, *poprawisz* mnie.

c. tryb rozkazujący:
   Jeślibym się pomylił, *popraw* mnie.

Przykłady:

   Jeśli Puzon coś lubi, zostawia mi tylko resztki.
   Jeśli odważę w tych kontaktach smutki i radości po stronach obu,
   wypadnie mi przyznać, że ja krzywdziłem…
   „Jeśli nie chcesz mojej zguby, krokodyla daj mi, luby!"
   Gdy Barbara po lodzie, Boże Narodzenie po wodzie.
   Jak nie chcesz, to możemy o tym nie mówić.

Zdania podrzędne rozwijające
(ćwiczenia X–XII)

Zdania podrzędne rozwijające odnoszą się do całej treści zdania nadrzędnego, nie zaś do jego poszczególnych członów. Łączą się ze zdaniem nadrzędnym za pomocą różnych form przypadkowych zaimka względnego **co**, a także który oraz za pomocą gdzie i kiedy.

Zapanowały wielkie upały, *co* spowodowało zwiększone zakupy wody mineralnej.

Jurek od dawna kochał Elę, *z czego* dopiero niedawno zdał sobie sprawę.

Biorę do ręki smycz, *co* szybko zmienia nastrój Puzona.

Jutrzejsze zajęcia zostały odwołane, *o czym* dowiedzieliśmy się dopiero po południu.

Otworzył im drzwi do pokoju, *do którego* weszły prędko.

Były to czasy, *kiedy* handlowano ludźmi jak towarem.

Zakopane jest miejscem, *gdzie* chętnie przyjeżdżają artyści.

Ćwiczenia

I. Proszę połączyć fragmenty z części A z fragmentami z części B, tak żeby powstały sensowne zdania.

A

B

1. *Barbara próbowała naprawić lampę,*

1. chociaż chciało jej się płakać.

2. Stefan pije dużo piwa,

2. mimo że bardzo słabo gra w tenisa.

3. Anna spodobała się Krzysztofowi,

3. chociaż często się kłócą.

4. Ze zdenerwowania nie odpowiedział na wszystkie pytania,

4. nawet gdy jest brzydka pogoda.

5. W pokoju było bardzo gorąco,

5. pomimo że na ogół nie lubił blondynek.

6. Celina poszła z Karolem na mecz,

6. chociaż nie ma dobrego głosu.

7. Pan Kowalski codziennie wychodzi na spacer,

7. choć bardzo lubi słodycze.

8. Uśmiechała się,

8. pomimo że nie lubi pisać listów.

9. Skończymy tę pracę do jutra,

9. mimo że lekarz mu zabronił.

10. Włodek bardzo lubi śpiewać,

10. chociaż wszyscy odradzali mu tę pracę.

11. Karolina wygrała pierwszy set,

11. chociaż klimatyzacja działała.

12. Justyna prowadzi szeroką korespondencję,

12. chociaż bardzo bała się elektryczności.

13. Ela z Wandą bardzo się lubią,

13. mimo że zupełnie nie interesuje się sportem.

14. Katarzyna nie je ostatnio ciastek,

14. choć znał odpowiedzi.

15. Bartek zaczął pracować w dużej firmie,

15. nawet gdybyśmy musieli siedzieć nad tym całą noc.

II. Proszę dokończyć podane zdania:

Przykład: Chociaż wyszliśmy z domu wcześnie, *spóźniliśmy się do kina.*

1. Chociaż była brzydka pogoda, ...
2. Mimo że odradzałam mu ten zakup, ...
3. Choć prosiliśmy ją o dyskrecję, ...
4. Nawet gdybym biegł szybciej, ...
5. Pomimo że przy wyjściu był ogromny tłum, ...
. . . .
6. Jakkolwiek był bardzo zdenerwowany, ...
. . . .
7. Nawet gdy budzę się wcześnie, ...
8. Aczkolwiek bardzo lubił wino, ...
9. Chociaż Zosia ma prawo jazdy dopiero od dwóch lat, ...
. . . .
10. Mimo że Dominika bardzo źle się czuła, ...
. . . .
11. Chociaż nie podobał jej się prezent, ...
12. Pomimo że nie mają pieniędzy, ...

13. Choć położyliśmy się spać bardzo późno, ...
. . . .

14. Jakkolwiek nie lubię tego aktora, ...
. . . .

15. Nawet gdybym wiedział, ...

III. Proszę dokończyć zdania:

Przykład: Spóźniliśmy się do kina, chociaż *wyszliśmy z domu wcześnie.*

1. Nie zachorowałem, chociaż . . . .
2. Ewa nie kupiła sobie nowej sukienki, mimo że . . . .
. . . .

3. Nie mogliśmy do was przyjść, pomimo że . . . .
. . . .

4. Nie byli zadowoleni z wycieczki, choć . . . .
. . . .

5. Nie będziemy mogli wyjechać na weekend, nawet gdyby . . . .
. . . .

6. Małgorzata rozmawiała z Piotrem spokojnie, chociaż . . . .
. . . .

7. Postanowiła zrobić chińską potrawę, mimo że . . . .
. . . .

8. Muszę to dokończyć, choćby . . . .
9. Kupili ten samochód, pomimo że . . . .
10. Wyszła na szczyt góry, chociaż . . . .
11. Pójdziemy jeszcze raz na ten spektakl, choć . . . .
. . . .

12. Zmarzliśmy bardzo, mimo że . . . .
13. Grzegorz postanowił kupić tę książkę, nawet gdyby . . . .
. . . .

14. Jurek bardzo chce być lotnikiem, mimo że . . . .
. . . .

15. Justyna robi sobie bardzo mocny makijaż, chociaż . . . .
. . . .

IV. Proszę zacząć zdania używając wyrazów: *choć, chociaż, mimo że, pomimo że, jakkolwiek, nawet gdy.*

1. . . . ., poszłam do teatru.
2. . . . ., jedliśmy z apetytem.

3. . . . ., kupiła drogą torebkę.
4. . . . ., oglądaliśmy długo
    telewizję.
5. . . . ., jechał z szybkością 150
    km/godz.
6. . . . ., kupił dzieciom psa.
7. . . . ., pójdę na ten koncert.
8. . . . ., nie wyjadę na urlop.
9. . . . ., nie zdał egzaminu.
10. . . . ., jechali aż trzy godziny.
11. . . . ., nie umiał jej przeprosić.
12. . . . ., próbowała zrobić bigos.
13. . . . ., nie zadzwonili do domu.
14. . . . ., nie poprosił o drugą
    porcję.
15. . . . ., bardzo dużo słodzi kawę.

V. Proszę połączyć fragmenty z części A z fragmentami z części B tak, żeby powstały sensowne zdania.

A

1. *Jeżeli będzie ładna pogoda,*
2. Jeżeli chce ci się spać,
3. Gdy się weszło między wrony,
4. Jeśli nie znajdziemy kluczy,
5. Jeżeli schudnę,

6. Kiedy się ma taką figurę,
7. Jeśli jest wam za ciepło,
8. Jeżeli chcesz nauczyć się pływać,
9. Kiedy babcia źle się czuje,
10. Jeżeli chcesz wyjechać do Francji,
11. Jeżeli się nie zmienisz,

12. Jak nie macie ochoty na lody,

13. Jeśli nie lubisz muzyki poważnej,
14. Jeżeli ktoś jest przesądny,
15. Jak będziesz grzeczny,

B

1. trzeba krakać jak i one.
2. możemy otworzyć okno.
3. nie lubi liczby 13.
4. nie możesz bać się wody.
5. powinieneś nauczyć się francuskiego.
6. dostaniesz cukierka.
7. sami pójdziemy do kawiarni.
8. nikt nie będzie cię lubił.
9. połóż się.
10. nie idź na ten koncert.
11. nie będziemy mogli otworzyć drzwi.
12. nie można nosić sukienek mini.
13. bierze aspirynę.
14. będę musiała zwęzić ubrania.
15. *pojedziemy nad rzekę.*

VI. Proszę dokończyć podane zdania, tak aby powstały zdania złożone.

1. Jak nie chcesz, ...
2. Kiedy ktoś jest chory, ...
3. Jeżeli się nie pospieszymy, ...
4. Jeśli możesz, ...
5. Jeżeli Janek nie przyjdzie za pięć minut, ...
. . . .
6. Jeśli naprawdę chcesz wyzdrowieć, ...
. . . .
7. Jeżeli nie lubisz mleka, ...
8. Jeśli jeszcze nie widzieliście tego filmu, ...
. . . .
9. Gdy rodzice mu pozwolą, ...
10. Jeśli zdam ten egzamin, ...
11. Jak Jurek do ciebie zadzwoni, ...
12. Jeżeli lubisz tańczyć, ...
13. Jeżeli w tym sklepie nie będzie już chleba, ...
. . . .
14. Jeśli lubicie poezję, ...
15. Jeżeli nie przeczytam tej książki, ...

VII. Proszę zacząć zdania używając wyrazów: *jeżeli, jeśli, gdy, kiedy, jak.*

1. . . . ., musisz jej to powiedzieć.
2. . . . ., nie będziemy mogli do was przyjść.
3. . . . ., nie pal papierosów.
4. . . . ., powinniście przeczytać tę książkę.
5. . . . ., spróbuj być bardziej tolerancyjna.
6. . . . ., powinieneś być bardziej wytrwały.
7. . . . ., na pewno będzie ci to smakować.
8. . . . ., nie kupuj drogich rzeczy.
9. . . . ., z pewnością wam pomoże.
10. . . . ., nie będzie o niczym wiedział.
11. . . . ., chętnie wezmę udział w tej konferencji.
12. . . . ., będziecie głodni.
13. . . . ., nastaw budzik.
14. . . . ., pospieszcie się!
15. . . . ., musicie napisać list z wyjaśnieniami.

VIII. Proszę przekształcić podane zdania według wzoru.

Przykład: Pojechalibyśmy na wycieczkę, ale jest brzydka pogoda.
Pojedziemy na wycieczkę, jeżeli będzie ładna pogoda.

1. Kupiłabyś ten płaszcz, ale nie masz pieniędzy.
2. Krysia byłaby bardzo ładna, ale się nie uśmiecha.
3. Zbyszek prowadziłby bardzo dobrze samochód, ale ciągle hamuje bez powodu.
4. Poszedłbyś na basen, ale jesteś chory.
5. Poradziłbym ci, ale nie chcesz słuchać.
6. Mama byłaby bardzo zadowolona, ale Kasia nie dostała dobrej oceny.
7. Nie gniewałabym się, ale nic mi nie wyjaśniłeś.
8. Poszlibyśmy do teatru, ale nie ma biletów.
9. Nie mielibyśmy pieniędzy, ale pracujemy.
10. Moglibyśmy was odwiedzić, ale bez przerwy się kłócicie.
11. Śmialibyśmy się, ale to nie było zabawne.
12. Włożyłabym tę sukienkę, ale jest zimno.
13. Posłuchalibyśmy tego utworu, ale nie mamy czasu.
14. Poprosilibyśmy ją o zaśpiewanie piosenki, ale jest w złym humorze.
15. Chętnie wypiłabym kawę, ale jest za późno.

IX. Proszę odpowiedzieć na pytania używając zdań warunkowych.

Przykład: Kiedy do nas przyjedziesz?
Przyjadę do was w czwartek, jeżeli dostanę bilet na samolot.

1. Co będziecie robić jutro?
2. Gdzie Kowalscy pojadą na wakacje?
3. Kogo zaprosisz na imieniny?
4. Jaki samochód kupią twoi rodzice?
5. Kiedy zaczniecie remont mieszkania?
6. Co zjemy dzisiaj na kolację?
7. Czy Anka pojedzie z nami na wycieczkę do Egiptu?
8. Kiedy odwiedzicie Krystynę?
9. Czy Nowakowski będzie grał w tym meczu?
10. Do którego muzeum pójdziemy jutro?
11. Z kim będziesz grać w tenisa?
12. Czy kupicie sobie nowe meble?
13. Kiedy porozmawiasz z Piotrem?
14. Gdzie zaparkujemy samochód?
15. Czy pożyczysz mi tę książkę?

X. Proszę dokończyć podane zdania używając zdań podrzędnych rozwijających.

Przykład: Jutrzejsze zajęcia zostały odwołane, o czym *dowiedzieliśmy się dopiero po południu.*

1. Krystyna dostała tę pracę, co . . . .
2. Rodzice kupili nowy telewizor, z czego dzieci . . . .
. . . .
3. Justyna od dawna choruje, o czym . . . .
4. Znana aktorka wyszła za mąż, czym . . . .
. . . .
5. Jurek świetnie zdał egzamin, czemu . . . .
. . . .
6. Wreszcie zrobiło się ciepło, co . . . .
7. Zbyszek spóźnił się po raz pierwszy w życiu, co . . . .
. . . .
8. Premier podał się do dymisji, czego . . . .
. . . .
9. Żona odeszła od niego, z czym . . . .
10. Wszyscy dowiedzieli się, że Joanna pisze wiersze, co . . . .
. . . .
11. Młody chemik prowadzi badania nad nową szczepionką, czym . . . .
. . . .
12. Jaś nauczył się zawiązywać sznurówki, z czego . . . .
. . . .
13. Karolina zgubiła klucze, co . . . .
14. Wszyscy goście byli w świetnych humorach, dzięki czemu . . . .
. . . .
15. Krzysztof pomógł Krystynie, za co . . . .

XI. Proszę zacząć podane zdania:

Przykład: *Jutrzejsze zajęcia zostały odwołane,* o czym dowiedzieliśmy się dopiero po południu.

1. . . . ., co wprawiło wszystkich w zachwyt.
2. . . . ., czemu nikt się nie dziwił.
3. . . . ., o co Maria się obraziła.
4. . . . ., czym sprawił nam ogromną radość.

5. . . . ., z czego rodzice nie byli zadowoleni.

6. . . . ., czym zainteresował się młody dziennikarz.

7. . . . ., czemu dzieci przyglądały się ciekawie.

8. . . . ., co było oczywiste.

9. . . . ., co miało być tajemnicą.

10. . . . ., z czego ucieszył się przede wszystkim Marek.

11. . . . ., o co nie mieliśmy pretensji.

12. . . . ., na co żadne z nas nie miało ochoty.

13. . . . ., co zrobił wbrew własnej woli.

14. . . . ., czego możesz się w przyszłości wstydzić.

15. . . . ., czym bardzo nie lubię się zajmować.

XII. Proszę zacząć poniższe zdania:

Przykład: Pamiętam czasy, kiedy do ojczyzny pierwszy raz zawitała moda francuszczyzny.

1. . . . ., kiedy jeszcze nie znano telefonu.

2. . . . ., gdzie miał wylądować pierwszy spadochroniarz.

3. . . . ., które Janek odłożył na półkę.

4. . . . ., która cię zawsze kochała.

5. . . . ., gdzie znajduje się centrum kulturalne.

6. . . . ., której treść nie pozwalała myśleć o niczym innym.

7. . . . ., w którym zawsze lubili spędzać wakacje.

8. . . . ., kiedy nie znaliśmy jeszcze Kowalskich.

9. . . . ., z czym nie mógł się zgodzić.

10. . . . ., gdzie nie znała nikogo.

11. . . . ., skąd dochodziły głośne krzyki.

12. . . . ., w której poczuła się niepewnie.

13. . . . ., gdzie diabeł mówi „dobranoc".

14. . . . ., gdzie spotykali się dawniej.

15. . . . ., którzy, jak zwykle, mu wybaczyli.

Notatki

. . . .

. . . .

. . . .

. . . .

. . . .

. . . .

. . . .

. . . .

. . . .

KLUCZ DO ĆWICZEŃ

Lekcja 1

Część I

I.

1. pana Jerzego Konopkę; 2. panią doktor Jolantą Królak; 3. sekretariatem; 4. zmiany; 5. propozycją; 6. zaopatrzenie; 7. pana dyrektora Atanazego Kaliny; 8. mu, zadzwonił; 9. poczcie głosowej; 10. go

II

1i; 2f; 3g; 4l; 5h; 6b; 7k; 8j; 9d; 10c; 11a; 12e

III.

1. proszę powtórzyć; 2. mieszkanie prywatne; 3. osobą odpowiedzialną; 4. rozładowała mi się komórka; 5. w związku; 6. czy to coś ważnego?; 7. mojej komórki; 8. Czy może mnie pan poinformować; 9. w sprawie; 10. czy u państwa można zamówić prenumeratę

Część II

I.

rozrywki, śniło się, książka, film, sztuki, wirtualnej, Grywam, odbijaniu, zmusiło, wyszukanych, wyścigi automatyczne, przenoszące, umiejętności, ukończeniu, dodatkowy, scenariuszy, zespoły, gałąź, rzeczywistości, społecznym

II.

1d, 2j, 3l, 4f, 5m, 6h, 7c, 8k, 9g, 10a, 11e, 12 i, 13 b

III.

1c, 2c, 3a, 4b, 5b, 6b

Idiomy:

cudownym dzieckiem, krzyżykiem, od dziecka, krzyżyk, wyrodnym dzieckiem, dzieckiem szczęścia, krzyżykami, dziecko, postawiliśmy ... krzyżyk, nieletnich dzieci, krzyżyk na drogę,

Część III

I.

dobry	daleki	piękny
zły	mądry	fizyczny
nerwowy	zielony	kolorowy
nudny	ironiczny	obcy
głęboki	młody	chętny

II.

1. daleko	6. niegrzecznie	11. hałaśliwie
2. długo	7. modnie	12. wiernie
3. wysoko	8. ciekawie	13. brzydko
4. gorąco	9. wspaniale	14. jasno
5. przyjemnie	10. szczerze	15. sympatycznie

III.

1. prosta	6. interesująco	11. mały
2. ładna	7. nisko	12. niskim
3. interesującą	8. fatalnie	13. smutno
4. prosto	9. ładnie	14. mało
5. fatalny	10. smutną	

IV.

wesoło	krzywo	cienko
dokładnie	wyraźnie	szczęśliwie
cierpliwie	niechętnie	leniwie
zimno	ciężko	pracowicie
nerwowo	lekko	ciemno

V.

1. wesoło, wesołą	9. ciężką, ciężko
2. dokładną, dokładnie	10. lekko, lekka
3. cierpliwie, cierpliwy	11. cienko, cienki
4. zimne, zimno	12. szczęśliwej, szczęśliwie
5. nerwowo, nerwowy	13. leniwa, leniwie
6. krzywo, krzywą	14. pracowicie, pracowity
7. wyraźnie, wyraźna	15. ciemno, ciemne
8. niechętnie, niechętny	

VI.

po amerykańsku, po kobiecemu, po chamsku, po aktorsku, po królewsku, po dziennikarsku, po dziecięcemu, po ojcowsku, na twardo, na długo, na krótko, po europejsku, do naga, po cichu (z cicha), na czysto (do czysta)

VII.

1. po mistrzowsku	6. po ojcowsku	11. po królewsku
2. na twardo	7. na sucho	12. do naga
3. po swojemu	8. po kobiecemu	13. po europejsku
4. po staremu	9. po turecku	14. po japońsku
5. po angielsku	10. na gorąco	15. po ludzku

VIII.

1. ojca; 2. orłów; 3. kwietniu; 4. cielęta; 5. chrzty; 6.plemion; 7. zwierzęciu; 8. książęta; 9. oczom; 10. uszy

IX.
1. imieniem; 2. uszach; 3. rąk; 4. oczu; 5. ręce; 6. uszu; 7. ramionom; 8. oczom; 9. rękach; 10. imionach

X.
1. bracia, księżmi; 2. przyjaciółmi; 3. ludzi; 4. księciu; 5. braćmi; 6. Księże; 7. ramieniem, 8. imieniu; 9. oka; 10. latami

XI.
1. ci wspaniali mężczyźni; 2. najlepsi komicy; 3. polscy piłkarze; 4. Twoi synowie, duzi chłopcy; 5. francuscy i szwedzcy aktorzy; 6. zaproszeni, młodzi obiecujący pisarze; 7. nasi drodzy przyjaciele; 8. ci nowi więźniowie, niebezpieczni; 9. dorośli mieszkańcy, proszeni; 10. moi mili sąsiedzi; 11. nasi ojcowie; 12. ci Włosi, przystojni; 13. studenci; 14. najsławniejsi kucharze; 15. młodzi tenisiści

XII.
1. Duże piece stały w pokoju. Duzi chłopcy stali przy wyjściu.
2. Wykłady z filozofii były w tym tygodniu nudne. W gabinecie profesora byli znani logopedzi.
3. Nowe hotele zostały otwarte w mieście. Nowi nauczyciele zostali przyjęci przez dyrektora.
4. Te obce języki są trudne. Ci obcy ludzie są dziwni.
5. Startujące samoloty przyciągały uwagę dzieci. Początkujący artyści prezentowali swoje prace.
6. Na wystawie stały stare kałamarze. Starzy żołnierze przyjechali na spotkanie.
7. Małe misie czuły się w ZOO dobrze. Nasi mili goście czuli się u nas dobrze.
8. Na wystawie pojawiły się nowoczesne rowery. Na festiwal przyjechali znani aktorzy.
9. Ogromne statki wpłynęły do portu. Nierozsądni pływacy wypłynęli daleko w morze.
10. Pierwsze samochody przyjechały na metę. Pierwsi zawodnicy przybiegli na metę.

XIII.
1. kapryśny tancerz, kapryśni tancerze
2. młody mężczyzna, młodzi mężczyźni
3. znany pianista, znani pianiści
4. dobry gospodarz, dobrzy gospodarze
5. miły sekretarz, mili sekretarze
6. uprzejmy sprzedawca, uprzejmi sprzedawcy
7. energiczny kierownik, energiczni kierownicy
8. zdolny skrzypek, zdolni skrzypkowie
9. grecki bóg, greccy bogowie
10. wierny przyjaciel, wierni przyjaciele
11. despotyczny król, despotyczni królowie
12. sympatyczny cudzoziemiec, sympatyczni cudzoziemcy
13. prawdziwy mistrz, prawdziwi mistrzowie
14. solidny dozorca, solidni dozorcy
15. sprawiedliwy sędzia, sprawiedliwi sędziowie

Lekcja 2

Część I

I.
1. Panie i panowie!; 2. ostatniemu wydarzeniu; 3. planami; 4. projekcie; 5. sytuacji finansowej; 6. wczorajszego przemówienia; 7. pani dyrektor; 8. najważniejszej rzeczy; 9. sprawę; 10. propozycję; 11. wnioskiem; 12. wnioskowi

II.
1. Szanowni; 2. wstrzymał; 3. udzielam; 4. ramy; 5. wyczerpaliśmy; 6. poddać; 7. odrzucony; 8. na swoją kolej; 9. słowa; 10. istotne (ważne)

III.
1j, 2i, 3k, 4g, 5h, 6c, 7a, 8e, 9b, 10 f, 11d

Część II

II.
A: mazowiecki, legendarny, nizinny, królewski, stołeczny, symboliczny, miejski, wojenny, kościelny, kamienny, zabytkowy, ambasadzki, patriotyczny, Napoleoński, zmienny, uczelniany, muzealny, obronny.
B: pełno, legendarnie, politycznie, naukowo, systematycznie, symbolicznie, jedynie, nowocześnie, stale, bohatersko, zabytkowo, gospodarczo, patriotycznie, autentycznie, zmiennie, wspaniale, tragicznie, praktycznie

IV.
1f, 2h, 3c, 4g, 5i, 6b, 7j, 8e, 9k, 10a, 11d

Idiomy:
1. *pierwszy*, 2. na pierwszy rzut oka, 3. po pierwsze, 4. pierwszy i ostatni raz, 5. w pierwszej chwili, 6. z pierwszej ręki, 7. pierwszej młodości, 8. pierwszej czystości, 9. od pierwszego wejrzenia, 10. pierwszy głód, 11. nie pierwszyzna, 12. od pierwszej chwili

Część III

I.
1. i	6. albo	11. czyli
2. albo	7. czyli	12. więc
3. więc	8. i	13. albo
4. ale	9. więc	14. i
5. czyli	10. ale	15. ale

II.
1. i	6. a	11. a
2. a	7. toteż	12. toteż
3. lub	8. to znaczy	13. lub
4. toteż	9. lub	14. to znaczy
5. to znaczy	10. i	15. i

V.

1. kręci mi się w głowie
2. błysnęło się i zagrzmiało
3. chce mi się jeść
4. śni mu się
5. ociepliło się
6. będzie lać
7. słabo ci
8. duszno mi
9. nie udało mi się
10. jest zimno
11. pachnie
12. ściemnia się
13. jest jej niedobrze
14. smutno mi
15. nie widać

VI.

1. Było ciemno.
2. Świtało.
3. Grzmiało.
4. Było mi bardzo smutno.
5. Chciało mi się pić.
6. Nic nie było słychać.
7. Lało.
8. Było mu wstyd.
9. Pachniało.
10. Padało.
11. Szumiało mi w głowie.
12. Nudziło nam się.
13. Było jej bardzo przykro.
14. Dzwoniło mi w uszach.
15. Chmurzyło się.

IX.

1. nad nerką
2. pod górą
3. nad wozem
4. pod wozem
5. bez prawa
6. bez rękawów
7. pod kolanem
8. pod nogami
9. po niedzieli
10. między rzekami
11. pod dachem
12. na skórze
13. po boku
14. pod brodą
15. przed ramieniem

X.

1. do żyły
2. pod skórą
3. ponad czasem
4. przed wakacjami
5. pod morzem
6. ponad dźwiękiem
7. bez domu
8. między wojnami
9. przeciw lotnictwu
10. przed potopem
11. to, co wykracza ponad program /poza normę
12. między narodami
13. pod biegunem
14. nad rzeką
15. bez kolizji

XI.

1. za lasem
2. pod górą
3. między rzekami
4. między brodami
5. za błotem
6. za rzeką
7. za górą
8. za brzozą (za brzozami)
9. między wodami
10. między zdrojami

11. pod lipą
12. za lipą
13. nad brzegiem

14. między borami
15. przy lesie

XII.
1. przedszkole
2. podziemie
3. podkolanówka
4. poniedziałek
5. poddasze
6. dożylny
7. podzwrotnikowy
8. podwodny

9. pomaturalna
10. międzyludzkie
11. przygraniczny
12. bezpański
13. bezrobotny
14. przeciwzapalny
15. nasercowe

XIII.
1. przedświąteczne
2. bezdomnym
3. przedszkola
4. przedmurzem
5. bezprawie
6. podziemia
7. powojenne
8. przeciwlotniczą

9. zagraniczne
10. międzynarodową
11. przylądek – z przylądkiem
12. przydrożnej
13. Podzamcze
14. podmorskiej
15. przedmieściu

Lekcja 3

Część I

I.
1. powód, 2. dotyczące; artykułu Iksińskiego, 3. swoją opinię, 4. pierwszych krokach, 5. przemówienie, 6. nowego programu, 7. przedłużającym się remoncie, 8. powodów, 9. poruszonego problemu, 10. najbliższych projektów, 11. takim punktem, 12. tamtą rolę

II.
1e, 2g, 3f, 4a, 5d, 6b, 7c

III.
1. niedyskretne pytanie, 2. szczegółów, 3. Czy to prawda, 4. Niełatwo odpowiedzieć, 5. jakieś przykłady, 6. omówić szerzej, 7. na temat najnowszej powieści K.Z., 8. przez to

Część II

I.
1F, 2F, 3P, 4P, 5P, 6P, 7F, 8F, 9P, 10F

II.

1d, 2g, 3b, 4f, 5h, 6a, 7j, 8c, 9i, l0e

III.

A: piwniczny, krytyczny, graniczny, teksański, muzyczny, sensowny, męski, elokwentny, szkolny, systemowy

B: spotkać, akcentować, krytykować, wyczuć, utracić, izolować, konsultować, rozwodzić (rozwieść) (się), naz(y)wać, układać

Idiomy:

1. *świat światem*, 2. od niepamiętnych lat, 3. stare jak świat, 4. przed laty, 5. nie z tego świata, 6. klął na czym świat stoi, 7. na stare lata, 8. mam swoje lata, 9. świata nie widzi, 10. z biegiem lat, 11. na koniec świata, 12. tamten świat, 13. za pępek świata

Część III

I.

1. Co mu się zdawało?
2. Kto może stać się sławny?
3. Co się okaże jutro?
4. Co ją martwiło?
5. Co się zdarzało?
6. Kto nie zrozumie narciarzy?
7. Co wynikało z listu?
8. Kto powinien uprawiać sport?
9. Co nas cieszy?
10. Co mu przyszło do głowy?
11. Co jest rzeczą zrozumiałą?
12. Co cieszy nauczyciela?
13. Co się nigdy nie zdarzyło?
14. Kto musi pójść do lekarza?
15. Kto będzie dobrze tańczyć?

II.

1. To, co powiedział, było nieprawdą.
2. To, co się stało, jest tragiczne.
3. Ten, kto zaczyna pracować, musi się dużo nauczyć.
4. Ten, kto spowodował wypadek, uciekł.
5. To, co będzie jutro, jest tajemnicą.
6. Ten, kto to umie, powinien to zrobić.
7. To, co zostało z kolacji, będzie jutro na obiad.
8. Ten, kto wygra wyścig, dostanie dużo nagród.
9. Ten, kto nie chce, może nie przychodzić.
10. To, co najpiękniejsze, zostanie w pamięci.
11. Ten, kto chce się nauczyć tańczyć, może sie zapisać na kurs.
12. To, co się działo na scenie, dziwiło.
13. Ten, kto jest cierpliwy, osiągnie cel.
14. To, że przyjaciele o nas zapominają, zawsze nas martwi.
15. To, co zaplanuje nowy dyrektor Opery, będzie w repertuarze w następnym sezonie.

III.
1. To, co powiedział premier, wywołało wiele polemik.
2. Podobało jej się, jak tańczyli.
3. Wszystkich zdziwiło to, jak pracował.
4. Ten, kto zwycięży konkurs fortepianowy, dostanie ...
5. To, jak się zachowywał, zdziwiło wszystkich.
6. Na obiad będzie to, co lubię.
7. Ten, kto miał przewodnik, zaczął ...
8. To, że wzięli ślub, było dla wszystkich tajemnicą.
9. Ten, kto naprawdę lubi muzykę, stara się ...
10. To, co się stało, oburzyło ...
11. Ten, kto naprawdę zna się na winach, rozpozna ...
12. To, co zaprojektowali, było niezwykłe.
13. Ten, kto ofiarował dużą sumę pieniędzy, nie podał ...
14. Ten, kto grał główną rolę, nie zrozumiał ...
15. To, co odkrył, było rewolucyjne.

V.
1. Co ma wisieć, nie utonie.
2. Kto rano wstaje, temu Pan Bóg daje.
3. Co się stało, to się nie odstanie.
4. Kto nie ma w głowie, ten ma w nogach.
5. Co się odwlecze, nie uciecze.
6. Kto pod kim dołki kopie, sam w nie wpada.
7. Co nagle, to po diable.
8. Kto późno przychodzi, sam sobie szkodzi.
9. Co w sercu, to na języku.
10. Kto się na gorącym sparzy, ten na zimne dmucha.
11. Co za dużo, to niezdrowo.
12. Kto daje i odbiera, ten się w piekle poniewiera.
13. Kto pyta, nie błądzi.
14. Co z oczu, to z myśli.
15. Kto mieczem wojuje, ten od miecza ginie.

VI.

eksperymentator	kreślarz	piłkarz
zawodowiec	porywacz	rolnik
bramkarz	pielęgniarz	obrońca
piekarz	kamerzysta	reprezentant
łowca	sportowiec	skrzypek

VII.

muzyk	piłkarz	architekt
kajakarz	filmoznawca	kolarz
ilustrator	literat	pięcioboista
koszykarz	teatrolog	siatkarz
grafik	bokser	scenograf

VIII.

1. Praca telefonistki wymaga wiele koncentracji.
2. Marzyła o tym, żeby zostać bibliotekarką.
3. Znana skrzypaczka uświetniła nasz koncert.
4. Czy pójdziesz ze mną na spotkanie z dziennikarkami?
5. Wszystkie malarki prezentujące swoje prace na tej wystawie były obecne na wernisażu.
6. Przedstawicielki uczennic spotkały się z dyrekcją szkoły.
7. Ta sprzedawczyni jest bardzo sympatyczna.
8. Nigdy nie sądziłem, że moja kuzynka zostanie lekarką.
9. Nagrodę dla debiutantek zdobyła hiszpańska aktorka.
10. Ta pływaczka to nadzieja naszego klubu.
11. Urzędniczki tej instytucji nie cieszą się dobrą opinią.
12. Ona jest straszną materialistką!
13. Każda uczestniczka zawodów dostała koszulkę.
14. Ta audycja radiowa podoba się przede wszystkim słuchaczkom w wieku dojrzałym.
15. W tym zespole są trzy perkusistki.

IX.

1. skrzypkiem, 2. skoczkiem, 3. tancerz, 4. gracza, 5. kłamcą, 6. dekoratorem, 7. naukowca, 8. kompozytorze, 9. twórcy, 10. działaczu, 11. rzeźbiarza, 12. „Taksówkarz", 13. maratończykami, 14. piosenkarza, 15. przyrodnikom

X.

1. biegacze, 2. hokeiści, 3. tenisiści, 4. dyskutanci, 5. dyrygenci, 6. prawnicy, 7. gitarzyści, 8. piekarze, 9. sportowcy, 10. śpiewacy, 11. jeźdźcy, 12. obserwatorzy, 13. poeci, 14. szermierze, 15. prozaicy.

XI.

kierownik, śpiewak, adorator, pijak, rysownik, gracz, geograf, słuchacz

XII.

1. przewodnicy
2. przewodniki
3. informatorzy
4. informatory
5. przewodników
6. przewodniki
7. informatory
8. informatorów

XIII.

1. czterokolorowy; 2. siedmiotomowej; 3. dwukołowych; 4. drugoplanową; 5. wieloczynnościowy; 6. dwudrzwiową, czterodrzwiową; 7. pięciolitrowy; 8. wielopokoleniowej; 9. dwudziestostopniowe; 10. kilkusetstronicową

XIV.

1. czteropasmowej; 2. dwuizbowy; 3. wieloowocowe; 4. dwuczęściowy; 5. czteropalnikowa; 6. pięcioliterowych; 7. dwustopniowe; 8. piętnastominutowa; 9. trzyletnie; 10. dwukilogramowe

Lekcja 4

Część I

I.

1. małą pożyczkę; 2. mógłbyś; 3. zechciałby pan; 4. zechcieliby państwo; 5. tej sprawy; 6. nam; 7. Powiedz; 8. żoną; 9. moim dyrektorem; 10. Poproś; ci

II.

1i, 2f, 3e, 4b, 5g, 6h, 7a, 8d, 9c

III.

1. wielką prośbę, 2. zechciałby, 3. nie zechciałby pan, 4. muszę odmówić 5. Obawiam się, 6. dziś nie mogę, 7. do namysłu, 8. przedyskutować, 9. Ależ oczywiście! 10. zastanowić

Część II

I.

1e, 2k, 3g, 4c, 5a, 6j, 7h, 8d, 9l, 10b, 11f, 12i

II.

Kolejność zdań: 1, 6, 14, 8, 3, 5, 2, 13, 10, 15, 12, 9, 11, 7, 4

III.

1a, 2b, 3c, 4b, 5b

Idiomy:

1. *do serca*, 2. na prawo i lewo, 3. z lekkim sercem, 4. prawo dżungli, 5. chwyta ... za serce, 6. leży nam na sercu, 7. kamień spadł mi z serca, 8. albo w prawo, albo w lewo, 9. włożyli dużo serca, 10. z ciężkim sercem

Część III

I.

1. Nad czym się zastanawiał?
2. O co Krystyna zapytała Janka?
3. O czym rozmawiali?
4. O czym się dowiedziałeś?
5. Z kim wypijemy szampana?
6. Co chciał Jurek?
7. Co usłyszeliśmy?
8. W co nie chciał uwierzyć Andrzej?
9. Co napisali rodzice?
10. Komu przyznano nagrodę?
11. O czym mówili długo?
12. Z kim postanowiła porozmawiać Ania?
13. Czego mu nigdy nie powiesz?
14. Komu dziwią się niektórzy?
15. Co usłyszałaś nagle?

II.

1. Niektórzy wierzą, że krasnoludki są na świecie.
2. Myślę, że to jest twoja wina.

3. W gazetach pisano, że będzie zaćmienie Słońca.
4. Zapytaj Marka, o której zaczyna się wykład.
5. Wiesz już, co się stało?
6. Wszyscy wiedzą, że papierosy szkodzą zdrowiu.
7. Nie domyślasz się, kto przysłał kwiaty?
8. Dowiedz się, dlaczego nie ma zajęć.
9. Nie jadłem tego, co podano na kolację.
10. Powtórzymy to, z czym mamy największe kłopoty.
11. Postanowiliśmy, że w przyszłym roku pojedziemy do Egiptu.
12. Zastanawiam się, czy on mógł to zrobić.
13. Nie miałam ochoty na to, co zaproponował.
14. Chcieliśmy spotkać się z kimś, kto mógłby nam pomóc.
15. Janek nie uwierzył w to, co opowiadała Krysia.

V.
1. a) żebyście żyli długo i szczęśliwie
 b) żebyście się cieszyli każdą chwilą
 c) żebyście mieli dużo pieniędzy
 d) żebyście wyjechali w wymarzoną podróż
 e) żebyście byli zawsze razem

2. a) żebyś miał miłych kolegów
 b) żebyś lubił chodzić do szkoły
 c) żebyś się nauczył dużo rzeczy
 d) żebyś dostawał dobre oceny
 e) żebyś lubił nauczycieli

3. a) żebyś była zawsze uśmiechnięta
 b) żebyś miała dużo przyjaciół
 c) żebyś odnosiła sukcesy
 d) żebyś mogła zrealizować swoje marzenia
 e) żebyś poznała wspaniałego mężczyznę

VI.
1. Ewa chciałaby, żeby Jurek przeprosił Basię.
2. Staś chce, żebyśmy pojechali (-ły) do cioci.
3. Życzę ci, żeby spełniły się twoje marzenia.
4. Zmusimy ich, żeby oddali nam wreszcie książki.
5. Życzymy wam, żebyście wybudowali sobie dom.
6. Tadek poradził mi, żebym poszedł (poszła) do lekarza.
7. Nauczyciel polecił nam, żebyśmy powtórzyli (-ły) gramatykę.
8. Żona krzyknęła do mnie, żebym zamknął dobrze drzwi.
9. Babcia poprosiła nas, żebyśmy kupili (-ły) gazetę.
10. Mama chciałaby, żeby Ula zaprosiła kuzyna.
11. Rodzice prosili, żebyśmy się nie spóźnili (-ły).
12. Brat chce, żebym poszła (poszedł) z Tomkiem na koncert.

13. Kelnerka zachęca was, żebyście spróbowali (-ły) bigosu.
14. Zbyszek zaproponował ci, żebyś obejrzał (-a) ten film.
15. Prosisz mnie, żebym ci uwierzył (-a) ostatni raz.

VII.
A.
1. Basia zapytała, kiedy wrócę.
2. Kelnerka zapytała, czy podać jakiś deser.
3. Dyrektor zapytał, dlaczego się spóźniliśmy.
4. Nauczyciel zapytał, kto to zrobił.
5. Sąsiad zapytał, kiedy mu oddamy pieniądze.
6. Robert zapytał Urszulę, jaki kolor lubi.

B.
1. Renata powiedziała do męża, że chce jechać z nim.
2. Teresa powiedziała, że lubi jeździć na łyżwach.
3. Sprzedawca powiedział, że innych jabłek nie ma.
4. Jacek powiedział, że nie ma czasu.
5. Portierka powiedziała, że wczoraj nie było wody.
6. Koledzy powiedzieli, że będzie mróz.

C.
1. Ojciec zawołał, żebym mu kupił (-a) papierosy.
2. Irena zawołała, żebyśmy jutro do niej przyszli (-ły).
3. Studenci zawołali, żebyśmy jeszcze nie zaczynali.
4. Mama zawołała, żebym zamknął (zamknęła) okno.
5. Anna zawołała, żebym wziął parasol.
6. Wujek zawołał, żebyśmy zadzwonili (-ły) do niego w niedzielę.

IX.
1. Portier zapytał, do kogo idę.
2. Kasia powiedziała, że nie jedzie na wycieczkę.
3. Zygmunt zaproponował im, żeby wpadli do niego w niedzielę.
4. Piotr poprosił Janka, żeby pożyczył mu trochę pieniędzy.
5. Jola zaproponowała, że jej to powie.
6. Kierowca krzyknął do pasażerów, żeby się pospieszyli.
7. Pawełek oświadczył, że nie chce jeść marchewki.
8. Koleżanka zapewniła ich, że jutro im to odda.
9. Lekarz powiedział mi, że muszę mniej palić.
10. Pielęgniarka powiedziała mi, żebym zmierzył (-a) gorączkę.
11. Studenci zażądali, żebyśmy się uczyli więcej gramatyki.
12. Babcia zapytała wnuczka, czy nie widział jej okularów.
13. Helena skarży się, że boli ją serce.
14. Zdecydowaliśmy, że więcej ich już nie zaprosimy.
15. Pani Kowalska chwali się, że najlepiej pisze na maszynie.

X. (rozwiązania przykładowe)
 1. Ojciec zapytał, gdzie jest dzisiejsza gazeta.
 2. Ewelina skarży się, że od kilku dni bolą ją oczy.
 3. Policjant oznajmił, że jechałem za szybko.
 4. Małgorzata zaproponowała, żebyśmy poszli na kawę.
 5. Lekarz stwierdził, że to nic groźnego.
 6. Jurek zapytał, po co mi ten słownik.
 7. Brat zdecydował, żebyśmy usiedli tutaj.
 8. Córka oświadczyła, że jutro wychodzi za mąż.
 9. Ktoś krzyknął do mnie, żebym uważał.
 10. Syn pochwalił się, że dostał piątkę z matematyki.
 11. Pan z VI piętra narzeka, że jego sąsiad jest strasznie hałaśliwy.
 12. Rodzice zdecydowali, że w tym roku wszyscy pojedziemy na wakacje nad morze.
 13. Klient zapytał, ile kosztuje ten sweter.
 14. Profesor zapewnił, że z niego będzie dobry lekarz.
 15. Kontroler zażądał, żebym pokazał bilet.

XI. (rozwiązania przykładowe)
 1. Nauczyciel polecił, żebyśmy przygotowali zeszyty.
 2. Zawołałem do Janka, żeby się nie śmiał.
 3. Poprosili was, żebyście do nich napisali.
 4. Matka poradziła córce, żeby położyła się spać.
 5. Żona poprosiła męża, żeby wyszedł z psem na spacer.
 6. Ojciec przekonał syna, żeby się nie bał.
 7. Policjant zażądał, żeby kierowca włączył światła.
 8. Sekretarka poprosiła szefa, żeby podpisał pismo.
 9. Siostra zażądała, żeby brat powiedział jej prawdę.
 10. Bożena krzyknęła do mnie, żebym wzięła parasol.
 11. Dyrektor powiedział, żebyś zostawił wiadomość.
 12. Reżyser zaproponował aktorom, żeby spróbowali jeszcze raz.
 13. Rodzice poprosili, żebym odebrał zamówione bilety.
 14. Anna napisała, żebyś nie zapomniał kupić kwiatów.
 15. Mały Książę poprosił autora, żeby narysował mu baranka.

XII.
 1. Ala zapytała: Piotrze, czy pójdziesz ze mną do kina?
 2. Bogdan powiedział: Spędziłem wspaniałe wakacje.
 3. Dominika zapytała: Jaki kolor będzie modny w jesieni?
 4. Ojciec zdecydował: Przeprowadzimy się z mamą do innego miasta.
 5. Andrzej krzyknął: Beato, nie chcę cię więcej znać!
 6. Oznajmił: Zamieszkam u was.
 7. Ekspedientka zapytała: Nie ma pani drobnych?
 8. Studenci stwierdzili: Gramatyka polska jest trudna.
 9. Dyrektor banku ogłosił: Będę przyjmować klientów od dziesiątej do dwunastej.
 10. Znajomi stwierdzili: Powinieneś odpocząć.
 11. Agata zapytała: Chciałybyście pojechać ze mną na wycieczkę?

12. Wojtek powiedział: Zapraszam was na imieniny.
13. Profesor powiedział studentce: Pani praca bardzo mi się podobała.
14. Listonosz powiedział do Marii: Napisałbym do pani.
15. Obiecaliśmy kolegom: Przyślemy wam zdjęcia.

XIII.
1. Ola zawołała: Przestańcie się kłócić!
2. Mama prosiła córkę: Uważaj na siebie.
3. Kierownik polecił pracownikom: Skończcie pracę w terminie.
4. Jola poradziła Danusi: Uprawiaj jakiś sport.
5. Uczniowie poprosili nauczyciela: Proszę wytłumaczyć nam to dokładniej.
6. Siostra poradziła mi: Jedz mniej słodyczy.
7. Znajomi zaproponowali: Spędźcie u nas weekend.
8. Magda: Marku, pisz do mnie codziennie!
9. Mąż poprosił mnie: Ugotuj mi moją ulubioną zupę.
10. Grzesiek zaproponował: Zaśpiewajmy wszyscy „Sto lat!"
11. Małgosia poprosiła koleżankę: Pożycz mi coś do czytania.
12. Basia poprosiła: Przynieście kasety.
13. Ojciec zażądał: Synu, przedstaw mi narzeczoną.
14. Lekarz powiedział pacjentowi: Niech pan mniej pali.
15. Trener ostrzegł zawodników: Bądźcie ostrożni.

Lekcja 5

Część I

I.
1. najmodniejszy, 2. najlżejsza i najcieplejsza; 3. której; 4. któremu; 5. jakich; 6. po-kochasz; 7. padnie; 8. sposobów; 9. filmy; 10. czekoladek

II.
1g, 2h, 3d, 4f, 5b, 6c, 7a, 8e

III.
1. wygraj; 2. o jakiej marzysz; 3. którym możesz powierzyć swoje stopy; 4. na każdą okazję; 5. najskuteczniejszy; 6. o jakim marzysz; 7. forma na cały dzień; 8. przebój sezonu; 9. Nie będziesz żałować; 10. za cenę jednej.

Część II

Stres? Przejmij nad nim kontrolę!
Jesteś często rozdrażniona, płaczliwa, nie panujesz nad sobą? Szef w pracy stawia przed Tobą coraz to nowe zadania, a Tobie wydaje się, że nie masz już zupełnie czasu dla siebie? Pora temu zaradzić i zrobić coś, co spowoduje, że to Ty zapanujesz nad stresem. Oto kilka sprawdzonych sposobów.

- Pomyśl o czasie, kiedy byłaś całkowicie zrelaksowana i szczęśliwa. Spróbuj sobie to wyobrazić i przypominać w stresujących momentach.
- Bądź dla siebie dobra. Naucz się nagradzać za ciężką pracę. Może to być np. masaż czy relaksująca kąpiel. Smaczne ciastko i filiżanka herbaty w miłej kawiarence będzie działać równie kojąco.
- Jeśli masz za dużo zajęć w pracy, warto zastanowić się, czy nie uda się przekazać części obowiązków komuś innemu. Czasem wystarcza porozmawiać o tym z szefem, zamiast brać wszystko na swoje barki.
- Naucz się mówić „nie". Lepiej jest komuś odmówić, niż obiecać coś, czego nie możesz spełnić.
- Spotykaj z wesołymi osobami i śmiej się. Szczęśliwi ludzie generują pozytywne uczucia, a ci, którzy mają zmartwienia – negatywne. Nie musisz być smutna, nawet wtedy, kiedy jesteś zestresowana.
- Zadzwoń do przyjaciela i zrzuć z siebie ciężar. Szczera rozmowa oczyszcza.

Łatwo jest dawać porady na temat stresu, lecz dla wielu osób stosowanie się do nich może być trudne lub w danym momencie życiowym po prostu niemożliwe. Zmiany stylu życia są łatwiejsze, gdy można przez nie przejść z pomocą rodziny i przyjaciół.

(na podst. *Stres? Przejmij nad nim kontrolę!* Tele Tydzień, listopad, 2004)

I.
A: 1. obłok, 2. zmartwienie, 3. ciągle, 4. lęk, 5. runąć
B: 1. hałas, 2. obudzić się, 3. prawdziwy, 4. słabo (lekko – o spaniu), 5. (po)ranny

II.
1c, 2g, 3i, 4h, 5l, 6a, 7f, 8k, 9e, 10b, 11j, 12d

III.
1d, 2f, 3e, 4h, 5b, 6a, 7c, 8g

IV.
1. męczarnia, 2. męczeńską, 3. zamęczyły, 4. męczący, 5. męczydusza, 6. wymęczyli, 7. przemęczony, 8. męczę, 9. zmęczenia, 10. zmęczeni, 11. namęczyliśmy

Idiomy:
1: kłębkiem nerwów, 2: stalowe nerwy, 3: jak suseł, 4: chodzi spać z kurami, 5: działa na nerwy, 6: wybił mnie ze snu, 7: nerwy odmówiły posłuszeństwa, 8: minęły jak sen, 9: śpi jak zając, 10: ani mi się śni, 11: kosztuje nas za wiele nerwów

Część III

I.
1. Z jakiej wycieczki byli zadowoleni?
2. Jaki zegarek dostała od niego?
3. O którym filmie rozmawialiście?
4. Do której dziewczyny podeszła Ania?
5. Które pieniądze wydał Janek?

6. Jakich ludzi to dotyczy?
7. Jaki proszek kupiła?
8. Któremu koledze wszyscy starali sie pomóc?
9. Do którego lekarza nie masz zaufania?
10. Którą drogą pojedziemy?
11. Które czekoladki kupisz?
12. W którym sklepie zrobiliście zakupy?
13. Jakich ludzi nie lubisz?
14. Do której kawiarni chcesz pójść?
15. Którego koktajlu nie piłaś?

II.
1. To był wspaniały dzień, który zostanie mi zawsze w pamięci.
2. Przyjedzie do mnie koleżanka, której nie widziałam od lat.
3. To jest cukiernia, w której można kupić świetne ciastka.
4. Przyjechał autobus, na który czekało dużo ludzi.
5. To jest moja kuzynka, o której ci opowiadałam.
6. Dzwonił do ciebie kolega, któremu obiecałeś pożyczyć książkę.
7. Zaprosiliśmy znajomych, którzy byli niedawno w Chinach.
8. W Sukiennicach wisi miecz, którym brat zabił brata.
9. Co to za kobiety, z którymi rozmawia Piotr?
10. Czy wiesz coś o tym chłopcu, którego poznałeś wczoraj?
11. Znasz tych państwa, którym twój brat pomaga nieść bagaże?
12. Musimy pójść na koncert tego pianisty, który wygrał międzynarodowy konkurs.
13. Włóż te buty, w których będzie ci najwygodniej.
14. Często wspominam spacer, na którym byliśmy razem.
15. Zbyszek dostał prezent, z którego bardzo się ucieszył.

III.
1. Zaprowadzę cię do lasu, w którym na pewno znajdziesz grzyby.
2. Orkiestrę poprowadzi dyrygent, o którym ostatnio dużo się mówi.
3. Żałuję, że wysłałam ten list, na który nigdy nie dostałam odpowiedzi.
4. Krystyna występuje w obronie zwierząt, na których przeprowadza się doświadczenia.
5. On zawsze ma takie pomysły, na jakie nikt inny by nie wpadł.
6. Musimy wyjechać na wakacje, na których wszyscy dobrze wypoczniemy.
7. Przyjedzie do nas kuzynka, którą widziałem ostatnio piętnaście lat temu.
8. Znany aktor zagrał rolę, której nie powinien był przyjąć.
9. Trudno kupić samochód, który będzie dobry i tani.
10. Fryzjerka wybierze ci fryzurę, w której będzie ci do twarzy.
11. Bardzo chętnie pójdę na kolację, na którą zaprosił mnie Adam.
12. Trzeba przygotować salę, w której odbędzie się zebranie.
13. Janusz wysłał pracę na konkurs, w którym główną nagrodą jest wycieczka po Morzu Śródziemnym.
14. Czekał na to spotkanie z wielką emocją, której nie potrafił ukryć.
15. Czy kupiłeś jarzyny, o które prosiłam?

IV.

1. którego	6. który	11. którego
2. jaką	7. jakie	12. który
3. którzy	8. którym	13. w której
4. którą	9. które	14. które
5. którego	10. która	15. jakim

V.

1. jaką	6. które	11. której
2. którą	7. której	12. którzy
3. jaki	8. którym	13. którą
4. którego	9. która	14. którego
5. która	10. którymi	15. Które

VI.

1. Kwiaty, które stały na stole, mocno pachniały.
2. Dzieci, które bawiły się na podwórku, głośno krzyczały.
3. Książka, której szukasz, leży na tamtej półce.
4. Nauczyciel, o którego pan pytał, przed chwilą wyszedł.
5. Z drzew, które rosną przy ulicy, dawno już opadły liście.
6. Ciasto, które upiekłaś, jest bardzo dobre.
7. Człowiek, który zna kilka języków, może znaleźć lepszą pracę.
8. Potrawa, którą przyrządzili nasi koledzy, była wspaniała.
9. Miasto, które ostatnio zwiedzałem, podoba mi się bardzo.
10. Radio, które niedawno kupiłeś, zepsuło się.
11. Język, którego się uczymy, jest trudny.
12. Wakacje, które spędziliśmy razem, były wspaniałe.
13. Wszystkie anegdoty, które opowiadał wujek, znaliśmy dokładnie.
14. Film, który reżyserował nasz przyjaciel, oglądaliśmy z zaciekawieniem.
15. Filiżankę, której się przyglądasz, kupiłam w czasie pobytu w Wenecji.

VIII.

las	biały	wrażliwy
realny	chory	państwowy
korek	gęsty	głodny
gorszy	program	niewinny
czuły	siwy	plan

IX.

1. odśnieżą	6. reżyserował	11. asfaltować
2. sędziuje	7. zimują	12. żółkną
3. polepszył	8. powiększył się	13. schudła
4. uciszyć	9. zalesić	14. zmądrzeje
5. podróżował	10. posmutniał	15. ufarbowała

X.

1. zabłociły; 2. wypastować; 3. użądliła; 4. zboczyliśmy: 5. wini; 6. odgruzowuje; 7. skleić; 8. dzwonią; 9. ląduje; 10. zimują; 11. gorączkuje; 12. zakorkuj

XI.

1. odświeżyć; 2. prezesuje; 3. uwiarygodnić; 4. zbaraniał; 5. sędziuje; 6. spoważniał; 7. pośredniczę; 8. uatrakcyjnić / unowocześnić; 9. uprościć; 10. ujednolicić; 11. butelkuje (się); 12. otynkować

XII.

wypiękniała i odmłodniała; schudła; postarza; zmalał i zbrzydł; dowcipkuje; garażuje; nocuje; sąsiaduje; koncertowała; występować; leniuchuje; portretuje; kibicuje

XIII.

1. *podbudowanie*, 2. wybudować, 3. odbudowana, 4. zabudowany, 5. dobudować, 6. nadbudować, 7. budują, 8. wbudować, 9. obudowa, 10. pobudował się, 11. rozbudowuje się, 12. przebudowywana, 13. zbudowano

XIV.

1. siedemnastką; 2. dwudziestki jedynki; 3. dziewiątkę; 4. czternastkę; 5. jedynki; 6. szóstkę; 7. ósemka; 8. setkę; 9. czwórki; 10. dziesiątkę; 11. trzynastka; 12. piątki

XV.

1. piętnastki; 2. pięćsetkę; 3. szesnastki; 4. dwunastki; 5. trójka; 6. dwójkę; 7. pięćdziesiątkę; 8. dwudziestki; 9. jedynki; 10. osiemnastkę; 11. czterdziestka 12. trzydziestkę

Lekcja 6

Część I

I

1. zmianę czasu; 2. klientów; 3. dyrekcji; 4. dokładna analiza; 5. skutków; 6. innymi możliwościami; 7. wyborem rozwiązania; 8. mojej całkowitej dyskrecji; 9. niebezpieczeństwa; 10. osoby

II.

1c, 2f, 3e, 4a, 5b, 6g, 7h, 8d.

III.

1.wszystkie aspekty tej sprawy; 2. duży błąd; 3. nieuczciwości partnera; 4. jeszcze raz przemyślałbym wszystkie możliwości; 5. następne rozmowy z dyrekcją; 6. nie ma powodu do obaw; 7. będzie niekorzystna; 8. wszystkimi propozycjami; 9. W żadnym wypadku; 10. Daj mi trochę czasu

Część II

I.

Julia: matka Stefana, teściowa Elżbiety; Elżbieta: żona Stefana, synowa Julii, synowa „ojca"; Ojciec: mąż Julii, ojciec Stefana, teść Elżbiety; Stefan: syn Julii, syn „ojca", mąż Elżbiety

II.

1b, 2c, 3a, 4b, 5c, 6a, 7a, 8b, 9c, 10a.

III

życiowy, ręczny, karciany, chwilowy, lekarski, kobiecy, telefoniczny, wieczorowy (wieczorny), książkowy, telewizyjny, piłkarski, morski, szpitalny, rozsądny, małżeński, spokojny, księżycowy

IV.

1. słonecznym; 2. chwilowe; 3. morskim; 4. karciane; 5. piłkarskiego; 6. telewizyjny; 7. książkowy; 8. ręczny; 9. małżeńską; 10. życiowy; 11. rozsądna; 12. wieczorowy

V.

wyrazy o znaczeniu podobnym: 4, 5, 7, 8, 10, 11,13
wyrazy o znaczeniu przeciwnym: 1, 2, 3, 6, 9, 12

Idiomy:

1. *zagrajmy w otwarte karty*, 2. gra pierwsze skrzypce, 3. brzydki jak noc, 4. dniem i nocą, 5. jak dzień do nocy, 6. na jedną kartę, 7. domek z kart, 8. podwójną grę, 9. wchodzi w grę, 10. gra jest warta świeczki

Część III

III.

1. Kiedy wyszli z kina, poszli do kawiarni.
2. Zanim wyjechała, Iza zostawiła swój adres sąsiadom.
3. Kiedy Jurek usłyszał wiadomość przez radio, zadzwonił do znajomych.
4. Kiedy trwa spektakl, nie można wchodzić na widownię.
5. Zanim zamkniesz garaż, sprawdź, czy alarm jest włączony.
6. Musimy poczekać, aż zakończy się konferencja.
7. Odkąd Beata poznała Andrzeja, nie może skoncentrować się na pracy.
8. Postanowił, że nie wyjdzie z domu, dopóki nie zakończy ostatniego rozdziału swojej książki.
9. Jak tylko dostanę pieniądze, kupię sobie ten album.
10. Gdy oglądam melodramaty, zawsze się wzruszam.
11. Nie zaczyna się kolacji wigilijnej, dopóki nie pojawi się na niebie pierwsza gwiazda.
12. Kiedy wyszli na szczyt góry, postanowili odpocząć.

13. Zanim weszłyśmy do muzeum, musiałyśmy zostawić płaszcze i torebki w szatni.
14. Jak tylko Teresa zadzwoniła, pojechaliśmy do niej.
15. Kiedy pada deszcz, dzieci się nudzą.

VII.
1. Kiedy wyszliście z kawiarni?
2. Gdzie mamy czekać na ciebie?
3. Kiedy postanowiliście się pobrać?
4. Kiedy nie wolno przechodzić przez jezdnię?
5. Jak długo będziecie na mnie czekać?
6. Dokąd mamy na ciebie czekać?
7. Dokąd nas zawieziesz?
8. Gdzie nas zawieziesz?
9. Od kiedy mieszkasz sam?
10. Kiedy musisz ze mną porozmawiać?
11. Którędy szliście?
12. Kiedy zadzwonisz do nas?
13. Gdzie mam poszukać encyklopedii?
14. Gdzie częstowano was herbatą?
15. Jak długo nasza Wisła do Gdańska płynie stąd?

VIII.
1. Dopóty dzban wodę nosi, dopóki mu się ucho nie urwie.
2. Myszy tańcują, gdy kota nie czują.
3. Gdzie drwa rąbią, tam wióry lecą.
4. Gdzie się dwóch bije, tam trzeci korzysta.
5. Gdzie diabeł nie może, tam babę pośle.
6. Iść, dokąd oczy poniosą.
7. Gdzie kucharek sześć, tam nie ma co jeść.
8. Nie czas żałować róż, gdy płoną lasy.
9. Wszędzie dobrze, gdzie nas nie ma.
10. Uciekać, gdzie pieprz rośnie.

IX.
1. przezabawny; 2. kwaśnawe; 3. przydługa; 4. białawych; 5. wąziutkie; 6. ultrakrótkich; 7. nadpobudliwymi; 8.superzdolny; 9. nadludzkim; 10. słodkawy

X.
1. malutki (malusieńki...), bielusieńki; 2. gorzkawy; 3. hiperpoprawna; 4. przyciasne; 5. łysawy; 6. nadwrażliwa; 7. ultrakrótkich; 8. ultranowoczesny; 9. brudnawy; 10. przepiękny

XI. *rozwiązania przykładowe:*
grubawy, niskawy i starawy, przebogaty, przykrótkie, arcystare, supernowoczesne, nudnawego i brzydkawego

XII.

nieprzyjaciel

kontratak

nadciśnienie

eksminister

arcydzieło

wicedyrektor

współtwórca

pradziadek

niełaska

przeciwwskazanie

ekstraklasa

współlokator

antyreklama

przeciwciała

arcymistrz

superliga

XIII.

1. praczłowieka	6. ultrafioletowe	11. kontrargumentów
2. ekstraklasy	7. wiceministrem	12. prześliczna
3. nadwagi	8. współautorów	13. nieludzkim
4. arcydzieło	9. przyciasne	14. antyrządowe
5. nieczuły	10. niebrzydka	15. nadnaturalną

Lekcja 7

Część II

I.

Utopiona

II.

Fotografia: zamaskowany, samotnie, zwanym, udał się, oddalonym, dowód, garniturze, oświetlony, alejkę, planie, piłkąS

III.

wyrazy o znaczeniu podobnym: 1, 2, 4, 7, 9, 11

IV.

kradnie – kradzież

włamuje się – włamanie

morduje – morderstwo

świadczy – świadectwo

informuje – informacja

rabuje – rabunek

zabija – zabójstwo

szantażuje – szantaż

porywa – porwanie

zabija sam siebie – samobójstwo

V.

inspektor, świadek, spadek, kurcz, bełkotać, adres, staruszka, kasetka, zniknąć, słuchawka

Idiomy:

1. sercem i duszą, 2. w sile wieku, 3. boi się własnego cienia, 4. chodzi za nią jak cień, 5. grosz przy duszy, 6. rogatą duszę, 7. na siłach, 8. blaski i cienie, 9. przerasta moje siły, 10. ponad siły, 11. dusza rośnie, 12. otworzyć duszę

Część III

I.

1. jak	6. żeby	11. jakby
2. –	7. że	12. jakby
3. jakby	8. jak gdyby	13. że
4. żeby	9. jakby	14. –
5. jak gdyby	10. jak	15. że

III.

1. tym	6. tym	11. że
2. że	7. że	12. że
3. tym	8. jak	13. jak
4. żeby	9. tym	14. żeby
5. że	10. że	15. że

VII.

1. Dlaczego Barbara nie gotuje w domu?
2. Jak mam się czuć?
3. Jak grał pianista?
4. Jak grali piłkarze?
5. Dlaczego nie grał w finale?
6. Jak grał szachista?
7. Jak bardzo bała się spotkania?
8. Jak porusza się Katarzyna?
9. Dlaczego nie otworzyłaś tego listu?
10. Z jakiego powodu (dlaczego) jest mu niedobrze?
11. Jak brudna była podłoga?
12. Jak ci się przyglądała?
13. Jak się niecierpliwił?
14. Dlaczego nie możesz mi przetłumaczyć tego artykułu?
15. Jak bardzo była opalona?
16. Dlaczego zamierzasz wziąć urlop?
17. Jak bardzo oczarowało go to miasto?
18. W jaki sposób palił papierosa?
19. Jak się wystroiła?
20. Z jakiego powodu policja zatrzymała samochód?

VIII.

1. Nie mogłem przyjść na zajęcia, bo byłem chory.
2. Kłócicie się, gdyż się nie rozumiecie.
3. Cieszył się, bo zdobył I nagrodę w konkursie.
4. Wyłączono nam telefon, bo nie zapłaciliśmy rachunku.
5. Ponieważ w centrum miasta odbywała się manifestacja, zamknięto wiele ulic.
6. Zachowywała się tak, jak zachowują się królowe.
7. Jola ubiera się, jakby miała 20 lat.

8. Musicie zachowywać się tak, żeby nikomu nie przeszkadzać.
9. Zareagował, jakby był dzieckiem.
10. Im człowiek starszy, tym ma większy dystans do życia.
11. Radość była tak wielka, że trudno to opisać.
12. Jacek wygląda tak, jakby był chory.
13. Artur poruszał się, jakby spał.
14. Ojciec rozmawia z dziećmi, jak się rozmawia z dorosłymi.
15. Musimy kupić tyle jabłek, żeby dla wszystkich wystarczyło.

IX.

lód	kwiat	księga
palić	wrzos	piwo
uzdrowić	ciastko	herbata
jadać	lot	zajeżdżać
śmieć	stolarz	piekarz

X.

1. kwiaciarni	6. uzdrowiska	11. piekarni
2. stolarni	7. jadalni	12. lodowisko
3. zajezdni	8. lotnisko	13. księgarni
4. palarni	9. herbaciarni	14. piwiarni
5. ciastkarni	10. śmietnisku	15. wrzosowisko

Lekcja 8

Część I

I.
1. wyjaśnić; 2. tę sytuację; 3. tego spotkania; 4. zrobić; 5. panu Kwiatkowskiemu; 6. żadnych przyczyn; 7. mogli; 8. twoje warunki; 9. takiego wyjaśnienia; 10. waszą propozycję

II.
1b, 2f, 3a, 4c, 5g, 6h, 7e, 8d

III.
1. Czy nie nadszedł; 2. przeprosić pana dyrektora; 3. możliwe do przyjęcia; 4. to było możliwe; 5. abyście nie mogli współpracować; 6. To bardzo przekonujące; 7. na twoje warunki; 8. twoimi argumentami; 9. waszych argumentów; 10. przekonany

Część II

I. stary, jego przeciwieństwem, buta, okolicy, długie, sensownie, wyjeżdżam, godzinami, z ludźmi, odstąpią, żywoty, kończył się, niedorzeczne, w podróż

II.
1i, 2g, 3e, 4c, 5h, 6a, 7d, 8j, 9b, 10f

III.
senny, sennie; powierzchnia, powierzchowny; towarzystwo, towarzysko, towarzyszyć; nastrój, nastrojowy, nastrojowo; smutek, smutnie (smutno), smucić się; radość, radosny, radośnie; chory, (chorobliwy), (chorobliwie), chorować; zatrucie, zatruć (się); mgła, mglisty; szaleńczy, szaleńczo, szaleć; starość, stary, starzeć się

IV.
synonimy: 1, 2, 5, 7, 8, 9, antonimy: 3, 4, 6, 10, 11, 12

Idiomy:
1. jak pies w studni, 2. pod psem, 3. bratnia dusza, 4. za pan brat, 5. za psie pieniądze, 6. zły jak pies, 7. psu z gardła wyjęte, 8. pies z kulawą nogą, 9. jak pies z kotem, 10. zeszła na psy

Część III

I.
1. Barbara próbowała naprawić lampę, chociaż bardzo bała się elektryczności.
2. Stefan pije dużo piwa, mimo że lekarz mu zabronił.
3. Anna spodobała się Krzysztofowi, pomimo że na ogół nie lubił blondynek.
4. Ze zdenerwowania nie odpowiedział na wszystkie pytania, choć znał odpowiedzi.
5. W pokoju było bardzo gorąco, chociaż klimatyzacja działała.
6. Celina poszła z Karolem na mecz, mimo że zupełnie nie interesuje się sportem.
7. Pan Kowalski codziennie wychodzi na spacer, nawet gdy jest brzydka pogoda.
8. Uśmiechała się, chociaż chciało jej się płakać.
9. Skończymy tę pracę do jutra, nawet gdybyśmy musieli siedzieć nad tym całą noc.
10. Włodek bardzo lubi śpiewać, chociaż nie ma dobrego głosu.
11. Karolina wygrała pierwszy set, mimo że bardzo słabo gra w tenisa.
12. Justyna prowadzi bardzo szeroką korespondencję, pomimo że nie lubi pisać listów.
13. Ela z Wandą bardzo się lubią, chociaż często się kłócą.
14. Katarzyna nie je ostatnio ciastek, choć bardzo lubi słodycze.
15. Bartek zaczął pracować w dużej firmie, chociaż wszyscy odradzali mu tę pracę.

V.
1. Jeżeli będzie ładna pogoda, pojedziemy nad rzekę.
2. Jeżeli chce ci się spać, połóż się.
3. Gdy się weszło między wrony, trzeba krakać jak i one.
4. Jeśli nie znajdziemy kluczy, nie będziemy mogli otworzyć drzwi.
5. Jeżeli schudnę, będę musiała zwęzić ubrania.
6. Kiedy się ma taką figurę, nie można nosić sukienek mini.
7. Jeśli jest wam za ciepło, możemy otworzyć okno.
8. Jeżeli chcesz nauczyć się pływać, nie możesz bać się wody.

9. Kiedy babcia źle się czuje, bierze aspirynę.
10. Jeżeli chcesz wyjechać do Francji, powinieneś nauczyć się francuskiego.
11. Jeżeli się nie zmienisz, nikt cię nie będzie lubił.
12. Jak nie macie ochoty na lody, sami pójdziemy do kawiarni.
13. Jeśli nie lubisz muzyki poważnej, nie idź na ten koncert.
14. Jeżeli ktoś jest przesądny, nie lubi liczby 13.
15. Jak będziesz grzeczny, dostaniesz cukierka.

VIII.
1. Kupisz ten płaszcz, jeżeli będziesz miała pieniądze.
2. Krysia będzie bardzo ładna, jeżeli będzie się uśmiechała.
3. Zbyszek będzie bardzo dobrze prowadził samochód, jeżeli nie będzie hamował bez powodu.
4. Pójdziesz na basen, jeżeli nie będziesz chory.
5. Poradzę ci, jeżeli będziesz chciał słuchać.
6. Mama będzie bardzo zadowolona, jeżeli Kasia dostanie dobrą ocenę.
7. Nie będę się gniewała, jeżeli wszystko mi wyjaśnisz.
8. Pójdziemy do teatru, jeżeli będą bilety.
9. Nie będziemy mieć pieniędzy, jeżeli nie będziemy pracować.
10. Będziemy mogli was odwiedzić, jeżeli nie będziecie się bez przerwy kłócić.
11. Będziemy się śmiali, jeżeli to będzie zabawne.
12. Włożę tę sukienkę, jeżeli nie będzie zimno.
13. Posłuchamy tego utworu, jeżeli będziemy mieli czas.
14. Poprosimy ją o zaśpiewanie piosenki, jeżeli nie będzie w złym humorze.
15. Chętnie wypiję kawę, jeżeli nie będzie za późno.

Poniżej zamieszczamy kartę tytułową do płyty CD, która ułatwi
korzystanie z nagranych na płycie materiałów.

Ewa Lipińska, Elżbieta Grażyna Dąmbska

Kiedyś wrócisz tu...
Cz. II
By szukać swoich dróg i gwiazd

LEKCJA 1
1. *Nowa gałąź sztuki?*
2. J. Baran, *Ballada telefoniczna*

LEKCJA 2
3. *Warszawa*
4. J. Lechoń, *Piosenka*

LEKCJA 3
5. *Odnaleźć siebie*
6. B. Młynarska-Ahrens, *Białe i liliowe*

LEKCJA 4
7. *Prawo jazdy*
8. W. Szymborska, *Prospekt*

LEKCJA 5
9. *Wypoczynek*
10. C. Miłosz, *Dar*

LEKCJA 6
11. *Nie wracają na obiad*
12. W. Broniewski, *Kabała*

LEKCJA 7
13. *Zagadki kryminalne*
14. T. Różewicz, *Róża*

LEKCJA 8
15. *Bracia mniejsi*
16. Z. Herbert, *Kot*

PODRĘCZNIKI W SERII **JĘZYK POLSKI DLA CUDZOZIEMCÓW**
pod redakcją Władysława Miodunki

PODRĘCZNIKI W SERII **JĘZYK POLSKI DLA CUDZOZIEMCÓW**
pod redakcją Władysława Miodunki

KURSOWE

Władysław Miodunka CZEŚĆ, JAK SIĘ MASZ?
Część I: SPOTYKAMY SIĘ W POLSCE
Podręcznik do nauki języka polskiego dla początkujących **(A1)**

Część II: SPOTKAJMY SIĘ W EUROPIE **(A2)**

3 wersje językowe
Danuta Gałyga ACH, TEN JĘZYK POLSKI!
Ćwiczenia komunikacyjne dla grup początkujących **(A1, A2)**

Ewa Lipińska Z POLSKIM NA TY
Podręcznik do nauki języka polskiego
dla stopnia progowego **(B1)**

Marta Pančíková, Wiesław Stefańczyk
PO TAMTEJ STRONIE TATR...
Učebnica pol'štiny pre Slovákov **(A1, A2)**

Ewa Lipińska, Elżbieta Grażyna Dąmbska
KIEDYŚ WRÓCISZ TU... Część I:
GDZIE NADWIŚLAŃSKI BRZEG
Podręcznik języka polskiego dla średnio zaawansowanych **(B2)**

Ewa Lipińska, Elżbieta Grażyna Dąmbska
KIEDYŚ WRÓCISZ TU... Część II:
BY SZUKAĆ SWOICH DRÓG I GWIAZD
Podręcznik języka polskiego dla zaawansowanych **(C1)**

2 wersje językowe
Magdalena Szelc-Mays COŚ WAM POWIEM...
Ćwiczenia komunikacyjne dla grup średnich **(B1, B2)**

SŁOWNIKI

Anna Seretny A CO TO TAKIEGO?
Obrazkowy słownik języka polskiego **(A1, A2)**

Stanisław Mędak SŁOWNIK ODMIANY
RZECZOWNIKÓW POLSKICH **(A2, B1, B2)**

Stanisław Mędak
SŁOWNIK FORM KONIUGACYJNYCH
CZASOWNIKÓW POLSKICH **(A2, B1, B2)**

Stanisław Mędak
PRAKTYCZNY SŁOWNIK ŁĄCZLIWOŚCI
SKŁADNIOWEJ CZASOWNIKÓW
POLSKICH **(B1, B2, C1)**

Zofia Kurzowa ILUSTROWANY SŁOWNIK
PODSTAWOWY JĘZYKA POLSKIEGO **(A2, B1)**

SYSTEM JĘZYKA

Magdalena Szelc-Mays SŁOWA I SŁÓWKA
Podręcznik do nauczania słownictwa i gramatyki
dla początkujących **(A1, A2)**

Magdalena Szelc-Mays NOWE SŁOWA –
STARE RZECZY
Podręcznik do nauczania słownictwa języka polskiego **(A1, A2)**

Piotr Garncarek CZAS NA CZASOWNIK
Ćwiczenia gramatyczne z języka polskiego **(B1, B2)**

Stanisław Mędak CO Z CZYM?
Ćwiczenia składniowe dla grup zaawansowanych **(B2, C1)**

Józef Pyzik PRZYGODA Z GRAMATYKĄ
Fleksja i słowotwórstwo imion **(B2, C1)**

Józef Pyzik IŚĆ CZY JECHAĆ?
Ćwiczenia gramatyczno-semantyczne
z czasownikami ruchu **(B2, C1)**

Stanisław Mędak LICZEBNIK TEŻ SIĘ LICZY!
Gramatyka liczebnika z ćwiczeniami **(B2, C1, C2)**

SPRAWNOŚCI

Ewa Lipińska KSIĘŻYC W BUTONIERCE
Ćwiczenia dla cudzoziemców doskonalące sprawność
rozumienia ze słuchu na podstawie
tekstów Andrzeja Sikorowskiego **(B2, C1, C2)**

Ewa Lipińska NIE MA RÓŻY BEZ KOLCÓW
Ćwiczenia ortograficzne dla cudzoziemców **(A2, B1)**

Anna Pięcińska CO RAZ WEJDZIE DO GŁOWY – JUŻ
Z NIEJ NIE WYLECI, CZYLI FRAZEOLOGIA PROSTA
I PRZYJEMNA. PODRĘCZNIK DLA UCZNIÓW,
POMOC DLA NAUCZYCIELI **(B1, C1)**

LEKTURY PODRĘCZNE Antologia tekstów satyrycznych
dla cudzoziemców, którzy dobrze znają język polski
Oprac. Ewa Lipińska **(C1)**

Anna Seretny KTO CZYTA – NIE BŁĄDZI
Ćwiczenia rozwijające sprawność czytania **(B2, C1)**

METODYKA NAUCZANIA JĘZYKA POLSKIEGO JAKO OBCEGO I PRACE POZA SERIĄ

Magdalena Szelc-Mays TAŃCE MALOWANE
Podręcznik dla dzieci w wieku przedszkolnym
i wczesnoszkolnym

KULTURA W NAUCZANIU JĘZYKA POLSKIEGO
JAKO OBCEGO. STAN OBECNY – PROGRAMY
NAUCZANIA – POMOCE DYDAKTYCZNE
Red. Władysław Miodunka

PRZEWODNIK PO EGZAMINACH CERTYFIKATOWYCH
Red. i oprac. Anna Seretny, Ewa Lipińska

Ewa Lipińska, Anna Seretny
ABC METODYKI NAUCZANIA JĘZYKA POLSKIEGO
JAKO OBCEGO

Z ZAGADNIEŃ DYDAKTYKI JĘZYKA POLSKIEGO
JAKO OBCEGO
Red. Ewa Lipińska, Anna Seretny

Podręczniki do nauczania języka polskiego jako obcego są opracowywane przez zespół autorów,
związanych między innymi z Katedrą Języka Polskiego jako Obcego Uniwersytetu Jagiellońskiego.

Na stronie www.universitas.com.pl znajdą Państwo więcej informacji o podręcznikach
do nauczania języka polskiego jako obcego. Tutaj można także zamówić bezpłatny katalog
„Podręczniki do nauczania języka polskiego jako obcego".

TOWARZYSTWO AUTORÓW I WYDAWCÓW
PRAC NAUKOWYCH
UNIVERSITAS

w w w . u n i v e r s i t a s . c o m . p l

REDAKCJA
ul. Sławkowska 17, 31-016 Kraków
tel./fax 12 423 26 05 / 12 423 26 14 / 12 423 26 28
red@universitas.com.pl
promocja@universitas.com.pl

DYSTRYBUCJA oraz KSIĘGARNIA WYSYŁKOWA
ul. Żmujdzka 6B, 31-426 Kraków
ksiegarnia@universitas.com.pl
tel. 12 413 91 36 / 12 413 92 70
fax 12 413 91 25

ZAMÓW NASZ BEZPŁATNY KATALOG
tel. 12 423 26 05 / 12 413 92 70

Druk i oprawa:
Poligrafia Inspektoratu Towarzystwa Salezjańskiego
ul. Konfederacka 6, 30-306 Kraków, tel. (012) 266 40 00